宮本常一　口承文学論集

宮本常一 口承文学論集

宮本常一［著］
田村善次郎［編］

八坂書房

目次

「口承文学」……7

「口承文学」第一号 7　夕暮れのひととき 9／第一号　後記 23／第一号　編輯後記（不採用）25

「口承文学」第二号 29　第二号　編輯余事 31

「口承文学」第三号 35　筑紫見聞記 37／第三号　編輯余事 43

「口承文学」第四号 47　黄金塚伝説に就て 49／昔話百合若大臣 65　第四号　編輯余事 69

「口承文学」第五号 71　和泉北部の謎 73／謎についての覚書 83／暑中御伺申上候　彼此録 99

「口承文学」第六号 103　旅する文芸 105／契沖和泉隠棲と西山宗因 115／第六号　彼此録 117／大阪府下の黄金塚 122

「口承文学」第七号 125　昔話採集提唱 127／旅のうた 137／第七号　後記 138

「口承文学」第八号 139　周防大島昔話四題 141／民俗時事 147／第八号　編輯後記 149

「口承文学」第九号 151　民話　愚白の話 153／第九号　後記 157

「口承文学」第十号 159　説話の持つ問題性 161／菖蒲打　その他 169／口承文芸隻語 173／第十号　後記 173

「口承文学」第十一号 175　周防大島昔話（二）177／亥の子行事短見 184／民俗採集の実際問題について（一）201／民俗短信 206／第十一号　後記 206

「口承文学」第十二号 209　民俗採集の実際問題（二）211／休刊の辞 219

「和泉民俗資料」……221

「和泉民俗資料」第一輯 221　足袋の跡 223

「丹壺」……235
「丹壺」創刊号 237　村を見る 239
「丹壺」第一巻三号 249　万葉集雑観　一 251
「丹壺」第一巻四号 261　万葉集雑観　二 263
「丹壺」第一巻五号 273　万葉集雑観　三 275
「丹壺」第一巻六号 283　島の春 284
「丹壺」第二巻一号 289　民謡と農民生活 291
「丹壺」第二巻二号 301　人麿と芭蕉 302
「丹壺」第二巻三号 317　昔話の分布 318
「丹壺」第三巻一号 327　芭蕉覚え書 329
「ろべり」丹壺改題第三巻二号……343
芭蕉覚え書　―旅― 345
「夜光珠」……355
「夜光珠」第二巻四号 355　定家卿小論 357
「夜光珠」第二巻五号 361　朝の窓 363
「夜光珠」第三巻一号 367　偶言 369
その他……375
源実朝の和歌（天王寺師範校友会雑誌発表の原稿）376
月の童謡覚書（掲載誌・執筆年月不明）408
なき仏　―和泉における―
「ドルメン」昭和八年八月号 420
葛の葉伝説の発展「旅と伝説」第七巻六号 428
芭蕉の鳥「野鳥」第二巻六号 434
昔話の型「昔話研究」第三号 441
口承文芸に於ける越後の位置
「高志路」第一巻七号 449
昔話と俗信「昔話研究」第十二号 458
きさらぎ山「高志路」第三巻四号 464
あとがき（田村善次郎）472
初出一覧 480

〈図版協力　周防大島文化交流センター〉

口承文學

第壹號

和泉池田の子守歌……1
和泉池田の仕事歌……3
和泉信太の子守歌……4
高木嘉門の妻（但馬）……5
周防大島昔話……7
鈴鹿の殺人（岡山）……11
草履かくし（山口縣大島）……12
團子突きの話（大阪）……13
和泉信太のまじなひ……16
夕暮のひととき……17
後記……24

昭和八年九月

「口承文学」第一号〈表紙〉昭和八年九月

夕暮れのひととき

我々の祖先が南の海を渡って来て、この島の浦々や岬のかげに落着き、また岬の彼方や、渚の果の誘惑に、徐々に北へ北へと移動し、山の彼方への憧れから、奥地へ奥地へと歩行を移し、住みつく世界を見つけてからもう余程久しい年月が流れている。

そしてこの国土の上に色々のなつかしく思い出多い挿話を残していってくれたのである。万葉集以下の諸々の文学は、そうした先人達の感情の堆積であり、我々後々の人へ残してくれた夢多き言葉であった。

元来我々の国は陸を遠くはなれたる島であって、橈《かじ》や帆の助をからねばならぬ船の時代には、眇々たる洋上に不安なる幾日かを漂わなければ、緑深きこの島を見る事は出来なかったのである。

白雲のはふり立つ波の彼方に、あざやかに美しく漂える国こそ、東亜の人々が蓬莱と言い、姫氏の国と言って、慕うに誠にふさわしいものではあったが、幾日かの不安なる航行がその間に横たわっていたおかげで、これらの憧れ強き人々を、そう易々と大挙的にこの島に渡らしめはしなかった。

その事がどれ程島に住む人々を安き心に置いた事か。——かくて島の人々は安らかな夢をながながと見続ける事が出来たのである。

しかも島には島の人々の夢を育くむに好い条件がいくつも存在していた。気遠い様な物倦く静かな春の日が幾日も幾日も続くかと思うと、山の彼方へ思いを馳せしめて、我々の哀愁をそそらずにはおかない秋の沈潜が、狂烈な太陽の光りかがやいた夏のすぐ後にあった。それだけでも我々にすぐれたる自然観賞眼と快いまでに甘えた感傷の文学を持たしめるに十分だった。

その上この国土には湿気が多くて、したたる緑の茂りと、やがてその老いたる黄葉紅葉があった。地上に漂う湿りは、凝って田の上に行く方も知れぬ霧となり、山の彼方に月ののぼる夜などは、それが山もとを、おぼろにかすませて、冷え冷えとした感覚は、我々の祖先の心をそそったものである。

この事を考えてからでないと、日本の古い文学に本当の同情は起って来ないであろうと思われる。殊に夕暮れのひとときが持つ哀愁が、どれ程都会発生以前の感傷の文学を育むに功多かった事であろう。

赤道をかなり北へ遠のいた国土の上には、日が暮れて夜が暗い沈黙に眠るまでに、相当長い時間があった。一日の仕事を終えて疲れた身体に、ほのやみの中に、灯のともるまでの一刻を、所在なくすごさねばならぬ人々には、ああでない、こうでないと言った様な、まとまらぬボンヤリした物思いに耽《ふけ》らなければ、すまされないものがあった。

万葉集に見えたる、すぐれたる恋愛歌の、夕暮れに歌ったものの多い事も、あの夕暮れの寂寞が、若い人たち同士を恋わしめずにはおかない孤独を感ぜしめたからである。

女は、男を恋い待つ不安を感じつつ、次第に暮れ行く空に、滅入《めい》る心を持たずにはいられなかったであろう。夕暮れの感覚は物恋しき寂しさである。何も彼もが、せまり来る暗《やみ》と共に、たよりなくなって行く様な寂寥である。その寂しさをまぎらし、不安なるものをまぎらす為に、夕占《ゆううら》も起って来たものであろう。

ほのやみの中に確かなる何ものかを感じようとした、可憐な女の心は、我々にもかすかながら判る。

——夕暮の不安に敏感だったのは、こうした若い人々ばかりではなかった。幼い子供たちまでが、日が暮れる家の中に蚊のなく声を聞きながらジッとしているには、余りに所在ないものを感じた。走り出で、友を呼び、仲間を集め、村の辻に、親の呼び声がし、家々に灯がともるまでは遊ばずにはおられなかった。

日本の幼童文学はこうした所を揺籃《ようらん》の一つとして成長した。子供たちの遊びの大半が夕方に行なわれるものである事も考えて見て面白いものである。

我々が少年の日、遊んだ童戯を思い出しても、興味あるものは皆夕方に行なっている。かくれんぼ、ぞうりかくし、ごぜごぜ、茶のみにおいで、めえさん（盲鬼事）など思い出は多い。

子守歌の哀愁も乳恋う子の夕闇に泣く切なさに、子守たちの口をついて出た訴えである所によるものではあるまいか。

かつて十二月の風寒い上野原（大阪府泉北郡北池田村伏屋新田）の村の辻に、夕暮れのひとときをたちつくして、子守歌をきいた事がある。日が暮れて、あたりが急に静かになると、何処からとなく、子を背負うた守《もり》が集まって来て、村の十字路で、子をゆすぶりながらうたい始めたのである。

守よ　子は泣きゃ　門へ出てゆすれ　いばらぼたんの花もたせ
ねんねしなされ　お休みなされ　明日は早よから起きなされ

泣いて呉れるな　守づつないと　親の心ではきめたよに
うちのこの子は　今ねるねかけ　誰もやかまし　言ふてくれな

黄色な声は風に吹きとばされた。子供たちは暗くなってもまだうたっていた。六時の汽笛がなって工場が夕飯のひとときを休むまでは、子守たちはなおうたいつづけなければならぬと言う。恐らく親たちは、機械の騒音の中で乳をはらせつつ、子の空腹を強く身内に感じている事であろう。いくらゆすぶっても泣きやまぬ子が、母の乳房を含ませばすぐやめる。子守はそれを見るにつけて、さびしい孤独を感ずるであろう。所詮守は守であるにすぎぬ。

守と言ふもな　あさましものよ　道や街道で日を暮らす
何が　をかしうて　お笑ひなさる　顔に草でも　はえとるか
ねんね　念仏　おきたら　つとめよ　つらいつとめも　せにゃならぬ
ねんね　念仏　あの山越えて　おとや　おかったんの　顔見たい
子守さすよな邪見な親がなぜに乞食にさせなんだ
お守りしまいもんぢゃ之から先は　雪がちらつく　子がいぢる

国々の子守歌をひろっていると、こうした悲痛なものもある。そうして歌詞も多くは共通である。

「ごぜごぜ　ごぜの隣に誰が居る……」とかあるいは「中の中の　こぼんさん　何で背が低い……」などの様なもの、ぞうりかくしなど、もと占行事であったろうと思われるものが、こうした童戯として残っているのも、夕暮れの持つ雰囲気が、これを守ったからであろう。

そうして滅入る様に暮れて行く中へ、ポッカリと東から月がのぼって来る。子供たちにとって、それは喜びであり、大きな感激であった。田家山荘に棲みつく人々の世界では月は単なる「月見れば千々に物こそ悲しけれ」と言った様な対象ではなく、もっと清く気高いものをあの月に感じたのである。子供たちはのぼり行く月に合掌した。大人は三日月を、十五夜の月を、二十三夜の月を、祀る事を行事とした。月は冷え冷えとして美しくかつ神秘であった。あのみちかけが、どれほど我々の心に畏《おそれかしこ》む心をあたえた事か。またすぎ行く時の観念を与えた事か。そこには礼拝せずにはいられない何ものかがあった。月を「ののさん」「あとうさん」と言う童語はこれをその語源的探索をすれば「のの」は「なむなむ」であり「あとう」は「あなとうと」であると言う。(柳田先生著『小さき者の声』)「南無」も「あな尊と」も神を呼びかけた言葉である。月がかつて、神として祈られ、しかもかつその祈りの言葉が月の名詞になるまで、我々に深く礼拝せられていた事を思うと、我々の生活に如何に緊密なる対象であったかが窺われて来る。

あとうさまなんぼ　十三七つ

で始まる全国に行なわれている童謡(歌詞は相当に異同あり)も月をまつる子供たちの踊りの言葉でなかったかと疑うている。それが子守歌になり下るまでには、月に対する信仰喪失の長い日があったであろう。

そしてまた、月に対する幼い憧れがうすらいで来るに到ったについては、私は二つの原因を想到する。

その一は小学校の教育であり、他の一は科学の発達である。

お月様はえらいな。

お日様の兄弟で、まんまるになったり

三日月になったり春夏秋冬日本中を照す

と言った様なおよそ無味なる月の唱歌が、またその背後にひそむ教育が、我々の持っている、美しいものを発見する眼をどれ程曇らせた事であろう。

夕暮れの空を飛び行く鳥をうたい、こうもりをうたった子供たちに、ゴツゴツした唱歌をあたえた事は結局多くのよいものを失わせたにすぎなかった。

一面科学の発達は、しみじみとして長かった黄昏《たそがれ》のひとときを、あわただしく短いものにした。いろりの榾火《ほだび》が夜の明りであり、行燈《あんどん》の灯が夜の友であった頃には、余光が全く西の山に消えるまで、長い寂寞を感じたものである。平安朝以後の文学に多く見える夕暮れのひとときの、物恋しいさびしさの描写も今の我々には本当の味が判らなくなって来た。源氏物語でさえが通読するに甚だ忍耐を要し、そのテンポの遅さと、描写のたどたどしさに哀れを感じ、むしろ英訳文に興味を覚える今である。

行燈の灯がランプになり、電燈に変わって来ると、日が暮れれば、すぐ灯がともる様になった。全く暮れるまで外にいるより仕方のなかったものが、今では日が入れば、灯の下にまどいする方がよい様な有様になった。それにラヂオが喋舌り出す。長かった夕暮れは——こうして日没からすぐに夜へ連らなる事になって——まさに消えようとしている。

月も町にあって一箇の白き空の漂泊物であるにしかすぎなくなった。明るいシャンデリアの下にあって青白い月光をしみじみと浴びようとする事は無理である。

そうしてもう、日本には﨟《ろう》たく、うらがなしき文学の時代が去ろうとする様になって来た。子供たちも今夕暮れの辻に多くのものを失うて行きつつある。だが私はそれを悲しまない。それは国土、社会の成長の結果であって、誠に当然の事である。そうして失われて行く後から後から、私たちは新しいものを補うて行くべきである。(歴史は所詮我々の造って行くべきものである。)しかしその点に於ては遺憾な事が多い。我々はあまりに子供たちに対して真面目でない。

今までは我われ大人が手を下さなくても、夕暮れが、この子供たちの詩を、夢を、守ってくれた。これからは、我々の手で、この世に合うた子供たちの世界を作ってやらねばならぬ。

(「口承文学」第一号　宮本常一編集発行　昭和八年九月)

夕暮のひととき

宮本常一

我々の祖先が南の海を渡って来て、この島の浦々や岬のかげに落着き、又岬の彼方や、渚の果の誘惑に、徐々に北へ北へと移動し、山の彼方への憧れから、奥地へ奥地へと歩行を移し、住みつく世界を見つけてから、もう余程久しい年月が流れてゐる。

そしてこの国土の上に色々のなつかしく思ひ出多い挿話を残して行って呉れたのである。万葉集以下の諸々の文学は、さうした先人達の感情の堆積であり、我々後々の人へ残して呉れた夢多き言葉であった。

元来我々の国は陸を遠くはなれたる島であって、楫や帆の助をからねばならぬ船の時代には、渺々たる洋上に不安なる幾日かを漂はなければ、緑深きこの島を見る事は出来なかったのである。白雲のはふり立つ波の彼方に、あざやかに美しく漂へる国こそ、東亜の人々が蓬莱と言ひ、姫氏の国と言って、慕ふに誠にふさはしいものではあったが、幾日かの不安なる航行がその間に横たはって居たお影で、是等の憧れ強き人々を、さう易々と大挙的にこの島に渡らしめはしなかった。

その事がどれ程島に住む人々を安き心においた事か。——かくて島の人々は安らかな夢をながくと見続ける事が出来たのである。

而も島には島の人々の夢を育くむに好い條件がいくつも存在して居た。気遠い様な物倦く静かな春の日が幾日も幾日も続くかと思ふと、山の彼方へ思を馳せしめて、我々の哀愁をそゝらずにはおかない秋の沈潜が、猛烈な太陽の光りかゞやいた夏のすぐ後にあった。それだけでも我々にはすぐれたる自然観賞眼と快いまでに甘えた感傷の文学を持たしめるに十分だった。

その上 この国土には濕気が多くて、したたる緑の茂りと、やがてその老いたる黄葉紅葉があった。地上に漂ふ湿りは、凝って田の上に 行く方も知れぬ霧となり、山の彼方に月ののぼる夜などは、それが山もとを、おぼろにかすませて、冷え冷えとした感覚は、我々の祖先の心をそゝったものである。

この事を考へてからでないと、日本の古い文学に本当の同情は起って来ないであらうと思はれる。殊に夕暮の一ときが持つ哀愁が、どれ程都会発生以前の感傷の文学を育むに功多かった事であらう。

赤道をかなり北へ遠のいた国土の上には、日が暮れて夜が暗い沈黙に眠るまでに、相当長い時間があった。一日の仕事を経へて疲れた身体に、ほのやみの中に、灯のともるまでの一刻を、所在なくすごさねばならぬ人々には、ああでない、かうでないと言った様な、まとまらぬボンヤリした物思ひに耽けなければ、すまされないものがあった。

万葉集に見えたる、すぐれたる恋愛歌の、夕暮に歌ったものゝ多い事も、あの夕暮の寂寞が、若い人たち同士を恋はしめずにはおかない孤独を感ぜしめたからである。

女は、男を恋ひ待つ不安を感じつゝ、次第に暮れ行く空に、滅入る心を持たずには居られなかったであらう。夕暮の感覚は物恋しきさびしさである。何も彼もが、せまり来る暗と共に、たよりなくなって行く様な寂寥である。 その寂しさをまぎらし、不安なるものをまぎらす為に、夕占も起って来たものであらう。 ほのやみの中に確かなる何ものかを感じやうとした、可憐な女の心は、我々にもかすかながら判る。

――夕暮の不安に敏感だったのは、かうした若い人々ばかりではなかった。幼い子供達までが、日が暮れると家の中た蚊のなく声を聞きながらヂッとして居るには、余りに所在ないものを感じた。

走り出で、友を呼び、仲間を集め、村の辻に、親の呼び声がし、家々に灯がともるまでは遊ばずには居られなかった。

日本の幼童文学はかうした所をえうらんの一つとして成長した。子供達の遊びの大半が夕方に行はれるものである事も考へて見て面白いものである。

我々が少年の日、遊んだ童戯を思ひ出しても、興味あるものは皆夕方に行うてゐる。かくれんぼ、ざうりかくし、ごせく、茶のみにおいで、めえさん（盲鬼事）など思ひ出は多い。

子守歌の哀愁も乳恋ふ子の夕闇に泣く切なさに、子守達の口をついて出た詩へである所によるものではあるまいか。

曽て十二月の風寒い上野原へ（大阪府泉北郡北池田村伏屋新田）の村の辻に、夕暮のひとときをたちつくして、子守歌をきいた事がある。日が暮れて、あたりが急に静かになると、何処からともなく、子を背負ふた守が集って来て、村の十字路で、子をゆすぶりながらうたひ初めたのである。

守よ　子は泣きや　門へ出てゆすれ　いばらぼたんの花もたせ
ねんねしなされ　お休みなされ　明日は早よから起きなされ
泣いて呉れるな　守ず、ないと　親の心ではきめたよに
うちのこの子は　今ねるねかけ　誰もやかまし言ふてくれな

黄色な声は風に吹きとばされた。子供達は暗くなっても未だうたって居た。　六時の汽笛がなって

工場が夕飯のひとときを休むまでは、子守たちは尚うたひつゞけなければならぬと言ふっ恐らく親達は、機械の騒音の中で乳をはらせつゝ、子の空腹を強く身内に感じてゐる事であらうっいくらゆすぶっても泣きやまぬ子が、母の乳房を含ませばすぐやめる。子守はそれを見るにつけて、さびしい孤独を感ずるであらう。所詮守は守であるにすぎぬ。

守と言ふもな　あさましものよ　道や街道で日を暮らす
何がをかしうて　お笑ひなさる　顔に草でも　はえとるか
ねんね念佛　おきたら　つとめよ　つらいつとめも　せにゃならぬ
ねんね念佛　あの山越えて　おとや　おかったんの　顔見たい
子守さすよな邪見な親が　なぜに乞食に　させなんだ
お守しまいもんぢゃ之から先は　雪がちらつく　子がいぢる

国々の子守歌をひろってゐると、かうした　悲痛なものもある。さうして歌詞も多くは共通である。

「ごぜ〳〵　ごぜの隣に誰が居る……」とか　或は「中の中の　こぼんさん　何で背が低い……」などの様なもの、ざうりかくしなど、　もと占行事であったらうと思はれるものが、かうした童戯として残ってゐるのも、夕暮の持つ雰囲気が、之を守ったからであらう。

さうして滅入る様に暮れて行く中へ、ポッカリと東から月がのぼって来る。子供達にとって、それは喜びであり、大きな感激であった。　田家山荘に棲みつく人々の世界では　月は単なる

「月見れば千々に物こそ悲しけれ」と言った様な対象ではなく、もっと清く気高いものをあの月に感じたのである。子供達はのぼり行く月に合掌した。大人は三日月を、十五夜の月を、二十三夜の月を、祀る事を行事とした。

月は冷え〳〵として美しく且神秘であった。あのみちかけが、どれほど我々の心に畏む心をあたへた事か。又すぎ行く時の観念を与へた事か。そこには礼拝せずには居られない何ものかがあった。

月を「ののさん」「あとうさん」と言ふ童謡は之をその語源的探索をすれば「のの」は「なむ〳〵」であり「あとう」は「あなとうと」であると言ふ。（柳田先生著 小さき者の声）「南無」も「あな尊と」も神を呼びかけた言葉である。月が曽て、神として祈られ、而も且その祈の言葉が月の名詞になるまで、我々に深く禮拝せられてゐた事を思ふと、我々の生活に如何に緊密なる対象であったかが窺はれて来る。

あとうさまなんぼ 十三七つ

で初まる全国に行はれてゐる童謡（歌詞は相當に異同あり）も月をまつる子供達の踊の言葉でなかったかと疑うてゐる。それが子守歌になり下るまでには、月に対する信仰喪失の長い日があったであらう。

そして又、月に対する幼い憧れがうすらいで来るに到ったについては、私は二つの原因を想到する。その一は小學校の教育であり、他の一は科學の發達である。

お月様はえらいな。お日様の兄弟で、まんまるになったり　三日月になったり　春夏秋

冬　日本中を照す

と言った様な凡そ無味なる月の唱歌が、又その背後にひそむ教育が、我々の持って居る、美しいものを發見する眼を　どれ程曇らせた事であらう。

夕暮の空を飛び行く鳥をうたひ、かうもりをうたった子供達に、ゴツ〳〵した唱歌をあたへた事は結局多くのよいものを失はせたにすぎなかった。

一面科學の發達は、しみ〴〵として長かった黄昏のひとときを、あはたゞしく短いものにした。ゐろりの榾火が夜の明りであり、行燈の灯が夜の友であった頃には、余光が全く西の山に消えるまで、長い寂寞を感じたものである。平安朝以後の文學に多く見える夕暮の一ときの、物恋ほしいさびしさの描寫も今の我々には本當の味が判らなくなって来た。源氏物語でさへが通讀するに甚だ忍耐を要し、そのテンポの遅さと、描寫のたど〴〵しさに哀れを感じ、むしろ英訳文に興味を覚える今である。

行燈の灯がランプになり、電燈に変って来ると、日が暮れれば、すぐ灯がともる様になった。全く暮れるまで外に居るより仕方のなかったものが、今では日が入れば、灯の下にまどゐする方がよい様な有様になった。それにラヂオが喋舌り出す。長かった夕暮は―かうして日没からすぐに夜へ連らなる事になって――當に消えやうとしてゐる。

月も町にあつては一箇の白き空の漂泊物であるにしかすぎなくなつた。明るいシャンデリアの下にあつて青白い月光をしみぐと浴びやうとする事は無理である。

さうして もう、日本には藹たく、うらがなしき文學の時代が去らうとする樣になつて来た。子供達も今夕暮の辻に多くのものを失うて行きつゝある。だが私はそれを悲しまない。それは國土、社会の成長の結果であつて、誠に當然の事である。さうして失はれて行く後から後から、私たちは新しいものを補うて行くべきである。(歴史は所詮我々の造つて行くべきものである。)併し その点に於ては遺憾な事が多い。

我々はあまりに子供達に対して眞面目でない。

今までは我々大人が手を下さなくても、夕暮が、この子供達の詩を、夢を、守つて呉れた。之からは、我々の手で、この世に合うた子供達の世界を作つてやらねばならぬ。

第一号後記

△題して「口承文学」という。名は立派だが内容はかくの如く貧弱である。これは投稿してくださった人々の罪でなく、編輯者の罪である。紙面をかざる資料はまだ手元にたくさんありて、多忙な生活のかたわら、ガリガリやすりをカグルのがなかなか容易でない。そこでこんな事になったのである。本誌は去年の今時分出した「和泉民俗資料」の続稿のようなものである。どうぞ永く続けて行けるだけの体力と余暇が欲しいものだと思っている。で大体二ヶ月に一回くらい出したいと思っている。今度は前と違って、お金を頂く事にする。その方が永続きするように思う。
△出来得べくんば、各地の子供あそびの御紹介がお願いしたい。童謡なども……。
それから紀行文も。この方はせっかく執筆して下さった方もあったんだが、途中で筆を折られた。次号には是非とも……と思っている。

さらに……方言も次号から分載したい。これは民俗資料第二輯として出す予定のものであった。
△今さらこんな雑誌を出すのは屋上屋の感がある。しかも決して他の諸誌の如くすぐれたものではない。集まる人々も皆素人である。だがそれだけに、みんなウブである。どうぞみんなで育てて頂きたい。（常記）

（「口承文学」第一号　宮本常一編集発行　昭和八年九月）

後記

△題して口承文學と言ふ。名は立派だが内容はかくの如く貧弱である。之は投稿して下さつた人々の罪でなく編輯者の罪である。紙面をかざる資料は然し手もとにはたくさんありつゝ多忙な生活のかたはら、だく／＼やすりをかけるのが中々容易でない。そこでこんな事になつたのである。本誌は去年の今時分出した和泉民俗資料の続編の様なものである。どうぞ永くつゞけて行けるだけの体力と余暇が欲しいものだと思つてゐる。で大体二ケ月に一回位出したいと思つてゐる。今度は前と違つて、お金を頂く事にする。その方が永続きする様に思ふ。

△出來得べくんば各地の子供あそびの御紹介がおねがひしたい。童謡なども……。

それから紀行文も、この方は折角執筆して下さつた方もあつたんだが途中で筆を折られた。次号には是非とも……と思つてゐる。

更に──方言も次号から分載したい。之は民俗資料第二輯として出す予定のものであつた。

△今更こんな雑誌を出すのは屋上屋の感がある。而も決して他の諸誌の如くすぐれたものではない。集る人々も皆素人である。だがそれだけにみんなのである。どうぞみんなで育てゝ頂きたい。（常記）

口承文學第一輯（隔月発行）

昭和八年九月二十日印刷
昭和八年九月二十五日発行　定価拾銭（送料共）

編輯印刷兼発行者　宮本常一

大阪府泉北郡北池田村大字池田下
明王院内

第一号　編輯後記（不採用）

◎貧しくかつ身体健ならざる私が、こんな雑誌を発刊してみようとするにも、実は魂胆あっての事である。私の長い思想的な放浪と、病臥の生活の果てに得たものは結局己自身の生活に安住することであった。私はかつてこうした暗いジメジメした生活、喘ぎの生活から一日も早く這い上がりたいと考えていた。これを野心という言葉で表せば、私はきわめて野心の強い男だった訳である。私は私の生活を蔑み、嘲っていた。しかしそれこそが私の誤れる考であり、踏み違えた道でしかなかった。
私はこの私の貧しい生活を守り、貧しい者、弱い者と共に生きるべきものであることを考えるようになった。

民衆の中へ行かなくても、民衆は私の傍らにいた。これこそ私の強味であり、喜びであらねばならぬ。そして私は私の一生の仕事として、庶民の生活の歴史を探究する事に私の生き甲斐を見出す。私は貧乏人としての感情を持っている。貧乏人の感情を持ってこそ、最も同情ある庶民生活の研究が出来ると思うのである。しかして過去の正しき認識が将来への最も意義ある道の発見であらねばならぬと思う。歴史の研究が単なる回顧であってはならぬ。私の脚は弱く、私の学は浅い。だが浅いからといって失望してはならぬ。私は私の中のよきものを守り育てて行かねばならぬ。そうして私の成長は庶民の成長であり、庶民の成長は私の成長であらねばならぬ。

◎「口承文学」の名は柳田先生の「口承文芸大意」によったもので、民間伝承を中心にしつつ、他面、庶民社会経済の方面にもわたりたいものである。

◎かつて「和泉民俗資料第一輯」を出したまま、私の仕事は中止せられていた。これには色々の事情があった。本誌は前資料に代わるものである。ただ、何もかも一切を私の手でやらなければならないため、厚い大冊なものを作り得ない。そうして断片的である事をさびしく思う。しかし明日を期す事にしよう。

◎本誌編輯に際し、玉稿を寄せて下さった方々に感謝する。今後とも御援助をお願い申しあげる。

（「口承文学」第一号に掲載しなかった編輯後記原稿）

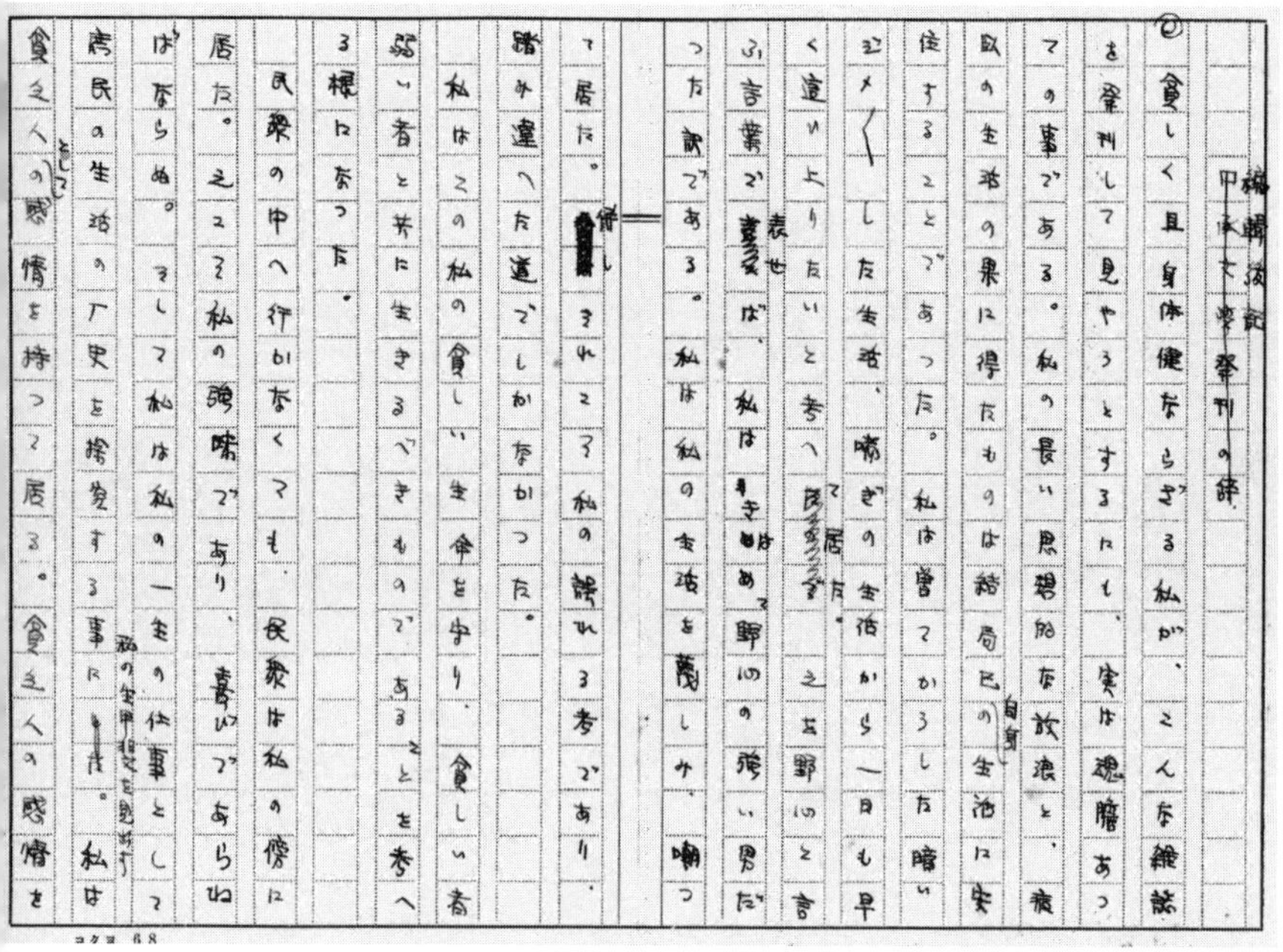

「編輯後記」原稿1

持つてゐる庶民生活の研究が出来ると思ふのである。而して過去の正しき認識が将来への最も意義ある道の発見であらねばならぬと思ふ。

「歴史の研究が単なる回顧であつてはならぬ。

私の脚は弱く私の歩は浅い。だが浅いからと言つて失望してはならない。私は私の中のよきものを守り育て、行かねばならぬ。さうして私の成長は庶民の成長であり、庶民の成長は私の成長であらねばならぬ。

◎この雑誌は庶民を教育し指導する事を目的とし度い。唯庶民生活の歴史的解剖を本の任務としたい。その中に指導があり教育があれば幸である。

◎口承大學の名は柳田先生の「口承文藝大意」によつたもので、民間傳承を中心にし、他面、庶民社会経済の方面にもわたりたいものである。

◎曽て加賀民俗資料が一冊を出したまゝ、私の仕事は中止せられてゐた。之には色々の事情があつた。本誌は前資料に代るものである。唯、何も彼も一切を私の手でやらなければならないため、厚い大冊なものを作り得ない。さうして断片的である事をさびしく思ふ。併し明日を期する事にしやう。

◎本誌編輯に際し、玉稿を寄せて下さつた人々に感謝する。今後とも御援助をお願ひ申しあげる。

「編輯後記」原稿２～３

口承文學

第二號

だんご突の話(二) 淀川畔……故 吉田久夫 (1)
周防大島の亥の子……田村正德
周防大島の荒神祭……田村豊吉
和泉信太の行事……谷上芳子
和泉池田の仕事歌……村上義滿
和泉池田の子供歌……藤原忠夫
阿波脇町の童謠童戲……南要
鹿児島縣德之島方言……武島秋山
編輯余事……

昭和八年十二月

「口承文学」第二号〈表紙〉昭和八年十二月

第二号　編輯余事

△書きあげて見て乱雑であることをまず悲しむ。初めと終りとでは大変な相違である。これは紙数を三〇頁に限ろうとしたためで後半に所載させて頂いた藤原、南両君にはとくにすまなく思う。
△私も何か書く考えでいたがとうとうその間がなかった。そこで、ここでうめあわせをする。
△今年は割合によく歩いた。身体の調子もいい。もうボツボツ本格的な健康がかえって来るのかと思う。ピッチをあげて本をよみたいと思う。
△九月以来の遠足、見学を書いて見ると、九月五日光明池見学。光明池は泉北郡南池田村に築造中のもので、周二里余面積三十五町歩貯水量二億立方尺、配水区域二千町歩と言うぼう大なもので、これが出来あがれば泉北の用水問題は解決される。九月十日奈良へ行き博物館　東大寺　三月堂　新薬師寺を見学、これらは一度も二度も来た所なのだが、来る度に感を深くし、心をあらたにする。九月十七日高安山にのぼり夜半下る。大阪は美しい火の海であった。九月二十二日金沢に向かってたつ。九月二十三日、二十四日加賀越前の海岸を歩く。得る所がきわめて多かった。十月一日天野山、法道寺などへまいる。曽遊の地。十月八日阪急線石橋に下車して、中国街道を歩き萱野三平の墓へまいる。それから山道を千里山へ出る。十月十二日光明池見学、池の奥にある祝部土器をやいたかま址を見に行く。土器の破片がおびただしい。この遺址は未だ世に紹介されてない。十月二十二日洛北の秋をさぐる。広隆寺、高

雄の神護寺、高山寺、清滝などにあそぶ。高雄から清滝への細道を暮れてから歩く。全く命がけの思いであった。それだけに又深い感銘を覚えた。清滝では大学生が東京音頭でドンチャンさわぎをしていた。

十月二十九日奈良に水木要太郎先生をとう。一世の碩学に接するを得て感まことに深いものがあった。

十一月二十六日大和当麻寺、畝火、薬師寺、唐招提寺などへまいる。

△十一月は殆ど読書で暮れた。尚寄贈された書目をあげてお礼にかえる。〝梶浦開作誌〟（御薗生翁甫先生）これは山口県厚狭郡梶浦の開作について書かれたもの。先人が自然を征服して行った生々しい苦闘を先生の敬虔な筆によって述べられたもので甚だ心をうたれた。〝昭和七年中の見聞〟（高田十郎先生）先生のたゆまざる御精進にまず頭が下る。〝郷土和泉〟（小谷方明兄）〝福井県雄島村誌〟〝山口県華城村誌〟〝佐渡研究〟（青柳秀夫氏）〝六書管見〟（青木一兄）

△こうした小誌をあみつつ心に思うことは人間の歴史は所詮信仰喪失の歴史だと言う気がする。信仰に代るものは科学である。我々の信仰はかくて次第に科学におきかえられて来つつある。だがその結果我々は私の体験の中から深さと言う様なものを失うて行きつつありはしないだろうか行住坐臥が安穏になるにつれて眼界はひろげられ知恵は尊ばれて来た。だが通ずるとか徹すると言う様な境涯がなくなりつつありはしないか。たとえば容易に書物を得られる事によって坐して各地のことを学び、又汽車によって汽船によって思うままに旅行出来る様になっては来たが、それがかえって人々をして安易に物を解釈する様な事にならせはしないか。真に世を見んとする旅はどこまでも草蛙の旅であり、読書はあくまでも稽古の態度を捨ててはならない。かくてこそ我々は更に深き自己への復帰を見るであろう。これ即ち

自信である。信仰の喪失が自信の喪失であってはならない。次の新しく生気ある時代はこの自信あり力ある人々の十分なる科学文化駆使によって生れる。然らずんば我々は更に今日以上の世智辛さと灰色な科学文化の重圧にあえがねばならぬであろう。安易は停滞である。緊褌一番！　光輝ある昭和九年をお迎えせん事を切望する。

（「口承文学」第二号　宮本常一編集発行　昭和八年十二月）

口承文學

第三号

筑紫見聞記（一）……宮本常一 1
肥前諫早昔話……織戸健造 8
紀泉民話……織戸健造 11
北松尾の座行事……山本泰三 13
和泉町の仕事歌……南要 16
阿波脇町の俗信と行事……南要 17
周防大島手まり歌……田村正德 21
和泉山手方言（一）……口承文學同人 23
編輯余事……29

昭和九年三月

「口承文学」第三号〈表紙〉昭和九年三月

筑紫見聞記

昭和八年十二月二十九日、下関駅のプラットホームにおり立って、まず目にとまったのは人々の服装であった。男は大抵洋服だが、女は殆ど和服である。本州もここまで来ると、文化の浸潤も、京大阪よりは相当遅れる様である。一本の鉄道がこの両地点をつないで、僅か十余時間を以て交通し得る現状にありつつ、ここでは未だ多分に大正の色を見せている。近頃大阪の戎橋の上に立って、目をひき考えさせられる事は、流転はてしなき女の装《よそお》いである。私が初めて大阪に出た頃には、あの華かな橋の上ですら、殆ど洋服を見かける事は出来なかった。奈良に遊んで、腕もあらわな洋装女性をみて、さげしみに近いさびしさを覚えたのは、今から十年前である。それが僅か十年後の今日、京大阪の色彩はガラリとかわった。一様に白くぬりたてた面相も、近頃ではそれぞれ黄に赤に色彩り、ごく印象的に個性的に、自らの短所を消し長所を生かす様に工夫されて来た。そうした叡知に対して、私は驚きの眼を見はる事が多い。洋装も目立って多くなり、それがピッタリと身についいて来た。その町から十余時間走りつづけて、ここまで来ると、装いは大正の終頃にかえるのである。文化の波は汽車の速力ほど早いものではない。否事実はそれ以上の早さであろうが、中央から起った波紋が、我々の頭の中に組みたてられている古い塔をくずしてしまうまでには、少なからぬ年月を要するものである。しかしてこの科学文明の歩みと、我々のおくれがちな伝統的な感情との間隙が、時に多くの悲劇をつくって行くものである。

その一生を田舎で終わって行く父と、都会で学問をした子との、物の見方の相違の間に、かもし出される人生的な溜息は、彼のロシアのすぐれたる小説を待つまでもなく、常に我々の周囲にあった。こう言う私さえが、私を暗然とさせる。この喰い違いから来る悲劇は、単に我々私事の上にのみ起るものではなく、すべての上にあった。

今、大阪では億に達する費用をつかって、遠き将来を見越し、地下鉄をつくりつつあるが、我が立てる関門間は、切端つまった不便さを尚も耐えつつ、連絡船の厄介になっている有様である。汽車が駅へついた時、私は夥しい手押車の行列を見た。それらの車へ、汽車に満載された荷物は全部移乗され、やがて連絡船へつまれたのである。この荷物は門司駅に於て、また一々列車に積みなおされなければならなかった。日に幾回この事を行なうものか。あるいは生涯をこの荷の積み下しに消して行く人夫もあろう。長い一生をそうした事に消さしめてまで「不便も忍べめば忍べぬこともない」と尚諦めに近い気持で、海一つの征服に手を下さない人々と、遠い将来を慮《おもんばか》って地下鉄を説く人々との間にも、十年の距りを見る事は出来る。国の末近い地であるとの理由の下に忍ばねばならぬなげきは、また日本産業のなげきであるとも見られる。

連絡船は関門を十五分でわたる。前面には灰色の町が山より海に沈んで暗く、後には低い丘の上に下関の町が風に吹きさらされてうらぶれていた。風波立つ港には巨船が堂々と海を圧してならんでいた。

門司駅は下関駅に比してはるかに明るい色を持つ。プラットホームにはリンゴ、バナナを売る人が往来する。朝鮮と台湾とはここで握手しているのである。汽車の出るまでを、車窓からジッと見ている。売れるのはバナナである。故里への土産をここで買いととのえるのであろう。

門司から折尾まではバラック同様の人家と、物々しい工場との一連である。どの工場の煙突も、皆黒煙をあげ、重々しい機械の音が、ゴシゴシと聞えて来る。

この一帯は明治の終頃から急に賑かになった所である。世界大乱の影響をうけて来た九州の炭田が目覚ましい活動をつづけ始めると、その石炭のこぼれが、沿線へドンドン町を造っていった。日々のみかんなの音が晴れ渡った空にひびいて、一夜造りの家が整列すると、それぞれ市制をしいてはかない誇に酔うた。それだけに落ちつかぬ町が多かった。たてつけの悪い、床のギシギシ鳴る家ばかりで、車窓から見てさえ、住みよさそうな家は多くはなかった。そうして、ここまで来ると、日本の貧相がヒシヒシと身につまされて来る。「日本は貧民窟だ」と言ったバーナード・ショウの言葉を、皮肉と解する前に、彼が最初に見たであろう関門、北九州をべつ見すれば、何人も肯定出来るのではないかと思う。

家を出る時から連だった田村君が、直方《のおがた》へよって行かぬかと言う。私の気では太宰府まで通す考えだったのだが、少しでも多く、見ず知らずの世界を歩いておきたい欲から、折尾で筑豊線にのりかえる。乗客は更に田舎びて来、もう遠慮のない方言をあたりかまわず声高に話している老人もある。故里近い気安さと、乗客への気兼なさからであろう。乗客の殆どは女工らしい若い女と、安サラリーマンらしい人たちである。汽車の電燈も暗い。

折尾から二十分にして直方につく。町はもううす暗く、例のバラック同様な家ばかりである。田村君の家はこの町がひらけ始めた頃から、私たちの故里を出て、ここに居ついた料理屋である。小さい頃よく見たその兄さんが、家をきりまわしているのであるが、久し振りに顔をあわせて、そのかわっているのにおどろいた。

直方が市になったのは昭和六年だった。その頃の直方は火が消えた様にさびしかった。地下の石炭はすでに掘りつくされ、世は不景気の波風に、町はただ滅入る様な不安にいた。これではならぬと、あせり心から、近郷の在々と合同して直方市をつくりあげて見たのである。だが町の景気は出て来なかった。考えて見れば、そのために二つの不幸を背負うていた。古くこの地は小倉から南九州への近路、冷水越《ひやみずごえ》の往還に沿うて生れたささやかな村であった。それが石炭のおかげで急にムクムクと大きくなったのである。しかし今もうその石炭は出ない。地下に大きな空洞を持った不安は、経済の上にもまた大きな不安をあたえた。すでに生産的都市としてのその前期の仕事は終わったのである。更に第二の不幸は位置である。工業都市として更生するには、海岸に有力なる都市があり、これに次ぐ事は難い。それだけに不景気も深刻だった。料理屋の若主人の歎息は同時にこの町の歎息でもあった。そしてまた町のすべての人々が、他の在所の人の懐をあてにして暮す身の上になって見ると、急に肩身もせまくなったのである。

夕飯を御馳走になって田村君と町へ出る。町の蓄音機屋では大阪音頭がなっていた。小僧が三人、背広服が一人、赤鉢巻で蓄音機の周囲をまわりながらおどっていた。人々は足をとどめて、大ぜいでそれを見ていた。カフェーでもまた大阪音頭だった。こんな流行歌さえ、ここでは二月もおくれるのかと思うと、何だか田舎びたさびしい影を、そこに見る様な気がした。市とは言いながら町の人通りも少ない。不用意に出て来たので、九州についての私の知識は皆無である。で本屋をたずねて、九州に関する史書を求めたが、どこにもない。僅かに参謀本部の太宰府五万分の一図幅と、二十万分の一小倉図幅とを手に入れただけである。通りがかりに見た正月の松かざりなどスケッチして、多賀神社へまいる。そこから夜の空に、地形をおぼろげながらにでも知ろうとしたが、結局だめだった。夜は霧が相当にこまやかで、町の灯はうるんで暗かった。かえって来て、田村君と兄さんと三人で話をする。前の家で若い妓らしいのが端唄のおさらいをしていたのが、この家でも階下で始めた。聞けばこの家にも二人いるのだという。少時すると、その一人が茶を持って上って来た。生まれは京都とかで、そう言えば京都人らしい美しい人であった。流転のはげしいこうした境涯にいる女の事を思うて、しみじみ暗いものを感ずる。司馬江漢の西遊日記を見ると、彼が渡るのに甚だ困難を感じた肥前生月島《いきつきしま》にさえ四国生まれの芸者（あるいは男かと思われる節もある）がおり、天明八年十二月二十六日の記事に時津の渡で大阪の芸子七人乗った船の破船した話の聞書が見えている。華やかな生活者のなれの果のさびしい終局が、やはりこうした辺土を舞台とする事も我々の心をいためる。和泉式部、清少納言、小野小町などが、その晩年を田舎で野たれ死同様に死んで行ったと言う各地に広く分布する伝説も、思えば遊女の持ち歩き、話しつづけた（自らに言ってきかせる）諦めに近い溜息だったのではあるまいか。

師走もおしせまった大晦日前の夜は静かで、三味の音と嬌声とが私の心をさびしくした。

兄さんが座をたつと、田村君と二人になった。田村君は小学校にいた頃、よく私の家へ勉強に来たものである。その頃四、五人の子供が毎晩のように私の家へ来て、ふざけながら、本をよんだり昔話をしあったりした。冬の夜などは炬燵へもぐりこんで朝までねて行く子もあった。田村君もその一人で私の弟のようにしていた。それが久しく会わぬ間にグングンのびて背なんかも私より高く頑丈に、どう見ても私より兄貴である。海軍軍人生活を終えて世の中に出た、ますらをぶりな男である。寝床をしいてもらうと、布団の中から首を出して、夜のふけるまで思い出話をした。

（「口承文学」第三号　宮本常一編集発行　昭和九年三月）

〔編註〕筑紫見聞記は、この直方までで肝心な筑紫路の記録は見当たらない。書かなかったのであろう。行程だけは後掲の「編輯余事」に記されている。『旅の手帖―村里の風物』（八坂書房、二〇一〇年）に収録した「山陽沿線の農家」（初出『防長史学』五巻二号、昭和九年十一月）は、この旅の帰路、下関から大畠までの車窓見聞記である。

第三号　編輯余事

△同人の一人が筆者の紹介をしてくれと言った。なるほどこうした雑誌ではそれも面白い。本号の筆者について言うと、織戸さんは堺市で釦屋《ぼたんや》をしていられる。熱心な民俗採集家でその上、またこの雑誌のよき支持者である。南さんは阿波の人。池田師範を出られて目下和泉町郷荘の小学校につとめていられる。山本さんは私と同じ北池田の小学校につとめていられる若い先生。田村さんは周防の大島で仕立屋さんをしていられる方で、長い間青年会長をされていた。私にとっては実に親切ないい兄さんで私のこのささやかな仕事に心から力を貸して下さっている。方言採集に携って下さった皆さんはかつて、あるいは現在共につとめている人々で藤原忠夫さんはこの雑誌のワキ役者である。次号から村の話を書いて下さる筈である。

△尚この雑誌のために厚い同情をよせて下さっていたのは故吉田久夫君である。吉田君は身長が五尺八寸もあり、体重十八貫をこえ、まことに堂々たる風采の人であった。この人がよもやと思われる程元気よく水泳の選手などをしていられたが、風邪を無理したのがもとでとうとう病みついてしまった。そうして再びたてなかったのである。病中徒然を慰め合うために（当時私もねていた）お互いに和歌を送り合った。吉田君のうたはややセンチメンタルではあったが実に細く澄んだ、たとえば壁にとまったかげろうのような作をなした。

空車遠ぞきの音の細れるをさめてしづけき朝床にきく
怒りつつぬればむなしきようつろなる心は遂に夢も見ざりし
みかへせばかなしき事多し年の夜くはしき事は思はずとせむ

第一号、第二号にのせただんごつきの話は私がこの雑誌を出すべく計画するや令弟に口授してレターペーパーに四〇枚の長篇を寄せて下さったそれである。しかも第二号は生前の君にお目にかける事さえ出来なかった。悔いて尚かえることなきうらみである。君が葬儀の日漸く一部を携へてその霊前にそなえたのである。尚同君の短歌集は出来得べくんば何とかして発刊したいものと思っている。私はこの友を長塚節に比して見る。「口承文学」はその出発において、この不幸を背負わねばならなかった。

△例によって身近についてかく。十二月二十三日甲山へまいる。十二月二十五日大阪をたって帰郷、二十九日九州へ向かってたつ。同夜直方に一泊。三十日太宰府神社・観世音寺、箱崎・香椎・宮地獄・宗像へまいって門司にとまる。観世音寺では大きな仏像におどろき、住持から長塚節の印象を拝聴してこの人の懐かしさを増した。宮地獄から宗像へは豪雨の中を歩いた。山村の人の親切が身にしみた。三十一日海をわたって下関亀山宮に参詣、直に下関駅に到る。そこにおびただしい鮮人の群を見た。人口問題、民族の問題、そうした事について考えさせられる。山口市に到る。野田・豊栄両社に藩祖の霊を排し、るり光寺の五重塔を見、亀山公園にのぼる。去って郷土史学の大先輩御薗生《みそのう》翁甫《おうすけ》先生を石原小路にとう。山口より小鯖《おさば》を経て三田尻へ、それより汽車にてかえる。三日の旅で人家の屋根、稲村のつみ方、正月の松かざりをいくつかスケッチすることが出来た。あわただしい旅のさびしさを思う。一月

六日出郷一月二十八日北国の雪が見たくなって、急に敦賀に向かう。柳ヶ瀬で雪九尺、夜の空にさえかえる伊吹山は荘厳そのものであった。この日初めて雁の列をなしてとぶのを見る。二月十六日水間寺の千本搗を見に行く。ついでに木積《こつみ》の釘無堂の弘仁仏をおがみに行く。これで四度である。二月十七日和泉葛城の山頂の高野豆腐の小屋が見たくなって出かける。山頂は未だ積雪一尺、しかももう仕事は昨日で終わったという。たった一軒残っていた小屋も今夜は山を下るのだとの事でついて下ることにする。雪にすべってころぶこと数度、紀伊山田村に下りて農家に一泊。十八日は紀の川すじを歩く。雨になる。九度山から電車にのる。途中三日市に下車して観心寺の弘仁仏を拝む。

△和泉方言はすでに教育会からと、小谷方明《こたにみちあきら》さんからと二回刊行されている。その上これを出すのはとも思ったが、簡約方言手帖による採集はこれが初めてだから全然無駄だと言う様なこともあるまいと思って出した。雑誌の都合上分載することにする。（宮本記）

（「口承文学」第三号　宮本常一編集発行　昭和九年三月）

口承文學

第四號

播磨國金鶏傳説 資料集成補遺……淺田芳郎 1

黄金塚傳説について……宮本常一 3

阿波脇町附近の傳説……南要 10

信濃松本の俗信……石曽根民郎 13

昔話百合若大臣……宮本常一 17

和泉羽衣附近の民謠……鈴木東一 21

和泉池田年中行事(一)……宇沢正太郎 23

和泉山手方言(二)……口承文学同人 25

編輯余事……29

昭和九年五月

「口承文学」第四号〈表紙〉昭和九年五月

黄金塚伝説に就て

――思いつくままに――

今座右《ざゆう》に一冊の参考書をもおいていないので、記憶の誤があろうと思うが、思いつくままにここに黄金塚のことについて書いて見る。

黄金塚は前掲浅田氏[※1]の見出しにある様に金鶏伝説を伴うた塚の事、及び黄金をうめてあると伝えられる塚のことを指すのであるが、この系統の伝説は実に恐しい数にのぼって全国に散布している。

この伝説について、我々にも示唆をあたえて下さったのが柳田国男先生の「炭焼小五郎が事」である。この論文は、先生の名著海南小記の終に附加されてある。炭焼小五郎は九州豊後の者で炭焼をしている。そこへ醜い女がたずねて来て妻になる。妻は都の者で、由緒ある女玉依姫《たまよりひめ》である。ある日、小五郎が村へ出るために山道を歩いていると池だったか、川だったかにおし鳥がおよいでいる。小五郎はこれを見て、手にした黄金を投げつける。するとおしはとび立ち、黄金はしずんでしまう。見ていた妻は「もつたいない事をするものだ」とつぶやく。不審に思って小五郎がきくと「あなたの投げたものは黄金と言つて都では大変尊いものだ……」と話してきかせる。すると小五郎は「さうであつたか、あんな石なら家にいくらでもある」と言って、はじめて黄金の尊さを知り、同時に長者になる。これが万能の長者、または真野の長者である。この小五郎に一人の娘がある。名を般若姫《はんにゃひめ》という。その美貌が都にきこえ、時の皇

太子　橘豊日尊《たちばなのとよひのみこと》はこれをしたい下男に化けて、九州に下り折を待っている。ある時長者が犬追物をする。尊もその中に加わり、美事栄冠を得る。かくて尊は姫を妃にせられ、かつ皇太子なる身分を明かす。このあたりの筋は同じ豊後を本場とする百合若伝説に甚だよく似ている。

さて長者は驚きもし、またかなしみもした。姫を都へやるにしのびないのである。だが栄誉あることなので、首途を立派にして別れる。姫をつれた尊が周防国大畠瀬戸までおいでになると、船がにわかに動かなくなった。どうした事だろうと占をたてて見ると、龍宮の主が、女性を所望だという。一体誰を所望なのか、女の人たちは持っていた手拭を海に流して見る。すると姫のものが沈んでしまったのである。皇子は悲嘆にくれられたが止むを得ぬ。姫は海へ沈まれ、尊は都へかえられる。そうして御位におつきになったのが用明天皇である。一方長者はこの話をきいてなげきになげいたが今は仕方もないので、姫の追善のために、二本の木を流し、その流れついた所へ寺を建てる事にした。すると一本は伊豫の三津ヶ浜へ、一本は周防国熊毛郡伊保庄《いほのしょう》の海岸、即ち彼の姫の入水せられた瀬戸の渚に流れついた。

そこで長者はまず三津に渡り寺建立にとりかかった。長者がかんなを持って木を削ると、その木屑がたちまち人になって、仕事をする。そうして一日の中に寺は完成した。これが三津の太山寺《たいさんじ》である。一方伊保庄の寺も出来上った。これは姫の名にちなんで般若寺とした。その勅額を用明天皇からたまわり、寺は一世の面目をほどこした。さて毎年大晦日の夜、姫の魂は火の玉となってあらわれ、海をただよい、やがて般若寺の燈籠にともるのであった。

これが話の荒筋であり、周防国大島で伝承せられている型である。ここでは山の伝説が海の伝説になっている。しかしてこの瀬戸に残る「海底の鼓」の伝説と手をつないでいる。燈籠についてはすでに南方熊楠氏の「燈籠について」があり、防長史学第二号にのせられた燈籠考も一読すべきものである。

話はここまで来るとすっかり山から手をきるが、前半、即ち小五郎が長者になるまでの話は山地一帯に分布して土地によっては炭焼藤五となっている所もある。この藤五の父が金売吉次――彼の牛若丸を奥州へつれて下った――となっている伝説もあり、東北へ行くと吉次を実在の人間として真面目に信じている人もあり、またその屋敷のあとというものも残されている。

何時だったか歴史教育をよんでいたら、吉次は実在の人物とし、その屋敷址を掘ったら金の鶏が出たと言う記事を見た。こうなって来ると、芝居もよほどうまくなる。しかし、これがこうなる前に深い信仰がその背後にあった事と、山をわたり歩いた人々の事を考えて見なければなるまい。

柳田先生は人をいとおしむことばにかないと言うのがあるが、これはたたらを踏む金師を、おどろきの眼をもて見た村人の間に起ったことばではあるまいか、と言われている。

山をわたり歩いた人々の群は昔はずいぶん多かった様である。単に金師ばかりでなく、山伏と言われる階級など実は恐しい数にのぼっていたのではあるまいか。と言うことは、その道場の址からでも窺われる。低い和泉葛城の北麓にでも山伏道場の寺が、槙尾山寺、松尾寺、大威徳寺、神於寺《こうのじ》、犬鳴山などとずいぶんある。中にも槙尾、松尾などは中々の大寺であったらしく、僧坊の数は百を下らなかった様である。しかしてその勢力の甚だ強大であったろうことは、南朝五十七年を、これらの人々で支えたことを見ても判る。吉野朝は実に大和葛城の山伏を背景にした朝廷だったのである。かかる地に都のあったのも決して偶然ではなかった。

話がまた傍道にそれたが、山伏のほかに、木地屋だとか、神楽師だとか、山窩だとか言う連中をはじめとして、山を渡り歩いた人の事を思うて見ると、交通不便なる上つ代といえど、我々の考えるほど、山の彼方の生活を忘れてはいなかった様である。そうした中にあって採鉱冶金の連中は比較的、定着性をもった仲間でなかったかと思う。一つの産地をあらすまでには相当の年数があったと思う。そうしてまた、この階級こそ一番たのしい夢を持ち得たのではあるまいか。

金の魅力は古今東西をとわぬ。富める者とは黄金を多く持つ者の事である。コロンブスの探検も所詮は黄金の島の発見にあった。黄金の持つ美は幻を現実にするべく最もよい素材であった。

古い民謡をよんでいると、到る所に黄金の杓子だとか、黄金の扉だとか言う言葉が出て来る。金に縁のうすい我々から見ると、まるでうその様に思われる。そうしてマルコポーロのチパングの記事なんか伝え聞きの誤か、空想のでたらめか位に考えていたのであるが、新村博士のお説をきくと、満更そうではなく、金でつつんだ瓦も出て来る由である。金閣がある位だから、金色さんぜんたる家も空想の中にだけあったものではないらしい。

そう言う金をとって歩く、所謂黄金狂は、はるばるアラスカあたりをさがすまでもなく、古い日本にみちていたのである。かくて金を掘る仲間と炭をやく仲間には深い連絡がある。

柳田先生によればコタツの発生も近世の様である。それ以前、我々の日常生活にどれほどの炭を必要としたかと言う事になるが、それはお話にならぬほどのものであっただろう。

そういう時代の炭焼は言わば冶金家に提供するためのものであったことが想像せられる。小五郎と吉次の連繋も無稽なる事件ではなかったのである。金を慕う心と金を埋める心理とはまず近いものであろう。しかもその埋めたものが鶏であったことも、鶏の信仰的位置を考えてほぼ見当のつく問題ではないかと思う。

一方また金をうずめたのが金の鶏ではなく小判千両であった話ののこる長者屋敷は、もとその発生が、山をわたる冶金師とちがった人々によったものではあるまいか。例えば、日本に広く分布している長者屋敷にある糠塚だとかスクモ塚だとか言うものと、長者屋敷の黄金塚は、もと一つのものであった。それが黄金狂時代の出現によって黄金の力が漸次、長者の権威づけを、ヌカやスクモから黄金にぬりかえて行ったものではないかと思う。この長者屋敷の黄金塚の方には大抵歌がついている。

歌詞はいずれも多少の相違があるが

朝日照り　夕日かがやく大木の下　小判千両小判万両

と言った様なものである。埋めたのが小判である筈なのに、土地によっては黄金の鶏がなく事になっている。やがて歌の忘れられる頃には「黄金の鶏がなく」、と言う断片的なものだけが残るのであろう。あらゆる部分は忘却されても「黄金」だけはのこる。そこに黄金に対する心理、つまり憧れの——鋭利を見る。かくて金鶏の伝説は山をわたる人々が持ち歩く以外に、もっと伝播し易い、いくつもの条件がそなわっていたと思うのである。

山を歩く冶金師と鶏、長者とスクモ、これは一応区別して考えてもよい問題であり、また金を通じて結びつき易いものであったとも考えられる。

金の尊さを知って長者になったのが炭焼小五郎であり、小判をうずめたのが没落して行った何某長者であることも、考えて見て、口承文芸の浮動性をさぐるによき問題である。

伊予の三津ヶ浜で行ずりの人にきいた話であるが真野の長者が、太山寺を建てるに、どうしても一日で建たぬ。早や日はくれかかる。そこで日の丸の扇を作って、それぞれ太陽をまねきかえすと、日はまた上って来て、やがて日の入るまでに仕事が出来た。しかし人間のすべからざる事をした長者の家は、それから忽ちにして没落した、と言う話に到っては、この伝説が如何に多くの混入をうけているかが思われて面白い。扇で日を仰ぎかえして没落した長者に鳥取の湖山長者がいる。日を仰ぎかえして熱病になって死んだものに平清盛がいる。那須の与一は日の丸の扇を射たので目の病にかかって死んだという。今昔物語[※2]に出ている餅の的の話は、また各地に相当残っている様であるが、これらの入り組みを以て構成しているのが炭焼小五郎の伝説であろう。長篇の口伝としては、まことに構成的な構想を持っている。

話が甚だ混乱したが、黄金塚伝説の環境を思いめぐらした話なのである。

ただ我々の仕事は吉次のうずめた金鶏や小五郎のうずめた小判を探し出すことではなく、口承文芸の浮動性に対する究明である。そこから色々の数えられることが生まれて来よう。

尚最近手にした本で、金鶏に関する伝説を所集するものをあげて見ると、奈良の高田十郎先生の「大和の伝説」、郷土研究社発行の炉辺叢書「筑紫野民譚集」、「小谷口碑集」などであるが、金鶏伝説ばかり集めたものが、京都だったか、堺だったかの人によって編著されている。見たいものと思うが折りを得ぬ。このほかで心づいているものに柳田先生の「雪国の春」がある。佐々木喜善氏の炭焼長者譚は郷土研究社の発売、これも是非よむべきものと思う。

何分寡聞寡見なので、大方の御教示を仰ぎたい。最後に和泉に於ける二例をここにかかげよう。

(一) 泉北郡和泉町坂本玉塚。阪本はもと阪本臣のいた所で、玉塚は阪本臣鷹野の墳とつたえられている。この玉塚に正月元日の朝金の鶏がなくといわれる。玉塚から東南へ三丁ばかりの所に郷荘《ごうしょう》神社があるが、郷荘神社の境内に大きな木があった。その木の影が兵庫までとどいたそうな。今でも戒下《かいげ》と言う地名があるが、カイゲはカゲだと信じている人もある。大木と言う地名もある。

さてその大木の下へ黄金をうずめて、何某の坊さんが歌をよんだ。

朝日照り
夕日かがやく大木の下
小判千両　後の世の為

というのがそれである。この大木がある年たおれた。この大木をつかって今の郷荘神社をたてたのだという小説もあり、この大木をつかって戒下の禅寂寺の五重塔をたてたとも伝えられ、今禅寂寺に安置せられるシンヱモン様(阿弥陀像平安朝末期の傑作)はこの木で造ったとも伝えられる。ちなみに禅寂寺は奈良初期の古寺で白鳳洋式の五重塔心礎、及び金堂、塔の土壇を残している。

この木の下に小判が埋めてあるというのは実際は玉塚に埋めてあるのだろうと、玉塚の所有者赤松氏は語っていられた。尚正月元旦の朝、誰があげるのか、この塚の頂上に洗米があげてあるそうである。

玉塚は濠をめぐらした円墳で葺石を以ておおわれ、松が生えている。

（二）泉北郡鶴田村原田黄金塚。前記玉塚から北へ一里、信太山台地の北辺に黄金塚がある。前方後円墳で濠はない。里人はハゲ山とよんでいる。この塚にも正月元日の朝金の鶏がなくといわれている。

（「口承文学」第四号　宮本常一編集発行　昭和九年五月）

〔編註1〕前掲浅田氏―「口承文学」第四号の冒頭に掲載されている「播磨国金鶏伝説」浅田芳郎著。

〔編註2〕今昔物語というのは風土記の間違いであろう。餅を的にする話は豊後国風土記の逸文と山城国風土記の逸文にある。今昔物語には見当たらない。

黄金塚傳説に就て——思ひつくまゝに——

宮本常一

今座右に一冊の参考書をもおいてゐないので、記憶の誤があらうと思ふが、思ひつくまゝにここに黄金塚のことについて書いて見る。

黄金塚は前掲浅田氏の見出しにある様に金鶏傳説を伴うた塚の事、及黄金をうめてあると傳へられる塚のことを指すのであるが、この系統の傳説は実に恐しい数にのぼって全国に散布してゐる。

この傳説について、我々に最も示唆をあたへて下さったのが柳田國男先生の「炭焼小五郎が事」である。この論文は、先生の名著海南小記の終に附加されてある。炭焼小五郎は九州豊後の者で炭焼をしてゐる。そこへ醜い女がたづねて来て妻になる。妻は都の者で、由緒ある女玉依姫である。ある日、小五郎が村へ出るために山道を歩いてゐると池だったか、川だったかにおし鳥がおよいでゐる。小五郎は之を見て、手にした黄金を投げつける。するとおしはとび立ち、黄金はしづんでしまふ。見てゐた妻は「もったいない事をするものだ」とつぶやく。不審に思って小五郎がきくと「あなたの投げたものは黄金と言って都では大変尊いものだ」と諭してきかせる。すると小五郎は「さうであったか、では、あんな石なら家にいくらでもある」と言って、はじめて黄金の尊さを知り、同時に長者になる。之が萬能の長者、又は真野の長者である。この小五郎に一人の娘がある。名を般若姫といふ。その美貌が都にきこえ、時の皇太子橘豊日尊は下男《えきしたひ》に化けて、九州に下り折を待つてゐる。ある時長者が大追物をする。尊もその中に加はり、美事栄冠を得る。かくて尊は姫を妃にせられ、且皇太子なる身分を明す。このあたりの筋は同じ豊後を本場とする百合若傳説に甚だよく似てゐる。

扨長者は驚きもし、又かなしみもした。姫を都へやるにしのびないのである。だが栄誉あることなので、首途を立派にして別れる。姫をつれた尊が周防国大島瀬戸までおいでになると、船がにはかに動かなくなつた。どうした事だらうと占をたて、見ると、龍宮の主が、女性を所望だといふ。一体誰を所望なのか、女の人たちは持つてゐた手拭を海に流して見る。すると姫のものが沈んでしまつたのである。皇子は悲嘆にくれられたが止むを得ぬ。姫は海へ沈まれ、尊は都へかへられる。さうして御位におつきになつたのが用明天皇である。一方長者はこの話をきいてなげきになげいたが今は仕方もないので、姫の追善のために、二本の木を流し、その流れついた所へ寺を建てる事にした。すると一本は伊豫の三津ヶ浜へ、一本は周防国熊毛郡伊保庄の海岸、即ち彼の姫の入水せられた瀬戸の渚に流れついた。

そこで長者は先づ三津に渡り寺建立にとりかゝつた。長者がかんなを持つて木を削ると、その木屑がたちまち人になつて、仕事をする。さうして一日の中に寺は完成した。之が三津の太山寺である。一方伊保庄の寺も出来上つた。之は姫の名にちなんで般若寺とした。その勅額を用明天皇からたまはり、寺は一世の面目をほどこした。さて毎年大晦日の夜、姫の魂は火の玉となつてあらはれ、海をたゞよひ、やがて般若寺の燈籠にともるのであつた。

之が話の荒筋であり、周防国大島で傳承せられてゐる型である。ここでは山の傳説が海の傳

説になってゐる。而して「この瀬戸に残る「海底の鼓」の傳説と手をつないでゐる。龍燈について
はすでに南方熊楠氏の「龍燈について」があり、防長史学第二号にのせられた龍燈考も一読すべき
ものである。

話はここまで来るとすっかり山から手をきるが、前半、即ち小五郎が長者になるまでの話は
山地一帯に分布して土地によっては炭焼藤五となってゐる所もある。この藤五の父が金賣吉次
―彼の牛若丸を奥州へつれて下った―となってゐる傳説もあり、東北へ行くと吉次を実在の
人間として真面目に信じて居る人もあり、又その屋敷あとといふものも残されてゐる。

何時だったか厂史教育をよんでゐたら、吉次は実在の人物とし、その屋敷址を掘ったら金の
鶏が出たと言ふ記事を見た。かうなって来ると、芝居もよほどうまくなる。併し、之がかうな
る前に深い信仰がその背後にあった事と、山をわたり歩いた人々の事を考へて見なければなる
まい。

柳田先生は人をいとほしむことばに「かなし」と言ふのがあるが、之はたいらを踏む金師を、お
どろきの眼もて見た村人の胸に起ったことばではあるまいか、と言はれてゐられる。

山をわたり歩いた人々の群は昔はずいぶん多かった様である。単に金師ばかりでなく、山伏
と言はれる階級~~の数~~など実に恐しい数にのぼってゐたのではあるまいかと言ふことは、その道
場の址からでも窺はれる。

低い和泉葛城の北麓にでも山伏道場の寺が、槇尾山寺、松尾寺、大威徳寺、神於寺、犬鳴山は
などとずいぶんある。中にも槇尾、松尾などは中々の大寺であったらしく、僧坊の数百を下ら

なかった様である。而してその勢力の甚だ強大であったらうことは、南朝五十七年を、之等の人々で支へたことを見ても判る。吉野朝は実に大和葛城の山伏を背景にした朝廷だったのである。か、る地に都のあったのも決して偶然ではなかった。

話が又傍道にそれたが、山伏の外に、木地屋だとか、神楽師だとか、山窩だとか言ふ連中を初めて、山を渡り歩いた人の事を思うて見ると、交通不便なる上つ代といへど、我々の考へるほど山の彼方の生活を忘れてはゐなかった様である。さうした中にあって採鉱冶金の連中は比較的、定着性をもった仲間でなかったかと思ふ。一つの産地をあらすまでには相当の年数があつたと思ふ。さうして又この階級こそ一番たのしい夢を持ち得たのではあるまいか。

金の魅力は古今東西をとはぬ。富める者とは黄金を多く持つ者の事である。コロンブスの探険も所詮は黄金の島の発見にあった。黄金の持つ美は幻を現実にするべく最もよい素材であった。

古い民謡をよんでゐると、到る所に黄金の杓子だとか、黄金の瓶だとか言ふ言葉が出て来る。金に縁のうすい我々から見ると、まるでうその様に思はれる。さうしてマルコポーロのヂパングの記事なんか傳へ聞きの誤か、空想のでたらめか位に考へてゐたのであるが、新村博士のお説をきくと、満更さうではなく、金でつ、んだ瓦も出て来る由である。金閣がある位だから、金色さんせんたる家も空想の中にだけあったものではないらしい。

さう言ふ金をとって歩く、所謂黄金師は、はるぐアラスカあたりをさがすまでもなく、古い日本にみちてゐたのである。かくて金を掘る仲間と炭をやく仲間とには深い連絡がある。

柳田先生によればコタツの発生も近世の様である。それ以前、我々の日常生活にどれほどの炭を必要としたかと言ふ事になるが、それはお話にならぬほどのものであつただらう。さう言ふ時代の炭焼は言はゞ冶金家に提供するためのものであつたことが想像せられる。小五郎と吉次の連繫も無稽なる事件ではなかつたのである。金を慕《ふ》ふ心と金を埋める心理とは先づ近いものであらう。而もその埋めたものが鶏であつたことも、鶏の信仰的位置を考へてほゞ見當のつく問題はないかと思ふ。

一方又金をうづめたのが金の鶏でなく小判千両であつた話ののこる長者屋敷は、もとその発生が、山をわたる冶金師とちがつた人々によつたものではあるまいか。例へば（日本に汎く分布してゐる長者屋敷にある糠塚だとかスクモ塚だとか言ふものと、長者屋敷の黄金塚は、もと一つのものであつた。それが黄金狂時代の出現によつて黄金の力が漸次、長者の権威づけを、又カヤスクモから黄金にぬりかへて行つたものではないかと思ふ。この長者屋敷の黄金塚の方には大抵歌がついてゐる。

歌詞はいづれも多少相違があるが

朝日照り夕日かゞやく大木の下　小判千両小判万両

と言つた様なものである。埋めたのが小判である筈なのだ、土地によつては黄金の鶏がなく事になつてゐる。やがて歌の忘れられる頃には「黄金の鶏がなく」と言ふ断片的なものだけが残るのであらう。あらゆる部分は忘却されても「黄金」だけはのこる。そこに黄金に対する心理、つまり憬れの――鋭利を見る。

かくて金鶏の傳説は山をわたる人々が持ち歩く以外に、もつとも傳播し易い、いくつもの條件がそなはつてゐたと思ふのである。

山を歩く冶金師と鶏、長者とスクモ、之は一応区別して考へてもよい問題であり、又金を通じて結びつき易いものであつたとも考へられる。

金の尊さを知つて長者になつたのが炭焼小五郎であり、小判をうづめたのが没落して行つた何某長者であることも、考へて見て、口承文芸の浮動性をさぐるによき問題である。

伊豫の三津ヶ浜で行ずりの人にきいた話であるが真野の長者が、太山寺を建てるに、どうしても一日で建たぬ。早や日はくれかゝる。そこで日の丸の扇を作つて、それで太陽をまねきかへすと、日は又上つて来て、やがて日の入るまでに仕事が出来た。併し人間のすべからざる事をした長者の家は、それから忽ちにして没落した、と言ふ話に到つては、この傳説が如何に多くの混入をうけて入るかが思はれて面白い。扇で日を仰ぎかへして没落した長者に鳥取の湖山長者がゐる。日を仰ぎかへして熱病になつて死んだものに平清盛がゐる。那須の與一は日の丸の扇を射たので日の病にかゝつて死んだといふ。今昔物語に出てゐる餅の的の話は、又各地に相當残つてゐる様であるが、之等の入り組みを以て構成してゐるのが炭焼小五郎の傳説であらう。長篇の口傳としては、まことに構成的な構想を持つてゐる。

話が甚だ混乱したが、黄金塚傳説発生の環境を思ひめぐらした話なのである。

たゞ我々の仕事は吉次のうづめた金鶏や小五郎のうづめた小判を探し出すことではなく、口承文芸の浮動性に対する究明である。そこから色々の教へられることが生れて来よう。

尚最近手にした本で、金鶏に関する傳説を蒐集するものをあげて見ると、奈良の高田十郎先生の「大和の傳説」郷土研究社発行の炉辺叢書「筑紫野民譚集」「小谷口碑集」などであるが、金鶏傳説ばかり集めたものが、京都だったか、堺だったかの人によって編著されてゐる。見たいものと思ふが折を得ぬ。この外で心づいてゐるものに柳田先生の雪国の春がある。佐々木喜善氏の炭焼長者譚は郷土研究社の発賣、之も是非よむべきものと思ふ。何分寡聞寡見なので、大方の御教示を仰ぎたい。最後に和泉に於ける二例をここにかゝげやう。

(一)泉北郡和泉町坂本玉塚、阪本はもと阪本臣の居た所で、玉塚は阪本臣鷹野の墳とつたへられてゐる。この玉塚に正月元日の朝金の鶏がなくといはれる。玉塚から東南へ三丁ばかりの所に御莊神社があるが、御莊神社の境内に大きな木があった。その木の影が兵庫までとゞいたさうな。今でも戒下《カイゲ》と言ふ地名があるが、カイゲはカゲだと信じてゐる人もある。大木と言ふ地名もある。

さてその大木の下へ黄金をうづめて、何某の坊さんが歌をよんだ。

朝日照り
夕日かゞやく大木の下
小判千両 後の世の爲

といふのがそれである。この大木が或年たほれた。この大木をつかつて今の御莊神社をたてたのだといふ説もあり、この大木をつかつて戒下の禪寂寺の五重塔をたてたとも傳へられ、今禅寂寺に安置せられるシンアモン様（阿弥陀像平安朝末期の傑作）はこの木で造つたともつたへられる。ちなみに禅寂寺は奈良朝期の古寺で白鳳様式の五?重塔心礎、及金堂、塔、の土壇を残してゐる。

この木の下に小判が埋めてあるといふのは実際は玉塚に埋めてあるのだらうと、玉塚の所有者赤松氏は語つてゐられた。尚正月元日の朝、誰があげるのか、この塚の頂上に洗米があげてあるさうである。

玉塚は濠をめぐらした円墳で葺石を以ておほはれ、松が生えてゐる。

(二) 泉北郡鶴田村原田黄金塚、前記玉塚から北へ一里、信太山台地の北辺に黄金塚がある。前方後円墳で濠はない。里人はハゲ山とよんでゐる。この塚にも正月元日の朝金の鶏がなくといはれてゐる。

昔話　百合若大臣

百合若大臣の記録されているものに舞の本、近松浄瑠璃などがある。そうしてまた、この内容がユリシーズに似ている所からして、学者の間で問題になり、その比較研究もなされている。一方また、国内でも柳田先生、中山太郎氏などによって、研究の対照とされ、漸く問題化され行く民間伝承界の花形役者である。この物語を昔話として採集せられているものに壱岐の山口麻太郎氏がある。まことにととのった説話であるが、これが関東へ行くと甚だ断片的になって、巨人伝説の主人公になっている。だが、もとからこうした断片的なものではなかったであろうと思われる節もある。ここにはその考証が目的でないから省くが、とまれ微笑ましき英雄の物語ではある。この話が周防大島でも昔話として残っている。残っていると言った所で、二、三の老人が保存しているにすぎないのである。現在九十近い周防大島郡日良居村の老婆の話によると、その若かった頃までは、村へささらをならして説教節をうたって来たゴゼがあったとか。百合若の説話はこのゴゼがもたらしたものという。説教節の中では一番尊ばれたもので、容易に語らなかったという。それが村人に保管される様になっても、昔話の王として滅多に話さなかったという。そうして話自身もまた散文化され便概のみが残されているのである。

（1）大島郡日良居村に於ける採集

昔日向の国に百合若大臣と言う強い大将がいた。五人張の弓ひきで、仲々の美男であった。ある時豊後へ湯治に行くと、そこに実に眼のさめる様な美しい女がいた。その美人は筑前国の橘姫と言った。そして二人は何時か別れられない仲となった。

そのうち病気もなおり、橘姫は家へかえって父母に話して百合若を聟にもらう事にした。親もそれはよい事だと許し、百合若は筑前の国へ下った。その頃もろこしのこうらいの国に鬼がいたから百合若はそれを退治しに行く事になって、家来をつれて筑前の海岸へ出かけて行った。所が途中で晩になった。ある茶屋で休んでいると、茶屋の爺がこの向うの峠には山賊が出るから、今夜は越すのをやめて、ここにとまれと言った。が百合若はそれをきかずに出かけて行った。案の定、山へ来ると山賊が待っていて百合若を見ると吹き矢をふきかけはじめた。

しかし百合若は屈せず、これを退治して、いよいよ高麗の国へわたり鬼を征伐した。そのかえる途中、家来は百合若をおろの島において逃げてかえった。百合若はたった一人島に残されて長い間そこに居り、髪もひげもボウボウとのび、山男の様になった。

その頃筑前の国の漁師が、おろの島からたんすの流れて来た夢を見て不思議に思い、島へやって来た。来て見ると山男の様な人がいるので連れてかえって、自分の家の風呂焚きにした。ある時筑前国の殿様が家来に命じて弓ひきをした。所が誰も下手で弓が仲々あたらない。それを見て百合若が笑った。すると殿様は大変おこって、百合若に弓をひけといった。百合若はことわったが殿様がゆるさない。そこで止むを得ず百合若は馬に乗り弓をひいた。何分力の強い人だから、その持っている矢が皆折れる。さて残りが一本になった時、それで殿様を射殺してしまい、自分の城へかえって行った。

（2）大島郡森野村神の浦

昔壱岐の国には沢山の鬼がいて、その鬼が時々筑前の国へ攻めて来ては風の袋をひろげて大風を吹かせて皆をこまらせ、また村の若い娘たちをさらって行った。そのために筑前の国の者は大へん苦しんでいた。その頃筑前の国に百合若大臣というものがいて、鬼のしわざを見かねて、壱岐へ鬼たいじに行くことになった。さて百合若が島へあがると家老たちは百合若を島へおいてにげてかえってしまった。百合若はそんな事とは知らず鬼の所へやって行き、鬼と七日七夜にらみ合いをやった。その時鬼は両方の眼をあけてにらんだのであったが、百合若は片目ずつあけて交替でにらんだから、目が疲れなかった。一方鬼は七日七夜もにらみつづけたものだから、遂に目ばたきをした。そこをすかさず百合若は刀をぬいて鬼を斬った。

さて海へ出て見ると船がいなくなっている。百合若大臣はこまって、長い間島で暮らさねばならなかった。その間に髪はのび、垢はつき、まるで山男のようになった。

やがて筑前の国へかえる事が出来て、片泊という所にいるおち（お乳―即ち乳母）の家へ行くと、おちは山男が百合若によく似ているものだから一度笑わして見ようとした。何故なら百合若は歯が上下共二列に生えていたから、笑わせて見ると百合若かどうか判るのである。所が山男はどうしても笑わなかった。

ある日殿様が――その殿様というのは自分のもとの家老で百合若を島へおきざりにした男である――家

来の者に弓の試合をさせた。さて家来の者が的をめがけて射るのに矢はどうしてもあたらない。百合若はそれを見ていて、その不甲斐なさがおかしくなり、つい笑ってしまった。それを見た殿様が怒って百合若に射させることになった。百合若は早速引うけて、的の方は射ないで、殿様を射殺してしまった。そして自分が再び殿様になった。

壱岐には今でも鬼のいわや〔窟〕があるということだ。

この二つの話は親友田村豊吉君からきいたもので同君が行商の途次採集したものである。

尚壱岐の山口氏によって採集せられたるものはもっとくわしい。そうしてにらめくらをした話も、乳母が笑わせようとしたことも見えている。しかも壱岐では笑っている。豊後でも百合若がにらめくらをした話が採集されている。但しこの方は鉦を目にあてて勝負に勝つのである。

壱岐でも、昔話としておちつくまえに百合若説教というものがあった様である。炉辺の話になったものには信仰的なものもあったろうが、また芝居など、産土神の絵馬なども、この種の話の成長を助けたのではないかと思う。お宮の絵馬に大江山の絵があって、鬼の首が火を吹いて天から頼光のかぶとの上に落ちて来る所があった。これは酒顛童子が首を斬られ、その首が、天へまい上って、神さまから、首をつぐ薬をもらおうとしたがくれないので、今度は頼光の頭をかむべく下りて来たのである。所が頼光は千枚かぶとをかぶっている。奥の歯は九百九十九枚までたったが後一枚がだめだった。と、子供の折絵を見ながらきかされた。壱岐の話にもこれがある。但し百合若のは七重のかぶとであった。

（「口承文学」第四号　宮本常一編集発行　昭和九年五月）

第四号　編輯余事

△原紙を書きあげてから「百合若伝説私考」（市場直次郎氏）、「百合若伝説異考」（中山太郎氏）、「百合若伝説に就いて」（中山氏）をよんだ。中山氏によると百合若の名の最初に見えるものは大永二年（一五二二）の「熊谷家伝記」（信濃）だという。するとと百合若伝説は日欧交通の始まる前よりあったということになる。日欧の交渉は天文十二年（一五四二）に始まった。こうなると百合若がユリシーズの翻案だったと言う説はもう一度考えなおさねばならぬ、と主張されている。尚百合若伝説については折口博士も書かれている由であるがこれに気がつかなかった。

△原紙を書きあげて、これから刷らねばならぬが多忙と貧とが月給日まで仕事を中止させてくれる。いつまでもこうした生活であってはならぬと思って見るが、背負うて来た荷はどこまでも負うて行かねばならぬ。

私は烈日の下に六十年間も、虫の生活を見つづけたアンリ・ファブルの熱情を思うて、眼頭の熱くなるのを覚える。私にもあの帰依の心がなくてはならぬ。

△三月から四月にかけて私の身辺は実に惨憺たるものであった。力強く生き様としつつ、実はみみずに等しい弱さを持つ人間であることを、そうした日痛切に味わった。

これからそうした惨苦は更にはてしなく続くであろう。だが私は私を隠遁的な、ひねくれた人間にしてはならない。あくまでもたたかいの実体に向かって突きすすまねばならない。
△昨今の斯界を見ると柳田先生の御活動が特に心をうつ。すでに老境に入られた先生の、しかも身を以ての御研鑽は、私をして腋下に汗せしめる。私は常に思う。この先生の下にあって己が道をつき進めて行ったならば……と。大阪は学問の土地ではない。多くの博識家、好古家はいる。だがこの人々は、その対象の中に真なる自己を見出そうとはしない。いわば一個の道楽である。それは我々にはさびしい事である。そうしてともすれば私自身の足もぐらつく。これは私の悩みとして生涯つきまとうであろうけれども、この悩みを愚痴にしてはならぬ。道ははるかである。歩きつづけよう。
△郷土研究という言葉がすたれて民俗学が流行語になった。そうして炉辺から大学の講壇へ出世した。多くの民俗書も出版される。しかしたえざる反省を忘れてはならない。

（「口承文学」第四号　宮本常一編集発行　昭和九年五月）

口承文學

第五号

謎特輯

昭和九年八月

古老から聞いた花巻地方(岩手)の謎々……藤原貞次郎 (1)
奈良のナゾカケ……高田十郎 (5)
和泉御荘の謎……南要 (15)
和泉信太の謎……谷上芳子 (17)
和泉谷川の謎々……平田元夫 (18)
和泉北部の謎……宮本常一 (19)
摂津櫻井谷の謎々……南要 (24)
播州小河地方のナゾカケ……高田十郎 (25)
阿波脇町附近の謎……南要 (27)
周防大島の謎……宮本ゆき (29)
古き謎
後奈良院御撰何曽抄…… (4)
新板なぞづくし抄…… (24)
謎車氷室櫻抄…… (26)
謎についての覚書……宮本常一 (35)
彼此録…… (43)

「口承文学」第五号〈表紙〉昭和九年八月

和泉北部の謎

一、採集地域　泉州　取石村、鶴田村。取石村は純農村、鶴田村は、阪和電車鳳駅へ徒歩にて十五分の地。この地方の主要交通路の一なる父鬼《ちちおに》街道に沿う。最近大阪の郊外村としての色彩を漸次帯びつつあり。けだし鳳より大阪天王寺まで電車にて十五分を要す。

二、採集年月　昭和九年五月

三、報告者　鶴田村養徳小学校尋常科四年生三〇名（内男一三女一七）

1　私は出るから　お前ははいりといふもの何　——つるべ

2　箱の中に　ぼうずがたくさんはいつてゐるもの　——マッチ

3　足一本の　一つ目小ぞうで女と仲よし　——針

4　おればおるほどながくなるもの　——たんもの

5　くふ時くはずにくはんときくふのは　——魚をつる人のおべんとう

6　見るとき見ずに　見ないとき見るもの　——しばゐのまく

7　年が年中ぶらぶらはたらいてゐるもの　——時計のふりこ

8　年が年中休まず　両手でかほをなぜてゐるもの　――時計
9　毎日同じことを　くりかへすもの　――とけい
10　ぶらぶらとして、口と腹とよくしまつてゐるもの　――へうたん
11　どうしても　二つかさねられないもの　――たまご
12　空をおよいでゐるさかな　――こひのぼり
13　あなたはぢごく　私はごくらく　といふもの　――つるべ
14　目二つ　足八本　あるもの　――たこ
15　雨のふつたとき　一本足であるくもの　――傘
16　目をつむつて　見るものは　――ゆめ
17　朝はやくから　赤い帽子をかむつて　にはをあるくもの　――にはとり
18　峠三つこえた先にある　白い石は　――爪
19　わかい時しらげで年よりになると　黒い毛になるものは　――ふでのほ
20　のはらに穴七つ　――かほ
21　家のまはりをたいこたたいてあるくものは　――あまだれ
22　若い時めくらで　年をとつたら目をあくもの　――かべ
23　前の山では火がぼうぼう　うしろの穴ではけむりがもうもう　――たばこのきせる
24　あをだけ　ふしなしなんですか。　――ねぎ

25　あを天井そとなしなんですか。　――かや
26　一つ目で道を行つたりきたりするものは　――ふすま
27　山に　かさをさしてゐるものは　――まつたけ
28　おしりから入つて　口から出るもの　――ポンプ
29　大きくなるしだいに　きものをぬぐものは　――たけのこ
30　穴の中から　しんぶんよんで　出るもの　――はち
31　たすきをかけて歯が二つあるもの　――げた
32　夜はたらいて　ひるやすむもの　――ふとん
33　雨がふつたときささんと　雨がふらんときさすもの　――日がさ
34　自分でかつても　かならず人にやらねばならぬもの　――はがき
35　少くなればなるほど　多くなるもの　――こよみの月日
36　おこればおこるほど　よろこばれるもの　――すみ火
37　仕事をしてゐるのに　あたまをなぐられるもの　――くぎ
38　夜になるとひろがつてきて　ひるになると小さくなる　――ふとん
39　はこの中でおしろいぬつてねてゐるもの　――もち
40　はこの中で　まつくろな　くびをしてゐるもの　――まつち
42　きつてもきりすじがわからないもの　――水

43 朝おきたとき釜の中へくびをくつてはいるもの　――ちやんぶくど（茶ぶくろ）

44 あんた右行く　わしや左へ行く　末は一所に出あひます　――おび

45 はたけで　ガッソかづいてゐるもの　――みづな

46 目の前にあつて　見えないもの　――まぶた

47 つんぼでもきくもの　――からし

49 池の中へはいても　ぬれんもの　――かげ

50 池にはさみ一つある　――こひのを〔鯉の尾〕

51 のはらにはかまをさかさにして　はいてゐるもの　――つくし

52 あるくほど　とほくなる　――後

53 人の口でごはんをたべる人　――はゐしや

54 けづるほど出るもの　――鉛筆のしん

55 たべるほど大きくなる　――おなか

56 一人でできないもの　――かくれんぼ

57 あつくなればなるほど　うすくなるもの　――人のきもの

58 青い着物をきて　白いきものをきて　赤いきものをきて　黒い着物をきてゐるもの　――すいか

59 ちんばのぱつちとかけて　ぬすびとのさいふととく　心は　いがんだ　おあし（銭足）がはいる。

60 楠木正成とかけて　楠木正成ととく　心は　足かがせめる

61　ぬすみ酒とかけて　義経千本ざくらととく　心は　静かにただのぶ（む）

註――尚報告例は二百ほどであったがポピュラー（殊に他の報告者によって報告されたもの）なもの、新聞雑誌で見たと思われるものはなるべくさけた。例へば　戸（ばん行って…）朝（十月十日を…）穴（けづればば…）ふろのふた（いる時は…）かやと田芋（山からおいでおいで…）げた（目三つ…）とけい（上でさんじゅつ…）人間（はじめ四本足…）きせる（金山こえて…）物ほし竿（かはいたきものをぬいで…）天井（たてばひくくなり…）かげぼうし（いくら追ひかけても…）等々

番外（62）尚こんなのがある。「ある川のはしに片方からは医者が来て、片方から郵便屋が来て、その間にかんごかきが一人ゐた。そのはしは細かつた。あとへよられない。どうすればよいか。答――かんごかきが片方にはゆうびん屋を入れ片方には医者をいれて、かんごかきくるりとまはる。」……何かの本で見たのであろう。私は幼時昔話としてこれに近いものをきいた。

（「口承文学」第五号　宮本常一編集発行　昭和九年八月）

和泉北部の謎

宮本常一

一、採集地域　泉州　取石村、鶴田村。取石村は純農村、鶴田村は、阪和電車鳳駅へ徒歩にて十五分の地。この地方の主要交通路の一なる父鬼街道にそふ。最近大阪の郊外村としての色彩を漸次帯びつゝあり。けだし鳳より大阪天王寺まで電車にて十五分を要す。

二、採集年月　昭和九年五月

三、報告者　鶴田村養徳小学校尋常科四年生　三〇名（内男一三女一七）

1　私は出るから　お前ははいりといふもの何　――　つるべ

2　箱の中に　ぼうずがたくさんはいってゐるもの　――　マッチ

3　足一本の　一つ目小ぞうで　女と仲よし　――　針

4　おればおるほど　ながくなるもの　――　たんもの

5　くふ時くはずに　くはんときくふのは　――　魚をつる人のおべんたう

6　見るとき見ずに　見ないとき見るもの　――　しばゐのまく

7　年が年中　ぶらぶら　はたらいてゐるもの　――　時計のふりこ

8　年が年中休まず　両手でかほを　なぜてゐるもの　――　時計

9 毎日同じことを くりかへすもの ― とけい

10 ぶらぶらとして、口と腹とよくしまつてゐるもの ― へうたん

11 どうしても 二つかさねられないもの ― たまご

12 空をおよいでゐるさかな ― こひのぼり

13 おなかはちゞく 私はごくらく といふもの ― つるべ

14 目二つ 足八本あるもの ― たこ

15 雨のふつたとき 一本足であるくもの ― 傘

16 目をつむつて 見るものは ― ゆめ

17 朝はやくから 赤い帽子をかむつて にはをあるくもの ― にはとり

18 峠をつこえた先にある 白い石は ― 爪

19 わかい時しらげで 年よりになると 黒い毛になるものは ― ふでのほ

20 のはらに穴七つ ― かほ

21 家のまはりを たいこたゝいてあるくものは ― あまだれ

22 若い時めくらで 年をとつたら目をあくもの ― かべ

23 前の山では火がぼう〳〵　うしろの穴ではけむりがもう〳〵 ―たばこのきせる

24 あをだけ　ふっしなしなんですか。 ―ねぎ

25 あを天井ととなし何ですか。 ―かや

26 一つ目で道を行ったりきたりするものは ―ふすま

27 山に　かさをさしてぬるものは ―まつたけ

28 おしりから入って　口から出るもの ―ポンプ

29 大きくなるしだいに　きものをぬぐものは ―たけのこ

30 穴の中から　しんぶんよんで　出るもの ―はち

31 たすきをかけて歯が二つあるもの ―げた

32 夜はたらいて　ひるやすむもの ―ふとん

33 雨がふったときさゝんと　雨がふらんときさゝすもの ―日がさ

34 自分でかってもかならず人にやらねばならぬもの ―はがき

35 少くなればなるほど　多くなるもの ―こよみの月日

36 おこればおこるほど　よろこばれるもの ―すみ火

37 仕事をしてゐるのに あたまをなぐられるもの ―くぎ

38 夜になるとひろがってきて ひるになると小さくなる ―ふとん

39 はこの中でおしろいぬってねてゐるもの ―もち

40 はこの中で まっくろなくびをしてゐるもの ―まっち

42 きってもきりすじがわからないもの ―水

43 朝おきたとき 釜の中へくびをくいってはいるもの ―ちゃんぶくど（茶ぶくろ）

44 あんた右行く わしや左へ行く 末は一所に出あひます ―おび

45 はたけで がッツかづいてゐるもの ―みづな

46 目の前にあって 見えないもの ―まぶた

47 つんぼでもきくもの ―からし

49 池の中へはいっても ぬれんもの ―かげ

50 池にはさみ一つ ある ―こひのを

51 のはらに はかまをさかさにして はいてゐるもの ―つくし

52 あるくほどとほくなる ―後

53 人の口でごはんをたべる人　――はみしや
54 けづるほど出るもの　――鉛筆のしん
55 たべるほど大きくなるもの　――おなか
56 一人でできないもの　――かくれんぼ
57 あつくなればなるほど　うすくなるもの　――人のきもの
58 青い着物をきて　白いきものをきて　赤いきものをきて　黒い着物をきてみるもの――すいか
59 ちんばのぱっちとかけて　ぬすびとのさいふととく　心は　いがんだ　おあし（銭・足）がはいる。
60 楠木正成とかけて　楠木正成ととく　心は　足かいせめる
61 ぬすみ酒とかけて　義経千本ざくらととく　心は　静かにたゞのぶ（む）

註――尚報告例は二百ほどであったがポピュラー（殊に他の報告者によって報告されたもの）なもの、新聞雑誌で見たと思はれるものはなるべくさけた。例へば戸（ばん行って……）朝（十月十日を……）穴（けづれば……）ふろのふた（いる時は……）かやと田芋（山からおいでく……）げた（目三つ……）とけい（上でさんじゅつ……）人間（はじめ四本足……）きせる（金山こえて……）物ほし竿（かないたきものまぬいで……）天井（たたばひく、なり……）かげぼうし（いくら追いかけても……）等々

番外（62）尚こんなのがある。「ある川のはしに片方からは医者が来て、片方から郵便屋が来て、その間にかんごかきが一人ゐた。そのはしは細かった。あとへよられない。どうすればよいか。」

答――かんごかきが片方にはゆうびん屋を入れ片方には医者をいれて　かんごかきくるりとまはる……何かの本で見たのであらう。私は幼時昔話として之に近いものをきいた。

謎についての覚書

1

謎は文学発生、及び展開に最も大きな面積をしめている領域のひとつで一応は検討すべき題目と思う。

2

謎が謎として一部門を持つまでには、すでに謎的なるものが、文学それ自体にやどされていた。口承性の文芸にあっては、語りきかせる相手を、目の前においている所から、書物の如く、著者と読者とはっきり分れる事なく、話手もきき手になる事があり、また常に相手の顔色をうかがう必要があった。例えば、私の生まれた地方には、昔話の合の手に「申すばっかり、猿のつべ（尻）はきっかり」というのがあって、うとうとねむりかけている私に、祖父がよく言ったのを覚えているが、これは決して祖父の専売ではなく、嬉遊笑覧にも見えている。同書では少々ちがった意味に書いているが、祖父のはこちらがきいていないと知ると、話の半でもこう言ってつき放すのである。「話しても手ごたへがない、聞手如何?」と言う所である。口承性の文芸には、皆かく合の手がはいったと思われる。そこに謎の誕生の必然性がある。つまり口承文芸の性質が、すでに謎のかげを持っていた。一方文学発生の母胎の中にも謎的な部面があった。うらないが即ちそれである。うらは予見である。しかし単なる予見ではない。少なくもことほぎの意味を含んでいた。即ちよかれといのる心があった。しかしてこのうらないには、いくつもの方法があり、その回答もまた色々の方法でなされた。その中、回答が言葉でなされたものが、文学誕生の母胎の一であったと考えられる。これら回答は主として「神がかり」によったものではないかと思われる。古事記などは見方によれば、そうした面影を多分に宿している。

3

相聞歌あるいは問答形式の歌が、単なるよびかけでなかった事は、やまとたけるのみことが酒折宮《さかおりのみや》で

新治《にいばり》　つくばをすぎて　いく夜かねつる

とうたわれたるに　御火焼《みひたき》の老人《おきな》が

かがなべて　夜には九夜　日には十日を

と答えて、東国造《あづまのくにのみやつこ》にあげられたのを見ても判る。ことどいが神を媒介とした事を、かすかながらうかがう事が出来る。ことだまのさきわうと言われたことだまの意義の最初は、ことばそのものに神を認めたというより、神にといかける事によってさきわいを見、神を通じて相手によびかけて、さきわいを得たと考えたい。ここにのりともよごとも意義を持ち、相聞歌もまた、単なる恋歌でなかったことを想像し得る。

君が行く　道のながてをくりたたね　やきほろぼさむ　天《あめ》の火もがも　〔万葉集巻一五―三七二四〕

も茅上娘子《ちがみおとめ》が、直接中臣宅守《なかとみのやかもり》によびかけた言葉とするよりも、むしろ神にこいのんだ歌と見たい。

寄物陳思歌《ものによせておもいをのぶるうた》の如きも、そう言う心持ちがほんの少しばかり堕し始めた頃のうたと見たい。（そこにはまじないの意味もあったが）そうして、そういうといかけに答の要求はつきものだった。ことだまのさきわいの意義はそこにあったのではあるまいか。

4

ことばが神へのよびかけでなく、言葉にたましいのやどるものだという考え方は、日本では天平の頃の文字を知った人々の間にひろがった考えの様な気がする。その故は、一つの言葉に二つの意味をこめたりなどする趣味の起ったのが、天平初期（白鳳といわれた時代）からの様に思うので。たとえば

吾妹子をいざみの山を高みかも　大和の見えぬ国遠みかも　〔万葉集巻一―四〇〕

などそれで、いざみが二重の意を持つ。こういう暗譬《あんひ》に対して人々はそれをすぐれたものと推賞した。（何故ならこういう趣味が漸次流行しはじめたことによって察せられる）ここに文字を知れる者の技巧への堕落と、自然への背離があった。古今集に到って、更にその技巧を加える。これは一つには詠むうたから、見る歌への転換も手つだっている。しかして、理屈でせめたものに対して、なるほどよく出来ている――と、人々は感嘆した。こういう様に、宗教性と口承性の脱落から、和歌があそびにまでおちて来た。

5

なぞという言葉は「何ぞ」から来たもので、平安朝時代には、なぞ歌が相当作られた様である。「小野

宮右衛門督家何曽合」※1などは、その代表的なもので、こうした事の流行は、和歌自体の本来の香気を変ずる様になった。（こういう気分の排撃のために、和歌自体の自清作用も常に行われたが。）

一方また、何曽は歌合の余興として丁度連歌に於ける俳諧歌の様な位置にあったかとも思う。したがって最初なぞと名のつけられた頃のものは、和歌の体をなしていた様である。

秋風の　はらへば　つゆのあともなし　萩の上葉も　みだれてぞちる。

これを「月」ととき、心は――上句のつゆのあとをなくすればつ、萩の上をとればぎ、即ち月となるのである。これなどは、聞くなぞであるが

道風が　みちのく紙に　山といふ字をかく　答嵐

などに到っては、見るなぞで、字を知らぬ者には出来ぬわざである。

ここに文字を知れる者のなぞと知らざる者のなぞの分化を考えて見たくなる。

文字を知れるもののなぞは、それが記録される便宜を持ったために複雑化して、内容のこみ入ったもの、形式の複合的なもの（字なぞ、二重なぞ、三重なぞ、四重なぞ、等）を生んだ。

二重なぞ　せかぬ去状（とかけて）（とき）船弁慶（心は）静にいとまをやる。

三重なぞ　捨小舟　行脚僧　下り坂のつぶて　泊りさだめぬ

四重なぞ　沈酔の心地　まをとこ　二人のぬけさく女　焼《タ》きつけかかる釜の下　とろとろ目

当字なぞ　七（とかけて）（とき）棚（心は）七夕《タナバタ》の七の字

こういうなぞに対して、字を知らざる人々のなぞは、尚なぞが神へのとひかけの言葉であり、人々への

さとしの言葉であったと思われる。柳田先生の『桃太郎の誕生』所載の「和泉式部の足袋」に見えた

南無薬師諸病悉除の願たて、　身より仏の名こそ惜しけれ

という式部のうたに対して

村雨はただひとときのものぞかし　おのが蓑笠そこにぬぎおけ

という仏の返歌や、横山の弥宜の歌※2の作られた事情には、神へのなぞ《（神占）》が未だ名残をとめているのを見る。そうして又現今でも織戸健造さんの話によると、堺市のまつりの色提灯に、なぞを書く風習が残されている。こういう例はしらべて見ればたくさんにあると思われる。

まじないの歌の中にもこうした性質のものが多いし、教訓化したものは多くは俗諺の中にとけこんでいる。

蜂のけんくわで　ブン〳〵
さつまのかみで　ただのり

などその一例であり、やがてはなぞが子たちへの知恵づけの資料ともされている。一つの事物の定義と名称を教えるには、最も効果的な方法であった。今般先輩、同行諸氏の御報告を見ても、時計、ポスト、汽車、電気など現生活に関係のもの多く、古いもの、眼前に見る事の出来難いもの、名称のきわめて少ない事によっても、なぞそれ自体の価値と位相を伺い得る。しかもかつ、文字を知れる者のつくったなぞに比して、はるかに直裁的であり、比喩的なのが目につく。

逆説的な例　重くなればなる程　軽くなる者

比喩的な例　骨なし皮なし　プラリンプスンと落ちる者　等々

それがしかも古いものほど簡にして要を得ており、古き面影を多分にとめている岩手県藤原氏報告のものは実に立派な文学である。しかしてそこに口承の名残を見得るのである。その問い方は描写的でかつリズムがある。それが中央にちかづくにつれて説明的になり散文的になる。和泉の山手と、奈良とでは、奈良が町である。従って「みずな」についての問でも、和泉では

田でガッソかづいてゐるものは何

であり、奈良では

田の中に青いものがダランとして幽霊の様なもの

となっている。文化はかくて文字を知らざりし者の文学を散文化した。そうしてなぞは僅かに子供の手で保存されるだけになった。――今度の採集についても各位とも殆どは、幼少年者の手をかられた様である。

6

なぞが、なぞとして一部門を持つ以外に、なぞ的なるものが、その周囲にあって、文学上一つの役目をもった。古い俳諧のおかしみは「もじり」「あて字」「語呂合せ」「はんじ」などにあって、それらはまた、なぞにおいても生命とする所であった。――小話から落語、俄《にわか》、茶番まで、それが口承文芸である限り、なぞ的なものを含み、かつたえずなぞを分娩していった。即ちなぞのよき温床であり母胎であった。この故になぞも、それ自体文学的分野を持ち得た。そうしてかえりみられ伝播したのであった。一方またなぞ

の伝播には願人坊主の力も大きく、謎はんじ物を、鼠半切に摺ったものを持ち歩き売り、その弊のために享保十四年四月廿五日には「願人共謎、判じ物板行いたし　町々へ持廻り候儀無用に可致候」という触書さえ出ている。また「昭和風習集」には、湯島天神で非人弥太坊主が、木魚をたたいて衆人のかける謎をといて、一銭二銭を得たこと見えており、文化十一年に浅草奥山に謎坊主春雲出で、翌年は三笑亭可楽も謎をよびものにした事が、「稀書解説」に見えている。

判じ物、落書は、江戸時代の町新聞ともいうべきほど発達を見せたが、これは答を衆人に求めたなぞであった。

7

なぞは、答の短いのを通例とするが、ながい答をしたものもあった。縁起とか由来話が即ちそれで、柳田先生の言われる「なぜ話」（たとえば五月節句に菖蒲をふくわけと言った様なもの）もこれに属するかと思う。かくて答の散文化が由来記や縁起物語を生んだ。ここに到っては、謎的なるものとは言い難いかも知れないが、もとの気持は一つだったろう。

後記――なぞについては全くの素人である。以上の様な目安を大体たてて見たのであるが、これについて大方の御叱正と御教示を仰ぎたい。

（「口承文学」第五号　宮本常一編集発行　昭和九年八月）

〔編註1〕「小野宮右衛門督家何曽合」は「小野宮右衛門督家（君達）歌合」のことであろう。同名の歌合は天元四年四月と某年八月の前後二回催されている。群書類従和歌部にあり。

〔編註2〕「横山の弥宜の歌」は岩手県宮古の横山八幡宮に伝わる神歌。

「山畠につくりあらしのえのこ草　阿波の鳴門は誰かいふらむ」

謎についての覺書

宮本常一

1

謎は文学発生及展開に最も大きな面積をしめてゐる領域の一で一応は検討すべき題目と思ふ。

2

謎が謎として一部門を持つまでには、すでに謎的なるものが、文学それ自体にやどされてゐた。口承性の文芸にあつては、語りきかせる相手を、目の前においてゐる所から、書物の如く、著者と読者とはつきり分れる事なく、話手もきゝ手になる事があり、又常に相手の顔色をうかゞふ必要があつた。例へば、私の生れた地方には、昔話の合の手に「申すばつかり、猿のつべ（尻）はきつかり」といふのがあつて、うとくゝねむりかけてゐる私に、祖父がよく言つたのを覚えてゐるが、之は決して祖父の専売ではなく、嬉遊笑覧にも見えてゐる。同書では少々ちがつた意味に書いてゐるが、祖父のはこちらがきいてゐないと知ると、話の半でもかう言つてつき放すのである。「話しても手ごたへがない、聞手如何？」と言ふ所である。口承性の文芸には、皆かく合の手がはいたと思はれる。そこに謎の誕生の必然性がある。つまり口承文芸の性質が、すでに謎のかげを持つてゐた。

一方文学発生の母胎の中にも謎的な部面があつた。うらなひが即ちそれである。うらは予見である併し單なる予見ではない。少くもことほぎの意味を含んでゐた。即ちよかれよいのる心があつた。而してこのうらなひには、いくつもの方法があり、その回答も又色々の方法でなされた。その中回答が言葉でなされたものが、文学誕生の母胎の一であつたと考へられる。之等回答は主として「神がゝりし」によつたものではないかと思はれる。古事記などは見方によれば、さうした面影を多分に宿してゐる。

3

相聞歌或は問答形式の歌が、單なるよびかけでなかつた事は、やまとたけるのみことが酒折宮で

新治　つくばをすぎて　いく夜かねつる

とうたはれたるに　御火焼の老人が

かゞなべて　夜には九夜　日には十日を

と答へて、東国造にあげられたのを見ても判る。ことゞひが神を媒介とした事を、かすかながらうかゞふ事が出来る。ことだまのさきはふと言はれたことだまの意義の最初は、ことばそのものに神を認めたといふより、神にとひかける事によつてさきはひを見、神を通じて相手によびかけて、さきはひを得たと考へたい。ここにのりとも　よごとも意義を持ち、相聞歌も又、單なる恋歌でなか

つたことを想像し得る。

君が行く　道のながてをくりたゝね　やきほろぼさむ　天の火もがも

も茅上娘子が、直接中臣宅守によびかけた言葉とするよりも、むしろ神にこひのんだ歌と見たい。祈物陳思歌の如きも、さう言ふ心持がほんの少しばかり隠し初めた頃のうたと見たい。（そこにはまじなひの意味もあつたが）さうして、さういふよびかけに答の要求はつきものだつた。ことだまのさきはひの意義はそこにあつたのではあるまいか。

4

ことばが神へのよびかけでなく、言葉にたましひのやどるものだといふ考へ方は、日本では天平の頃の文字を知つた人々の間にひろがつた考への様な気がする。その故は、一つの言葉に二つの意味をこめたりなどする趣味の起つたのが、天平初期（白鳳といはれた時代）からの様に思ふので。

たとへば

吾妹子をいざみの山を高みかも　大和の見えぬ國遠みかも

などそれで、いざみが二重の意を持つ。かういふ暗喩に対して人々はそれをすぐれたものと推賞した。（何故ならかういふ趣味が漸次流行しはじめたことによつて察せられる）ここに文字を知れる音の技巧への堕落と、自然への背离があつた。古今集に到つて、更にその技巧を加へる。之は一つには詠むうたから、見る歌への轉換も手つだつてゐる。而して、理窟でせめたものに対して、なるほどよく出来てゐる――と、人々は感嘆した。かういふ様に、宗教性と口誦性の脱落から、和歌があそびにまでおちて来た。

5

などといふ言葉は「何ぞ」から来たもので、平安朝時代には、など歌が相當作られた様である。「小野宮右衛門督家何曽合」などは、その代表的なもので、かうした事の流行は、和歌自体の本来の香気を変ずる様になつた。（かういふ気分の排撃のために、和歌自体の自清作用も常に行はれたが）一方また、何曽は歌合の余興として丁度連歌に於ける俳諧歌の様な位置にあつたかとも思ふ。したがつて最初なぞと名のつけられた頃のものは、和歌の体をなしてゐた様である。

秋風の　はらへば　つゆのあともなし　萩の上葉も　みだれてぞちる。

之を「月」ととき、心は――上句のつゆのあとをなくすれば　つ、荻の上をとれば　ぎ、即ち月となるのである。之などは、甫くなぞであるが

道風が　みちのく紙に　山といふ字をかく　答　嵐

などに到っては、見るなぞで字を知らぬ者には出来ぬわざである。

ここに文字を知れる者のなぞと知らざる者のなぞの分化を考へて見たくなる。

文字を知れるもののなぞは、それが記録される便宜を持つために複雑化して内容のこみ入ったもの、形式の複合的なものへ字なぞ、二重なぞ　三重なぞ　四重なぞ、等々を生んだ。

二重なぞ　せかぬ去状（とかけて）　船弁慶（とき）　（心は）静にいとまをやる。

三重なぞ　捨小舟　行脚僧　下り坂のつぶて　泊りさだめぬ

四重なぞ　沈酔の心地　まをとこ　二人のぬけさく女　焼《タ》きつけかゝる釜の下　とろく目

當字なぞ　七とかけて　（ときし）棚　心は　七夕《タナバタ》の七の字

かう言ふなぞに対して、字を知らざる人々のなぞは、尚なぞが神へのとひかけの言葉であり、人へのさとしの言葉であったと思はれる。柳田先生の桃太郎の誕生所載和泉式部の足袋に見えた

南無薬師諸病悉除の願たてゝ　身より佛の名こそ惜しけれ

といふ式部のうたに対して

村雨はたゞひとときのものぞかし　おのが蓑笠そこにぬぎおけ

といふ佛の返歌や、横山の弥宜の歌の作られた事情には、神への（神占）なぞが未だ名残をとめて居るの

を見る。さうして又現今でも織戸健造さんの話によると、堺市のまつりの色提灯た、などを書く風習が残されてゐる。かう言ふ例はしらべて見ればたくさんにあると思はれる。

まじなひの歌の中にもかうした性質のものが多いし、教訓化したものは多くは俗諺の中にとけこんでゐる。

蜂のけんくわで　ブン〱

さつまのかみで　たゞのり

などその一例であり、やがてはなぞが子たちへの知恵づけの資料ともされてゐる。一つの事物の定義と名称を教へるには、最も効果的な方法であった。今般先輩、同行諸氏の御報告を見ても、時計、ポスト、汽車、電気など現生活に干係のもの多く、古いもの、眼前に見る事の出来難いもの、名称のきはめて少い事によっても、なぞそれ自体の価値と位相を伺ひ得る。而も且、文字を知れる者のつくったなぞに比して、はるかに直裁的であり、比喩的なのが目につく、

逆説的な例　重くなかばなる程　軽くなる者

比喩的な例　骨なし皮なし　プラリンプスンと落ちる者　等々

それが而も古いものほど簡にして要を得て居り、古き面影を多分にとめてゐる岩手縣藤原氏報告の

ものは実に立派な文学である。而してそこに口誦の名残を見得るのである。その向ひ方は描寫的で且リズムがある。それが中央にちかづくにつれて説明的になり散文的になる。和泉の山手と、奈良とでは、奈良が町である。従つて「みづな」についての向でも

和泉では　田でガッソかづいてゐるもの体何　であり

奈良では　田の中に青いものがダランとして幽霊の様なもの　となつてゐる。文化はかくて文学を知らざりし者の文学も散文化した。さうしてなぞは僅かに子供の手で保存されるだけになつた。——今度の採集についても各位とも殆どは、幼少年者の手をかられた様である。

6

なぞが、なぞとして一部内を持つ以外に、なぞ的なるものが、その周囲にあつて、文学上一つの役目をもつた。古い俳諧のおかしみは「もぢり」「あて字」「語呂合せ」「はんじ」などにあつて、それらは又、なぞにおいても生命とする所であつた。——小話から落語、俄、茶番まで、それが口承文芸である限、なぞ的なものを含み、且たえずなぞを分娩して行つた。即ちなぞのよき温床であり母胎であつた。この故になぞも、それ自体文学的分野を持ち得た。さうしてかへりみられ傳播したのであつた。一方またなぞの傳播には願人坊主の力も大きく、謎はんじ物を、鼠半切口摺つたもの

を持ち歩き売り、その弊のために享保十四年四月廿五日には「頼人共謎、判じ物板行いたし町々へ持廻り候儀無用に可致候」といふ触書さへ出てゐる。又明和風習集には、湯島天神で非人弥太坊主が、木魚をたゝいて衆人のかける謎をといて、一銭二銭を得たと見えて居り、文化十一年に浅草奥山に謎坊主春雪出で、翌年は三笑亭可楽も謎をよびものにした事が、稀書解説に見えてゐる。判じ物・落首は、江戸時代の町新聞とも云ふべきほど発達を見せたが之は答を衆人に求めたなぞであった。

7

なぞは、答の短いのを通例とするが、ながい答をしたものもあった。縁起とか由来説が即ちそれで、柳田先生の言はれる「なぜ謎」（たとへば五月節句に菖蒲をふくわけと言った様なもの）も之に属するかと思ふ。かくて答の散文化が由来記や縁起物語を生んだ。ここに到っては、謎的なるものとは言ひ難いかも知れないが、もとの気持は一つだったらう。

後記―なぞについては全くの素人である。以上の様な目安を大体たて、見たのであるが、之について大方の御叱正と御教示を仰ぎたい。

暑中御伺申上候

本号はなぞと昔話の号にして見たかったが昔話についてては材料あつまらず、なぞだけをひとまずまとめて見た。ために能田太郎氏の論文をはじめ、同行諸氏のよせて下さった報告を次号へまわさねばならなくなった。

彼此録

誌上にてまずお詫び申しあげます。

何時もながら不完全なものばかりで、我ながらこれではいけないと思っているのだが、何分一人でやるのと、力のないのが、どうしても思う様なものを作らせてくれない。しかし、計画して既に一年を経ている。年月だけはどんどんすぎて行く。限られたる自分の力というものをシミジミと感ずる。そのために先覚諸氏にも御援助を求めて見た。だが所詮帰する所は自分である。一応このあたりで打ちきって、自分自身をしずかにみがく事ではないかと思ったりする。あってもなくてもいい雑誌なら、むしろない方がいいのである。また一方、乗り出した船だもの、という気もする。何れにしろ、こう言うなやみは、この雑誌のある限り、私から離れないであろう。——読者をふやそうとも思わぬ。大向うからうける雑誌になろうとも思わぬが、一冊一冊に、ある迫力をこめたい。そうしてこれに永遠性をふきこみたい。

山村を出て、四月以来郊外電車の沿線で暮す様になったら、人事の往来も漸くしげくなった。しみじみ机の前へおちつく時間も、村々を歩く時間も少なくなった。そうして考えさせられる問題も多い。

俳句の下手な男が芭蕉に二〇日ほどついて歩いたら見違えるほど上手になったと去来抄だったかに見えている。六月三日奈良の高田先生が見え、お伴をして泉南の木積と言う所へ行った。そうして先生の、物を見きわめずば止まない御態度に接して心をうたれた。我々はあまりにもウカウカとしている。よき師を得る事が、よき道を得ることだ。

一番しまいになったが本号をあむについては南要氏から一方ならぬ御尽力をたまわった。氏の御報告は阿摂泉にわたった。高田先生の奈良のナゾカケは採集のひとつの方法を示されたものとして、まことに教えられるところ多く、遠く奥羽から藤原氏の御参加もうれしかった。

学期末の忽忙裡にこれをまとめあぐ。（常記）

（「口承文学」第五号　宮本常一編集発行　昭和九年八月）

暑中御伺申上候

宮本常一

彼此録

。本号はなぞと昔話の号にして見たかつたが昔話については材料あつまらず、なぞだけを一まづまとめて見た。ために能田太郎氏の論文をはじめ、同行諸氏のよせて下さつた報告を次号へまはさねばならなくなつた。誌上にて先づお詫び申しあげます。

。何時もながら不完全なものばかりで、我ながらこれではいけないと思つてゐるのだが、何分一人でやるのと、力のないのが、どうしても思ふ様なものを作らせてくれない。併し、計画して既に一年を経て居る。年月だけはどん〳〵すぎて行く。限られたる自分の力といふものをしみ〴〵と感ずる。そのためには先覚諸氏にも御援助を求めて見た。だが所詮帰する所は自分である。一応このあたりで打ちきつて、自分自身をしづかにみがく事ではないかと思つたりする。あつてもなくてもいい雑誌なら、むしろないい方がいいのである。又一方、乗り出した船だもの、といふ気もする。何れにしろ、かう言ふなやみは、この雑誌のある限、私から離れないであらう。――読者をふやさうとも思はぬ。大向ふからうける雑誌にならうとも思はぬが、一冊一冊にある迫力をこめたい。さうして主に永遠性をふきこみたい。

◦山村を出て、四月以来郊外電車の沿線で暮す様になつたら、人事の往来も漸くしげくなつた。しみ〴〵机の前へおちつく時間も、村々を歩く時間も少くなつた。さうして考へさせられる問題も多い。

◦俳句の下手な男が芭蕉に廿日ほどついて歩いたら見違へるほど上手になつたと去来抄だつたかに見えてゐる。六月三日奈良の高田先生が見え、お伴をして泉南の木積と言ふ所へ行つた。さうして先生の、物を見きはめずば止まない御態度に接して心をうたれた。我々はあまりにもウカ〳〵としてゐる。よき師を得る事が、よき道を得ることだ。

◦一番しまひになつたが本号をあむについては南要氏から一方ならぬ御盡力をたまはつた。氏の御報告は阿摂泉にわたつた。高田先生の奈良のナゾカケは採集の一の方法を示されたものとして、まことに教へられる所多く、遠く奥羽から藤原氏の御参加もうれしかつた。

◦学期末の忽忙裡にえをまとめあぐ。（常記）

口承文學

第六号

契冲肖像　口絵　一五
養壽庵圖　口絵　一四
昔話と方言　能田太郎　一
旅する文芸　宮本常一　一三
契冲和泉隱棲と西山宗因　宮本常一　一八
[資料報告]
岩手花巻附近昔話　藤原貞次郎　二三
紀和狐狸昔話　織戸健造　二六
播磨金雞傳說拾遺　高田十郎　三四
大和黄金千枚の埋藏地名　高田十郎　三四
大和金雞の鳴く紀　高田十郎　三五
大阪府下の黄金塚　宮本常一　二七
紀伊那賀郡の俗諺　山口康雄　三七
伊予の瓢箪屋　南要　三〇
彼此錄　三七

昭和九年十一月發行

「口承文学」第六号〈表紙〉昭和九年十一月

旅する文芸

昭和九年八月六日。その夜西島（隠岐島前）の浦郷に、知事歓迎の盆踊があるというので、午後焼火山《タクヒ》を松浦氏に伴われて下った。七日焼火神社にて、知事中心の精業青年懇談会があるため、神宮松浦氏はそのうちあわせに、知事の滞在せる浦郷へ行かれる事になったのである。

浦郷へ来て見ると、二つある宿はいずれも内地の役人によって占められており、私はやむなく荷物だけを若松屋へおかしてもらう事にして外へ出た。松浦氏は岸本旅館に知事を訪ねて行かれた。村を歩いて見たかったが、連日の旅の疲で、それもおっくうで海辺へ出てながい間雑念に耽けった。

踊が始まったのは九時すぎていただろう。公会堂前の空地で、青年たちが十人ばかり輪になって、さびしそうに踊っていた。ウッソリして元気のない踊で、音頭が途切れると、人々はすぐ踊るのをやめた。知事隣席まで、これではどうにもなるまいと思って、一度宿までかえり、焼火へかえられる松浦氏を送ってから十時前に来て見ると、今夜は意外に仲々はずんでいるのである。女の参画があったからだ。若い女で、少々イチズらしいのが、美しい声をハリ上げて、下がかった歌をうたっていた。妙にさびしいメロディーで、手と足とによって拍子をとっていた。少時すると「あまり長いは御退屈ひとつ踊をかえましょう」と言って踊も歌もかえてしまった。終わりにサアノウエーと囃がつく事によって、それがドッサリである事を知った。十時半知事閣下夫婦の臨席があり、二十分ほどいて退場した。その間神妙に踊っていたが、それでも時々エロティックな歌がとび出して、見る人をクスリと笑わせる事があった。知事が去ると急に元気づいた。老婆が仲間に入った。見る者が減って殆ど踊り手になってしまった。そうしてそれが知事たちの宿へ、これ見よがしにやっている様にさえ見受られた。ドッサリから明治以降の流行歌までとび出した。そうして鹿児島小原《おはら》まで出て来たのである。手と足とは全く拍子をとるにすぎないのだが、それでも歌によって少しずつしないのちがっているのも面白かった。そうして鹿児島小原でも、その他の流行歌でも、囃が原歌とは皆かえられて、節も少しずつ土臭く（何処かドッサリに似ていた）なっていた。大阪音頭などもやっていたが、レコード会社の作った踊ではなしに、彼等の踊にあわすのである。しかして「ソヂャナイカ　ソーダッセ　ホンニエライコッチャ　ソジャナイカ」がちがった言葉になっていた様だった。かくの如き流行歌が、かくの如き方法によって盆踊にとり入れられることは私にとって全く驚異だった。

松浦氏の話では、しまいには乱痴気さわぎになるとの事であったが、酒の参与がなかったので十一時半には平和に終わった。その間、男は全く踊るだけの能しかもたなかった。しかも不細工なしなで。音頭は若い女のお手のもので、時々老人も出たが、流行歌ではだまるより仕方がなかった。中年の女、中年以上の男の参加のなかったのは何故だろうか。太鼓が一度はいったがものにならなかった。音頭をとる者は一緒に踊っていた。

一つの歌から次の歌へ移るには必ず「あまり長いは……」がはいった。

隠岐への旅を終えて周防大島の家にかえり、また故里の盆踊を見るを得た。しかして西隣の村に一夜踊を見に行って、意外にここでドッサリそっくりの節をきいた。終が「エイエイサンサー」の囃であるが、そのサンサーがどうにもサノウエーにきこえるのである。私の故里の踊はどう見ても念仏踊系のもので、もとは踊るもの一人ひとりが小太鼓を持っていた形跡を残している。しかして西隣日良居村日前《ひくま》の踊にはドッサリの混入がその上に認められるのである。この事を村の一友人に話すと、友は「私の亡父がかつてドッサリという歌をうたっていた」というのである。この友人の父は船大工だった。今でこそ島の航海業は衰えているが、古くは相当に盛んで、トーカイブネとよばれる帆によって外海へまで航海し得る船の数は天保十三年（一八四二）に於て二二三隻を数え、西隣日良居はその中心地で実に五〇隻の多数にのぼっていた。従って造船業も目ざましいものがあった。しかもこの日前のトーカイブネの大半は北前船であったことである。ドッサリの流れ来るべき道はあったのである。しかし、相似たる踊でありつつ、私の村ではドッサリの面影は認められない。むしろ伊勢音頭の混入が仄かに耳につく。東隣の村では生々しいまでに伊勢音頭が影響している。しかしてお互いの村は僅かに十数丁をへだてたるに過ぎないのに各違った踊を保持しているのである。これがこうなるには理由がなければならぬ。

それについても考えられるのは隠岐の盆踊の暗示である。もと踊の場には、ずいぶん多くの種類と形式とが行なわれ、同時にどんな新しいものでもこなす力を持っていたのではないかと思う。単に踊の場に限らない。他から流入して来た歌に対して、それぞれにいい宿が作られていたのではあるまいか。例えば我々の故里では、明治の中頃までションガエは座敷のコトホギ歌として七尾まだらや隠岐のヨイヨイの様な意義を持っていたが、臼挽歌にも、糸つむぎ歌にも流用され、座敷歌としてはすたれている。これを後来の者が考証する時、いきなり他地方からションガエが仕事歌として流入した様に考えるかも判らないが、実はその中間に座敷がひとつあったのである。あるいは座敷の前に盆踊の場、神踊の庭などがありはしなかっただろうか。

盆踊のうたと型が各村一つずつに限られたものでなかったことは、隠岐の例でも判るが、我々の村でも相当色々の型のあった事は故老の記憶を辿ればうかがわれる。今ではかげも形も残しておらぬが、江州音頭もやっていた事があるという。また手拭踊といって手拭を持って踊る踊もあったという、それが今では物語詩の口説と二十六詩型の音頭のみになり、更に口説の方はもう滅亡を目の前にしている。

ここに於て——年一回しか行なわれない踊であるために、多くの流入を見つつ、しかもそれを敏感に受け入れつつ、他方ではドンドン忘却の彼方へ廃棄していって、たまたま踊り易いもの、土地にあうたもの、宗教的な意義のあるもの等が保存されたという考え方は成立しないだろうか。早く言えば柳田先生の方言周圏論を口承文芸中の豪華版たる民謡にもあてはめて見たいのである。

俚謡集をひもとくとチョイチョイ鎌倉踊というのを見かける。その鎌倉踊は大阪近在では山城にもあれば、大和大柳生の賀當踊の中にもあった。和泉では上神谷《にわだに》のコヲドリ、父鬼《ちちおに》の雨乞踊の中にもある。しかし父鬼の踊の本家筋である和泉葛城五ヶ村の雨乞踊には消えている。和泉三ヶ所（上神谷、父鬼、五ヶ）の踊歌を見てさえ相当に移動がある。古くはそれぞれに相等しかったのだが、だんだん脱落したのではないかと思う。和泉三ヶ所の踊の中、父鬼が一番歌詞を豊富に残し、現在二一を記録しているが、それが皆少しずつ踊の型と節をかえているのである。もとその相異は相当ハッキリしたものであったろうが、今では耳をすまさないと、皆同じ様にきこえる程近接している。これは演ずる人が玄人でなかったために、それ程多くの正しい使い分けが困難で、漸次混同を起したものではないかと思われる。

隠岐の様な所では、今でも盆の踊場が村の大事な社交場であろう。そうしてボンガマ時代の気分からそう遠のいてはいない様な気がする。そういう世界では敢えて踊を一つに限る事もなければ、またもっと文芸に対して自由な気持ちを持っていよう。（盆踊を盆踊と限る様になってから、急に型も固定されて来たかと思う。単調な踊で一夜を踊りあかす事は、踊の気分をつくる色々のものがあったとしても少々無理ではなかったろうか。）つまり踊の夜は旅から持って来たものをもためして見ていい場所ではなかっただろうか。それが型の固定時代から盆踊の凋落を見る様になったと考えられる。つまり、どの村をのぞいても踊は一色しか踊っていないが、どの村も踊がちがうという日が来た時、それはもはや口承性文芸の活溌なる力をなくしたと見てよかった。

何故そうなったかについてはただ一言ある。お互いがお互いの生活の中に他に犯されてはならないと感ずるものを持ちはじめた事からである。

それにしても尚多くの「何故」は残るが。

（「口承文学」第六号　宮本常一編集発行　昭和九年十一月）

旅する文藝

宮本常一

昭和九年八月六日。その夜西島（隠岐島前）の浦郷に、知事歓迎の盆踊があるといふので、午后焼火《タクヒ》山を松浦氏に伴はれて下った。七日焼火神社にて、知事中心の精業青年懇談会があるため、神官松浦氏はそのうちあはせに、知事の滞在せる浦郷へ行かれる事になったのである。浦郷へ来て見ると、二つある宿はいづれも内地の役人たちによって占められて居り、私はやむなく荷物だけを若松屋へおかしてもらふ事にして外へ出た。松浦氏は岸本旅館に知事を訪ねて行かれた。村を歩いて見たかったが、連日の旅の疲で、それもおっくうで海辺へ出てなかゝ肉雑念に耽けった。

踊が初ったのは九時すぎてゐただらう。公会堂前の空地で、青年たちが十人ばかり輪になって、さびしさうに踊ってゐた。ウッソリして元気のない踊で、音頭が途切れると、人々は、すぐ踊るのをやめた。知事臨席まで、之ではどうにもなるまいと思って、一度宿までかへり、焼火へかへられる松浦氏を送ってから、十時前に来て見ると、今夜は意外に仲々はづんでゐるのである。女の参加があったからだ。若い女で、少々イナズらしいのが、美しい声をハリ上げて、下がかった歌をうたってゐた。妙にさびしいメロディで、手と足とによって拍子をとってゐた。少時すると「あまり長いは御退屈一つ踊をかへませう」と言って踊も歌もかへてしまった。終りにサアノウエーと囃がつく事によって、それがドッサリである事を知った。十時半知事閣下夫妻の臨席があり、二十分ほど居て退場した。その間神妙に踊ってゐたが、それでも時々エロティックな歌がとび出して、見る人をクスリと笑はせる事があった。知事が去ると急に元気づいた。老婆が仲間に這入った。見る者が減って殆ど踊り手になってしまった。さうしてそれが知事たちの宿へ、これ見よがしにやってゐる様にさへ見受られた。ドッサリから明治以後の流行歌までとび出した。さうして鹿児島小原まで出て来たのである。手と足とは全く拍子をとるにすぎないのだが、それでも歌によって少しづゝしなのちがってゐるのも面白かった。さうして鹿児島小原でも、その他の流行歌でも、誰が原歌とは皆かへられて、節も少しづゝ土臭く、何処かドッサリに似てゐた）なってゐた。大阪音頭などもやってゐたが、レコード会社の作った踊ではなしに、彼等の踊にあはすのである。而して「ソヂヤナイカ　ソーダッセ　ホンニエライコッチャ　ソジヤナイカ」がちがった言葉になってゐた様だった。かくの如き流行歌が、かくの如き方法によって盆踊にとり入れられることは私にとって全く驚異だった。

松浦氏の話では、しまひには乱痴気さわぎになるとの事であったが、酒の参興がなかったので十一時半には平和に終った。その間、男は全く踊るだけの能しかもたなかった。而も不細工ないなで。音頭は若い女のお手のもので、時々老人も出たが、流行歌ではたまるより仕方がなかった。中年の女、中年以上の男の参加のなかったのは何故だらうか。太鼓が一度はいたがものにならなかった。音頭をとる者は一緒に踊ってゐた。

一つの歌から次の歌へ移るには必ず「あまり長いは・・・」がはいった。

隠岐への旅を終へて周防大島の家にかへり、又故里の盆踊を見るを得た。而して西隣の村に一夜踊を見に行って、意外にここでドッサリそつくりの節をきいた。終が「エイエイサッサーし」の囃であるが、そのサンサーがどうにもサノウエーにきこえるのである。私の故里の踊はどう見ても念仏踊系のもので、もとは踊るもの一人々々が小太鼓を持ってゐた形跡を残してゐる。而して西隣日良居村比前《ママ》の踊にはドッサリの混入がその上に認められるのである。この事を村の一友人に話すと、友は「私の亡父が嘗てドッサリといふ歌をうたってゐた」といふのである。この友人の父は船大工だった。今でこそ島の航海業は衰へてゐるが、古くは相当に盛で、トーカイブネとよばれる帆によって外海へまで航海し得る船の数は天保十三年に於て二三度を数へ、西隣日良居はその中心地で実に五十隻の多数にのぼってゐた。従って造船業も目ざましいものがあった。而もこの日前のトーカイブネの大半は北前船であったことである。ドッサリの流れ来るべき道はあったのである。併し、相似たる踊でありつつ、私の村ではドッサリの面影は認められない。むしろ伊勢音頭の混入が仄かに耳につく。東隣の村では生々しいまでに伊勢音頭が影響してゐる。而してお互の村は僅かに十数丁をへだてたるに過ぎないのに、各違った踊を保持してゐるのである。之がかうなるには理由がなければならぬ。

それについても考へられるのは隠岐の盆踊の暗示である。もと踊の場には、ずいぶん多くの種類と形式とが行はれ、同時にどんな新しいものでもこなす力を持ってゐたのではないかと思ふ。単に踊の場に限らない。他から流入して来た歌に対して、それ〴〵にいい宿が作られてゐたのではあるまいか。例へば我々の故里では、明治の中頃までショーガエは座敷のコトホギ歌として七尾まだらや隠岐のヨイ〳〵の様な意義を持つてゐたが、臼挽歌にも、糸つむぎ歌にも流用され、座敷歌としてはすたれてゐる。之を後来の者が考証する時、いきなり他地方からションガエが仕事歌として流入した様に考へるかも判らないが、実はその中間に座敷が一つあつたのである。或は座敷の前に盆踊の場、神踊の庭などがありはしなかつただらうか。

盆踊のうたと型が各村一つづゝに限られたものでなかつたことは、隠岐の例でも判るが、我その村でも相當色々の型のあつた事は故老の記憶を辿ればうかゞはれる。今ではかげも形も残しこ居らぬが、江州音頭もやつてゐた事があるといふ。又手拭踊といつて手拭を持つて踊る踊もあつたといふ。それが今では物語詩の口説と二十六詩型の音頭のみになり、更に口説の方はもう滅亡を目の前にしてゐる。

ここに於て――年一囘しか行はれない踊であるために、多くの流入を見つゝ、而もそれを敏感に受け入れつゝ、他方ではドン〳〵忘却の彼方へ癈棄して行つて、たま〳〵踊り易いもの、土地にあふたもの、宗教的な意義のあるもの等が保存されたといふ考へ方は成立しないだらうか。早く言へば柳田先生の方言周圏論を口承文芸中の豪華版たる民謡にもあてはめて見たいのである。

俚謡集をひもとくとチヨイ〳〵鎌倉踊といふのを見かける。その鎌倉踊は大阪近在では山城にもあれば、大和大柳生の賀當踊の中にもあつた。和泉では上神谷《ニワダニ》のコヲドリ、父鬼の雨乞踊の中にもある。併し父鬼の踊の本家筋である和泉葛城五ヶ村の雨乞踊には消えてゐる。和泉三ヶ所（上神谷、父鬼、五ヶ）の踊歌を見てさへ相當に移動がある。古くはそれ〴〵に相等しかつたのが、だん／＼脱落したのではないかと思ふ。和泉三ケ所の踊の中、父鬼が一番歌詞を豊富に残し、現在二十一を記録してゐるが、それが皆少しづゝ踊の型と節をかへてゐるのである。もとその相異は相當ハッキリしたものであつたらうが、今では耳をすまさないと、皆同じ様にきこえる程近接してゐる。これは演ずる人が玄人でなかつたために、それ程多くの正しい使ひ分けが困難で、漸次混同を起したものではないかと思はれる。

隠岐の様な所では、今でも盆の踊場が村の大事な社交場であらう。さうしてボンガマ時代の気分からさう遠のいてはゐない様な気がする。さういふ世界では敢之て踊を一つに限る事もなければ、又もつと文芸に対して自由な気持も持つてゐやう。（盆踊を盆踊と限る様になつてから、急に型も固定されて来たかと思ふ。単調な踊で一夜を踊りあかす事は、踊の気分をつくる色そのものがあつたとしても少々無理ではなかつたらうか。）つまり踊の庭は旅から持つて来たものをもためして見ていい場所ではなかつたらうか。それが型の固定時代から盆踊の凋落を見る様になつたと考へられる。つまり、どの村をのぞいても踊は一色しか踊つてゐないが、どの村も踊がちがふといふ日が来た時、それはもう早や口承性文芸の活溌なる力をなくしたと見てよかつた。

何故さうなつたかについてはたい一言ある。お互がお互の生活の中に他に犯されてはならないと感ずるものを持ち初めた事からである。

それにしても尚多くの「何故」は残るが。

契沖和泉隠棲と西山宗因

本誌口絵に契沖肖像及養壽庵（伏屋邸内にあり、後浪速に移されて円珠庵という）の図をあげたのはこの人が多少とも口承文芸に干係のあったという理由からではなく和泉に住む私の屢々契沖在住せし、伏屋邸址を訪うの折を得、なつかしさのあまりからである。

契沖が高野山を下って泉州久井《ひさい》に住みしは、久井の人辻氏の慫慂《しゅうよう》によるものであって、恐らく契沖は高野山に詣でし辻氏から久井の閑寂である由をきき、心を動かされたものと思われる。しかして久井を深く愛したのであった。それが更に久井から一里ばかり北の伏屋邸になぜ移ったかについて、契沖に学問のありし為、伏屋氏が招いたとだけではあまり突然である。何故なら契沖は当時名もなき僧であり、伏屋氏は稀に見る豪族であったから。で契沖を伏屋氏に食客せしめる様にはかろうた者があった事を考え、それが西山宗因ではなかったろうかと疑うて見るのである。宗因は人も知る談林派の急先鋒であり、肥後加藤家重臣の血をひき、文芸家中稀に見る気魂のある人であった。この宗因が伏屋氏から招かれ延宝二年（一六七四）夏、池田郷の伏屋家を訪い、主重賢を伴うて高野山にのぼっている。所で契沖の祖父が又加藤家の臣であった。されば、家を重んじ、同郷人相慕うの情今よりも更に切なりし日、宗因はすでに契沖の先輩として仄かに彼の事を知っており、伏屋邸か、或は高野山で、契沖和泉にある由をきき、これを重賢

契沖肖像（『契沖全集』岩波書店より）

養壽庵（『契沖全集』岩波書店より）

契沖肖像（『契沖全集』岩波書店より）

にすすめたのではないかと思惟する。何れにしても契沖が伏屋邸にうつったのは延宝二年らしい。この伏屋氏は単なる豪族たるにとどまらず、仲々の蔵書家で、この家に移った事が彼の学心をそそり、他日の大研究の基礎をつくらしめた。

思えば世間は案外せまかった。――異郷の空で同郷人の噂をきくは我々でさえたのしい。まして主家廃絶にあった二氏に、誰よりも強く相寄る魂のあった事は否定出来ない事実であろう。

しかしてこれをうらづける資料は今後に待つ

尚本図録は契沖全集から拝借した。

（「口承文学」第六号　宮本常一編集発行　昭和九年十一月）

第六号　彼此録

△九月二十一日の台風で勤めている小学校がたおれ、そのために本誌が一月おくれた。実は九月に本誌同人たりし故吉田久夫君の遺稿歌集〔『歌集　ひとみ』〕を刷ったために多忙だった事も原因する。原稿の方は相当豊富で七号分ももう集まっている。ただ多忙な生活の傍なので厚い、意に充ちた本が作れないのが残念である。

△今年は北池田時代と違って便利な所にいるのだから大いに歩こうと思っていたがかえって歩けぬ。外へ出ても、心をひく丘や森が目の前に見えぬと、足が向かぬものである。環境の力は大きいものだ。日記をくって見るとつくづくさびしい。僅かに九月十六日和泉山脈をよぎって紀伊根来へ出たハイクを一つしただけである。

△ただこの夏隠岐へわたれたのはうれしかった。その旅先で柳田先生のお噂をきかされたのも実にうれしかった。隠岐も今年は田舎臭さが見えぬまでに見学団の跳りようを見た。訪島者は昨夏の倍以上だろうとの事である。今のうちに調査すべき多くのものがあろう。

△夏休みを終えて上阪に際し、大三島、大崎上島などをちょっと歩いた。大三島の大山祇神社門前町には未だ古い色がそのままにあってうれしかった。ニッケスイやニッケが土産品の主なものであることも、めずらしい事だ。

△うれしいことの一つ。柳田先生の『民間伝承論』である。共立社の史学体系の予告の中にこの名を見出してから久しかったが遂に出た。先生益々御精進にはただ首をたれるのみ。

△私たちの仲間も集まって、この民間伝承論の輪講をしたいと思っている。

△本誌は頁が少ないので他誌の様な真似は出来ぬ。で少しでも有用に頁をつかいたいと思って、黄金塚、金鶏地等の地名表を少しずつあげて見たく高田先生に乞うて本号に少々試みた。これは出来る事なら毎号のせたいと思う。お気づきの書物、あるいは地名があったら、なにとぞ御教示たまわりたい。小生寡見寡聞で、恐らく中途半端なものになろうとは思うが出来るだけ完全を期したい。兎に角、主な伝説の分布表だけはボツボツ作って見たい。

△手許にある資料も少なく、さして旅もせず、その上性来なまけ者に出来ているので、いつも顔を赤らめる様な事ばかりであるが、これではならぬ、と今度の風でしみじみ思った。先輩杉浦瓢《ひさご》氏と語りあうて、生活的でない研究は遂に一個の道楽のみ、それは邪道である。と。この道に生涯をささげるの覚悟をきめたのである。折角諸彦の御指導を乞い、あわせて一兵卒たる我々の御利用を願いたい。

△尚原稿はどしどし送って頂きたい。発表は或は少々おくれるとも責任を持って処理する。私は玉稿を手にするたびに力を感ずる。――ここにもひたぶるな心を抱いた同志が、同じ方向に向かって歩いていると。

（「口承文学」第六号　宮本常一編集発行　昭和九年十一月）

契沖和泉隠棲と西山宗因

宮本常一

本誌口絵に契沖肖像及養寿庵(伏屋邸内にあり、後浪速に移されて円珠庵といふ)の図をあげたのはこの人が多少とも口承文芸に干係のあつたといふ理由からではなく和泉に住む私の屡々契沖在住せし、伏屋邸址を訪ふの折を得、なつかしさのあまりからである。

契沖が高野山を下つて泉州久井に住みしは、久井の人辻氏の慫慂によるものであつて、恐らく契沖は高野山に詣でし辻氏から久井の閑寂である由をきゝ、心を動かされたものと思はれる。而して久井を深く愛したのであつた。それが更に久井から一里ばかり北の伏屋邸になぜ移つたかについて、契沖に学問のありし為、伏屋氏が招いたとだけではあまり突然である。何故なら契沖は當時名もなき僧であり、伏屋氏は稀に見る豪族であつたから。で契沖を伏屋氏に食寄せしめる様にはからうた者があつた事を考へ、それが西山宗因ではなかつたらうかと疑うて見るのである。宗因は人も知る談林派の急先鋒であり、肥後加藤家重臣の血をひき、文芸家中稀に見る気魄のある人であつた。この宗因が伏屋氏から招かれ延宝二年夏、池田郷の伏屋家を訪ひ、主重賢を伴うて高野山にのぼつてゐる。所で契沖の祖父が又加藤家の臣であつた。されば、家を重んじ、同郷人相慕ふの情今よりも更に切なりし日、宗因はすでに契沖の先輩として仄かに彼の事を知つて居り、伏屋邸か、或は高野山で、契沖和泉にある由をきゝ、之を重賢にすゝめたのではないかと思惟する。何れにしても契沖が伏屋邸にうつつたのは延宝二年らしい。この代屋氏は單なる豪族たるにとゞまらず、仲々の蔵書家で、この家に移った事が彼の学心をそゝり、他日の大研究の基礎をつくらしめた。

思へば世間は案外せまかった。——異郷の空で同郷人の噂をきくは我々でさへたのしい。まして主家廃絶にあうた二氏に、誰よりも強く相寄る魂のあった事は否定出来ない事実であらう。而して之をうらづける資料は今後に待つ

尚本目録は契沖全集から拝借した。

彼此録

△九月二十一日の颶風で勤めてゐる小学校がたほれ、そのために本誌が一月おくれた。実は九月に本誌同人たりし故吉田久夫君の遺稿歌集を刷ったために多忙だった事も原因する。原稿の方は相当豊富で七号分ももう集ってゐる。たゞ多忙な生活の傍なので寡い、意に充ちた本が作れないのが残念である。

△今年は北池田時代と違って便利な所に居るのだから大いに歩かうと思ってゐたがかへって歩けぬ。外へ出ても、心をひく丘や森が目の前に見えぬと、足が向かぬものである。環境の力は大きいものだ。日記をくって見るとつくづくさびしい。僅かに九月十六日和泉山脈をよぎって紀伊根来へ出たハイクを一つしただけである。

△たゞこの夏隠岐へわたれたのはうれしかった。その旅先で柳田先生のお噂をきかされたのも実にうれしかった。隠岐も今年は田舎臭が見えぬまでに見学團の跳りようを見た。訪島者は昨夏の倍以上だらうとの事である。今のうちに調査すべき多くのものがあらう。

△夏休みを終へて上阪に際し、大三島・大崎上島などをちよつと歩いた。大三島の大山祇神社門前町には未だ古い色がそのまゝにあつてうれしかつた。ニッケスイやニッケが土産品の主なるものであることも、めづらしい事だ。

△むうかしいことの一つ。柳田先生の民間傳承論である。共立社の史学大系の予告の中にこの名を見出してから久しかつたが遂に出た。先生益々御精進にはたゞ首をたれるのみ。

△私たちの仲間も集つて、この民間傳承論の輪講をしたいと思つてゐる。

△本誌は頁が少いので他誌の様な真似は出来ぬ。で少しでも有用に頁をつかひたいと思つて、黄金塚、金雞地等の地名表を少しづゝあげて見たく高田先生に乞うて本号に少々試みた。之は出来る事なら毎号のせたいと思ふ。お気づきの書物、或は地名があつたら、なにとぞ御教示たまはりたい。小生夢見夢中で、恐らく中途半端なものにならうとは思ふが出来るだけ完全を期したい。兎に角、主な傳説の分布表だけはボツボツ作つて見たい。

△手許にある資料も少く、さして旅もせず、その上性来なまけ者に出来てゐるので、いつも顔を赤らめる様な事ばかりであるが、之ではならぬ、と今度の風でしみ〴〵思つた。先輩杉浦瓢氏と語りあうて、生活的でない研究は遂に一個の道楽のみ。それは邪道である。と。この道に生涯をさゝげるの覚悟をきめたのである。折角諸彦の御指導を乞ひ、あはせて一兵卒たる我々の御利用を願ひたい。

△尚原稿はどし〳〵送つて頂きたい。発表は或は少々おくれるとも責任を持つて処理する。私は玉稿を手にするたびに力を感ずる。——ここにもひたふるな心を抱いた同志が、同じ方向に向つて歩いてゐる。と。

大阪府下の黄金塚

（一）豊能郡庄内村庄本　黄金の森
稲荷神社の鎮守地であったが社は、大字島江の庄内神社へ合祀せられた。その跡を開墾すると古代土器の破片がたくさん出た。黄金の雞が埋めてあり、元旦になくといわれる。
（二）豊能郡西郷村大里　宝塚
（三）南河内郡川上村河合　黄金塚　箸塚
聖徳太子の御衣及び寺宝の金雞三箇をうめてあり、正月元旦その雞が、暁を報ずという。黄金塚は長者が黄金を埋めた所、箸塚は朝夕の箸をすてて出来たものである。
（四）南河内郡玉手村円明　黄金塚
円筒埴輪四重に並列す。
（五）泉北郡鶴田村原田　黄金塚（本誌四号所載）〔宮本「黄金塚伝説について」〕
（六）泉北郡和泉町　玉塚（本誌四号所載）〔宮本「黄金塚伝説について」〕
（一—四『大阪府全志』による）
（「口承文学」第六号　宮本常一編集発行　昭和九年十一月）

大阪府下の黄金塚

宮本常一

（一）豊能郡庄内村庄本　黄金の森
　稲荷神社の鎮守地であったが社は、大字島江の庄内神社へ合祀せられた。その後を南望すると古代土器の破片がたくさん出た。黄金の雞が埋めてあり、元旦になくといはれる。

（二）豊能郡西郷村大里　宝塚
　聖徳太子の御衣及寺宝の金雞三箇をうめてあり、正月元旦その雞が暁を報ずといふ。

（三）南河内郡川上村河合　黄金塚　箸塚
　黄金塚は長者が黄金を埋めた所、箸塚は朝夕の箸をすてて出来たものである。

（四）南河内郡玉手村円明　黄金塚　円筒埴輪四重に並列す。

（五）泉北郡鶴田村原田　（本誌四号所載）

（六）泉北郡和泉町　玉塚　（本誌四号所載）

（一―一四　大阪府全志による。）

口承文學

第七號

昔話採集提唱　宮本常一　1
昔話の考察　藤原貞次郎　27
白木三之丞の話（昔話）　田村正德　6
きうり食はぬ家と伊予の瓢箪屋　澤田四郎作　7
北池田年中行事（和泉）　宇澤正太郎　8
堺のまつり　織戸健造　15
周防大島手まり歌　田村正德　16
河内山田村の謎　南要　17
阿波脇町附近の方言　南要　21
日誌抄・後記　30

昭和九年十二月

「口承文学」第七号〈表紙〉昭和九年十二月

昔話採集提唱

今回発行されたる「旅と伝説」昔話号（七巻十二号）を見て思った事であるが、昔話研究のことは、その採集に更に一段の努力を払わねばならぬ。その故は、恐らく編集者の異常なる努力を待ちつつ、尚昔話採集者の偏在を見たる事によって、即ちこれを近畿よりの報告者僅かに南要氏一人の有様であり、関東また加藤氏一人なることに徴してもうかがい得る反省すべき点であった。

今からおよそ三年半前、柳田先生ご編集になりし昔話号（四巻四号）に於いても、報告者偏在はすでにうかがい得た所であった。そうしてまた今日までに編集せられたる昔話集を地方別にして見ても、これで決して十分だとは、尚言いがたい分布と内容とを明示している。

方言の採集は、これを割合容易になし得るものである。そうして通りがかりの者にも、ある程度まで目的を達せられる性質のものであった為に、盛なる進展を見たのであったが、昔話に於いては、未だ前途程遠きを思うものがある。無論その出発が他の民間伝承諸領域に、やや立ち後れたかの感があった事も、原因の一つではあろうが、採集も方言に比して一段の困難を伴うたことが、事未だここにあらしむる所以であろう。

然るに昔話はすでに漸く文明を誇りたがる人々の間からは消えようとする存在なのである。そうして、京大阪、関東に報告の少ないのも、またそうした原因によるものかと考えられ、さびしい事に思われた。

しかしてこういうものの採取は近畿関東ではすでに旅人学としての成立はむずかしくなっているかもと思惟する。されば里人の参画を切望してやまないものがある。この意味に於て本誌誌友諸彦の御報告を切に待つ次第であり、幾分の貢献をなしたいものと思う。

かくて分布の状態を知る事によって、話の原型と派生を明かに、かつ分布のよって来る所を明にし得るかと考える。

麦や米に水を入れて搗く事を、私の故里では、シトヲカフというが（シトはシトギから来たことばか？）このシトヲカフ様になったについては、米搗く娘が涙を臼におとした事によって早くオヘタ（しらげた）。それから米麦をつく時はシトヲカフ様になったという話を幼時きいた事がある。然るにこれと同様な話が喜界島昔話（「島」昭和九年前期四七六頁）に見えており、継母が娘に毎日麦搗をさせる事になっている。――何故話の一つの例であり、哀感をそそる物語である。

我々が米麦を搗いて食膳に供し始めたのは、恐らく近世醸造法の発生以後の事であろうから、この説話の誕生はそう古いものではないと考える。しかして海遠き喜界にあり、波静かなる瀬戸内にある事を見れば、あるいは偶然なる暗号とも見られぬ事もないが、やはり流浪していったものではないかと思う。寡見寡聞の私の手許には、この何故話は以上二例しか持ち合わさないが、ただ二例だけと速断する事も出来ないし、また採集の業もすすんでいない。しかして私は新しいこの何故話の分布を知りたいものと思っている。

昔話に於ける北の端と南端の類似性を比較して見ても、方言などに比して遥かに多数で、その形象の浮動性は一つ一つの話の上に見られつつ、尚容易に同一系統なるものを摘出し得ることは、言葉を同じうし、血を同じうする国民を背景とせるためとは言え、驚くに足るものであった。

一例をあぐれば「飯食はぬ女房」などは、その最もよきもので

喜界島昔話　島　昭和九年前期　四二四頁
島原　旅と伝説　二の六
壱岐　旅と伝説　第一昔話号　八二頁
安芸国昔話集　一二五頁
岡山文化資料　三の一
小豆島民俗誌
紀伊有田郡童話集
北安曇郡郷土誌稿　第三輯
小県民譚集　二〇一頁
甲斐昔話集　六六頁
加無波良夜譚（南蒲原）　一五三頁
登米郡史　下　八六二頁
膽沢郡昔話集
紫波郡昔話　一七一頁
岩手郡　旅と伝説　第一昔話号　三三頁
聴聞草紙　三八四頁
津軽昔々集　六七頁

に採録せられ、猿聟、屁ひり爺と共に、最も多く行なわれている話である。この話の概要は、男が飯食はぬ女房を妻に迎えるが、あまり米が減るので、ひそかに天井裏で見ていると、大釜に一杯の飯をたき、頭に大きな口をあけて食べるのである。男はなにくわぬ顔をして二階から下り、外からかえった様に見せかけて家に入り、別れ話を持ち出す。すると女は大きな桶をくれという。そこで男が女に桶をやると女はい

きなり男をそれに入れ、鬼になってどんどん逃げ出す。男は驚いて何とかしてぬけ出したいとあせる。折よく頭上に木の枝がたれたので、それをつかんで桶から抜け出し、菖蒲と蓬《よもぎ》の中へ逃げ込んで危い所をたすかる。それで五月節句には——丁度その日が五月節句だったので——菖蒲を屋根へ葺く様になったというのである。

しかし各地ともこうではなく、壱岐では、女の頭が蛇に変じて酒をのんでいる事になっており、喜界では鬼が人を食いに来たので、菖蒲山と蓬山へにげこんだ事になっている。さらに岩手県では、頭の中の口をあけてたべる話がおちており、聴聞草紙では女房が婆に食いころされ、女房の首が男を苦しめることになっている。

かかる相違はあるにしても、もと一つの話であったことは、すぐ肯定出来る所である。そうして菖蒲と蓬へ結びついているのが普通である。

昔話の方言に比して面白い所は、地方にある話が、未だ中央に近い地にも、時には破片的な伝説などになって、多分に残されている事である。——そこが村と名のつく所であれば。これは少なくとも昔話が、もと晴の日のものであった為かと思う。晴と褻《ケ》については柳田先生の民間伝承論に説かれている所で、ケのものであれば、変改もまた多かったであろう。少なくも方言に於ても、古語と認められるものはまた、晴の日に干係あったものではないかと、私は思っている。

尚口承文芸に於ける特性は山の向こうの物語を我が物として、しかもあえて自らの創作をこれに試みようと欲しなかった古い人々の気持ちの故に、こうまで広い範囲にわたって分布を見せつつ、尚類似点を失わせなかったことにあると思う。

こういうことから考えて、さらに多くの採集書が世に出される事が要求され、その分派のすじをたどり、破片をつぎあわせて、もとの型への復原をはかり、また雑多なるものの分類の事業への途を容易ならしめたいものと思う。そうしてそれによって、内容に於ては全く荒唐なる何故話（前期麦をつく時シトヲカフ由来、五月節句に菖蒲と蓬を葺く由来などの如き）などの何ゆえに起り、何故に存するかも明かにし得るかと思う。

幸い近く、島原半島、壱岐、続甲斐の三昔集が出ようとしていることは、まことに悦びとする所であり、また、沢田博士の五倍子雑筆として発行せらるる大和昔話集も、その完璧を期され、発行の日の近からん事を切にお祈りする次第である。

（昭和九年十二月十四日夜職員室）

今宵あたたかに、外はすごいまでの月夜
十二時は今なりいでぬ　仕事をへて　いねむ間しばし　茶をすするかも（畔人）

（「口承文学」第七号　宮本常一編集発行　昭和九年十二月）

昔話採集提唱

宮本常一

今回発行されたる旅と傳説昔話号（七巻十二号）を見て思った事であるが、昔話研究のことは、その採集に更に一段の努力を拂はねばならぬ。その故は、恐らく編輯者の異常なる努力を待ちつゝ、尚昔話採集者の偏在を見たる事によつて即ち之を近畿よりの報告者僅かに南要氏一人の有様であり、関東また加藤氏一人なることに徴してもうかゞひ得る反省すべき点であつた。今から凡そ三年半前、柳田先生御編輯になりし昔話号に於ても、報告者偏在はすでにうかゞひ得た所であつた。さうして又今日までに編着せられたる昔話集を地方別にして見ても、之で決して十分だとは、尚言ひがたい分布と内容とを明示して居る。

方言の採集は、之を割合容易になし得るものである。さうして通りがゝりの者にも、ある程度まで目的を達せられる性質のものであつた爲に、盛なる進展を見たのであつたが、昔話に於ては、未だ前途程遠きを思ふものがある。無論その出発が他の民間傳承諸領域に、やゝ立後れたかの感があつた事も、原因の一ではあらうが、採集も方言に比して一段の困難を伴ふたことが、事未だここにあらしむる所以であらう。

然るに昔話はすでに漸く文明を誇りたがる人々の間からは消えようとする存在なのである。さうして、京大阪、関東に報告の少いのも、又さうした原因によるものかと考へられ、さびしい事に思はれた。

而してかういふものの採集は近畿関東ではすでに旅人学としての成立はむづかしくなってゐるかとも思惟する。されば里人の参劃を切望してやまないものがある。この意味に於て本誌々友諸彦の御報告を切に待つ次第であり、幾分の貢献をなしたいものと思ふ。

かくて分布の状態を知る事によって、話の原型と派生を明かにし、且分布のよつて来る所を明にし得るかと考へる。

麦や米に水を入れて搗く事を、私の故里では、シトヲカフといふが（シトはシトギから来たことばか？）このシトヲカフ様になったについては、米搗く娘が涙を臼におとした事によって早くオヘタ（しらげた）。それから米麦をつく時はシトヲカフ様になったといふ話を幼時きいた事がある。然るに之と同様な話が喜界島昔話（島昭和九年前期四七六頁）に見えて居り、継母が娘に毎日麦搗をさせる事になつてゐる。――何故話の一の例であり、哀感をそゝる物語である。

我々が米麦を搗いて食膳に供し初めたのは、恐らく近世醸造法の発生以後の事であらうから、この説話の誕生はさう古いものではないと考へる。而して海遠き喜界島にあり、或静かなる瀬戸内にある事を見れば、或は偶然なる暗号とも見られぬ事もないが、やはり流浪して行つたものではないかと思ふ。寡見寡聞の私の手許には、この何故話は以上二例しか持ち合はさないが、たゞ二例だけと速断する事も出来ないし、又採集の業もすゝんでゐない。而して私は新しいこの何故話の分布を知りたいものと思つてゐる。

昔話に於ける北の端と南端の類似例を比較して見ても、方言などに比して遥かに多数で、その形象の浮動性は一つ一つの話の上に見られつゝ、尚容易に同一系統なるものを摘出し得ることは、言葉を同じうし、血を同じうする国民を背景とせるためとは言へ、驚くに足るものであった。

一例をあぐれば「飯食はぬ女房」などは、その最もよきもので

喜界島昔話　島　昭和九年前期　四二四頁
島原　旅と傳説　二の六
壹岐　旅と傳説　第一昔話号　八二頁
安芸国昔話集　一二五頁
岡山文化資料　三の一
小豆島民俗誌
紀伊有田郡童話集
北安曇郡郷土誌稿　第三輯
小縣民譚集　二〇一頁
甲斐昔話集　六六頁
加無波良夜譚（南蒲原）　一五三頁
登米郡史　下　八六二頁
膽沢郡昔話集
紫波郡昔話　一七一頁

岩手郡　旅と傳説第一昔話号　三三頁
聴耳草紙　三八四頁
津軽昔こ集　六七頁

に採録せられ、猿聟、屁ひり爺と共に、最も多く行はれてゐる話である。この話の概要は、男が飯くはぬ女房を妻に迎へるが、あまり米が減るので、ひそかに天井裏で見てゐると、大釜に一杯の飯をたき、頭に大きな口をあけて食べるのである。男はなにくはぬ顔をして二階から下り、外からかへつた様に見せかけて家に入り、別れ話を持ち出す。すると女は大きな桶を呉れといふ。そこで男が女に桶をやると女はいきなり男をそれに入れ、鬼になつてどん〳〵逃げ出す。男は驚いて何とかしてぬけ出したいとあせる。折よく頭上に木の枝がたれたので、それをつかんで桶から抜け出し、菖蒲と蓬の中へ逃げこんで危い所をたすかる。それで五月節句には——丁度その日が五月節句だつたので——菖蒲を屋根へ葺く様になつたといふのである。

併し各地ともかうではなく、壹岐では、女の頭が蛇に変じて酒をのんでゐる事になつて居り喜界では鬼が人を食ひに来たので、菖蒲山と蓬山へにげこんだ事になつてゐる。更に岩手県では、頭の中の口をあけてたべる話がおちて居り、聴耳草紙では女房が婆に食ひころされ、女房の首が男を苦しめることとなつてゐる。

かゝる相違はあるにしても、もと一つの話であつたことは、すぐ肯定出来る所である。さうして菖蒲と蓬へ結びついてゐるのが普通である。

昔話の方言に比して面白い所は、地方にある話が、未だ中央に近い地にも、時には破片的な傳説などになつて、多分に残されてゐる事である。——そこが村と名のつく所であれば。之は少くとも昔話が、もと晴の日のものであつた爲かと思ふ。晴と褻《ケ》については柳田先生の民間傳承論に説かれてゐる所で、ケのものであれば変改もまた多かつたであらう。少くも方言に於ても、古語と認られるものは又、晴の日に干係あつたものではないかと、私は思つてゐる。

尚口承文芸に於ける特性は山の向ふの物語を我が物として、而もあえて自らの創作を之に試みようと欲しなかつた古い人々の気持の故に、かうまで広い範囲にわたつて分布を見せつゝ、尚類似点を失はせなかつたことにあると思ふ。

かういふ事から考へて、更に多くの採集書が世に出される事が要求され、その分派のすぢをたどり、破片をつぎあはせて、もとの型への復原をはかり、又雑多なるものゝ分類の事業への途を容易ならしめたいものと思ふ。さうしてそれによつて、内容に於ては全く荒唐なる何故話（前記麦をつく時シトヨカフ由来、五月節句に菖蒲と蓬を葺く由来などの如き）などの何ゆえに起り、何故に存するかも明かにし得るかと思ふ。

幸近く、島原半島、壹岐、続甲斐の三昔話集が出ようとしてゐることは、まことに悦びとする所であり、又、沢田博士の五倍子雑筆として発行せらるゝ大和昔話集も、その完璧を期され、発行の日の近からん事を切にお祈りする次第である。

（昭和九年一二月一四日夜　職員室）

今宵あたゝかに、外はすごいまでの月夜

十二時は今なりいでぬ　仕事をへていねむ間しばし茶をすゝるかも　（畔人）

旅のうた

駅の名をよびつつ人の行きにけり乗降の客いくらもあらず
散りしきし落葉に時雨音たてぬ心侘しくぬれつつぞ来る
雨にけぶり海ははてさへ見えぬかも砂浜の道に我一人なる
道とへば老婆のなまりわびしけれわからぬままにうなづきにけり
いく丘をこえ来ていたくつかれたりはるかに黒く暮れ行く海原

（「口承文学」第七号　宮本常一編集発行　昭和九年十二月）

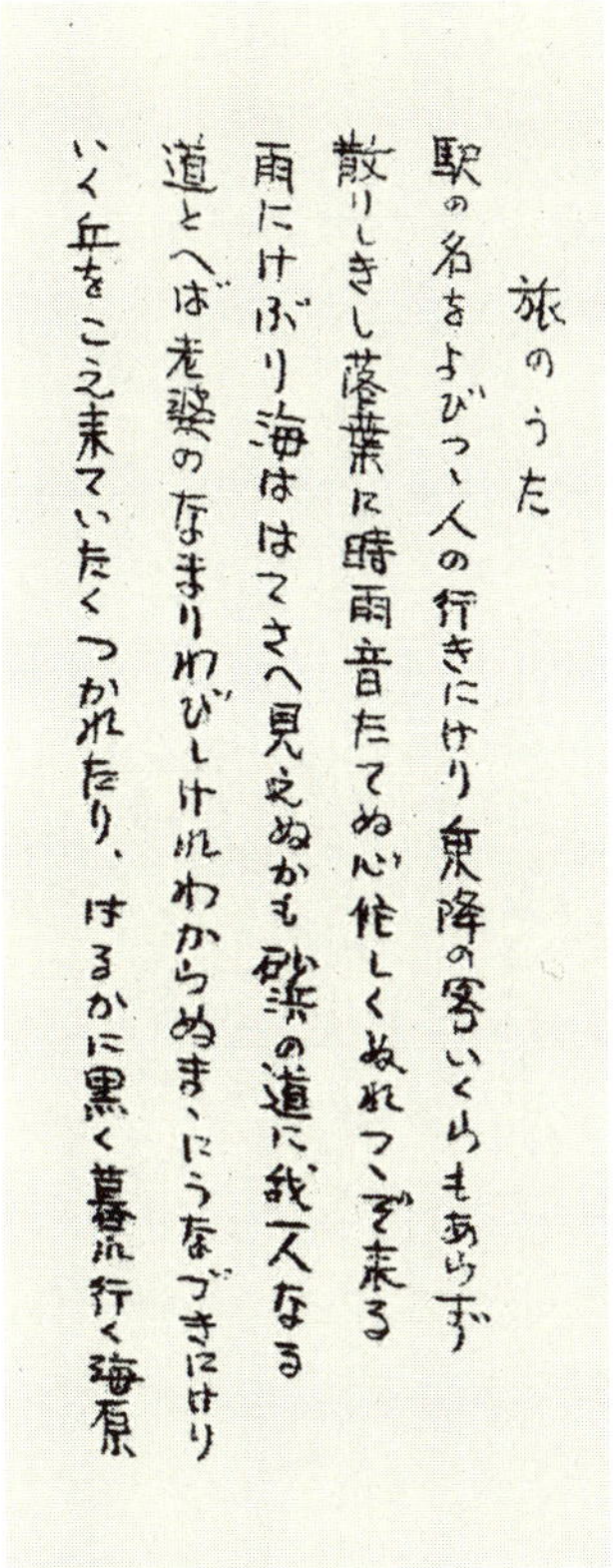

旅のうた

駅の名をよびつゝ人の行きにけり乗降の客いくらもあらず
散りしきし落葉に時雨音たてぬ心佗しくぬれつゝぞ来る
雨にけぶり海ははてさへ見えぬかも砂浜の道に我一人なる
道とへば老婆のなまりわびしけれわからぬまゝにうなづきにけり
いく丘をこえ来ていたくつかれたり、はるかに黒く暮れ行く海原

第七号　後記

△第七号を送って昭和九年にさよならをする。本号は早くから送って頂いてあった原稿をのみのせたためにまとまらぬものになった。意にみたぬ事には思ったが、いつまでも手もとにおいたのでは寄稿して下さった方にすまぬので。

しかし、うれしかった事は、宇沢君の北池田年中行事であった。宇沢君は私の教え子で今佐野職工学校の二年生である。それがもうこの学問に馳せ参じてくれた。私は次々にこうした人たちを見出して行きたい。そうしてそれが教員としての私の一の仕事であろう。

△生活の整理は大切なことだ。ふりかえってやや煩雑にすぎた一年であった。そうしてそのすべてが私のいたらなさから来たものである事を思うて、ひそかに慚愧するものがあった。人一倍馬鹿口をたたき、あらさがしをする人間であるだけに心にしみて、自らの過去をさびしく思った。

△本誌を以て、年始の挨拶にかえ、賀状一切出さぬことにする。実は山積する仕事を前にその余裕すらない。重々御容赦をねがいたい。

△例年の如く、今年も故山に帰省する。（常記）

（「口承文学」第七号　宮本常一編集発行　昭和九年十二月）

口承文學

第八號

續肥前諫早昔話……織戸健造 1
若狭遠敷昔話……山口康雄 8
周防大島昔話四題……宮本常一 9
昔話 奇妙な民(能登地方)……水越郁代 13
近江鼠の国昔話……中西祥男 15
黄金の瓶のはなし……藤原貞次郎 16
黄金塚と金鷄傳説(攝津)……辰井隆 19
蚊封じの部屋……中西祥男 20
陸中国宮野目村宝来如来傳説……藤原貞次郎 21
肥前唐比水晶観音由来……井平又十 22
城に絡まる人柱傳説……横井赤城 25
肥前北高来郡森山村方言(その二)……井平又十 24
堺の手毬唄……山口康雄 32
がいる考……南要 27
民俗時事……14
同人放言……33
編輯後記……34

昭和十年三月

「口承文学」第八号〈表紙〉昭和十年三月

周防大島昔話四題

一　蝦の腰の曲がったわけ

昔、なんでも一羽大きなわしがおって、

「日本中に俺ほど大きなものはおるまい。いっぺん歩いてみよう」

と思って出かけた。

大きな翼を張ってワッサ〳〵とんで行くうちに、広い海へ出てそこで日が暮れた。

「困ったものだ。何処かいいとまり場所はないものか」

と見渡すと、海の中から二本ほど大きな棒が突き出ている。

「これはよいものがある。今夜はここで夜を明かそう」

と思ってとまると、

「……俺のひげにとまったものは何者じゃ」

という声がした。わしは驚いて
「俺は日本一のわしじゃ。よいとまり木があると思ってとまったが、そういうお前は何者じゃ」

と聞いた。すると声の主は

「俺こそは海に住む蝦じゃ」

と答えた。

さて蝦は日本一のわしが俺のひげへとまる位なら、俺は余程大きいに違いないと思って、今度は蝦が海の中を諸国修行に出かけた。そのうちに日が暮れてきたものだから、いい穴ぐらはないかと思って探していると、幸い向こうに大きな穴が見える。その中へ入って行くと、穴がぐら〳〵ゆれて
「俺の鼻の中へ入ったのは誰か」

と聞いた。蝦は驚いて
「俺は三国一の大蝦だが、そういうお前は誰か」

とたずねた。すると
「何だ蝦か。俺はええだが、鼻がこそばゆうてならぬ。出て行け」

と横柄に言った。

「何を言うか。ここは穴だ。穴の中へ宿を借りたのが何が悪いか」

と蝦は俺より大きな魚がおってたまるものかと思って言った。

「よし、ぢゃァ、ハクショイをしてやるがいいか」

「いい、やってみい」

「よし」

ええは大きな声でハックショーとやった。すると蝦は飛び出されて、向こうの岩でしこたま（ひどく）

腰をうった。
それから蝦の腰は曲がってしまったということである。

二　鯨とたはらご

昔、鯨が海の中で
「俺ほどえらいものはない」
と自慢していると、たはらごが笑った。そこで鯨は腹をたててたはらごにはしりないご（競争）をしようではないかと言った。たはらごは承知して
「それでは三日ほど待ってくれ。何時何日《いついつか》の日、どこそこへ来てくれ。待っているから」
と約束した。そうして早速、自分の所へ帰ってきて仲間の物を集め
「実は今日これこれの事を約束した。しかしなかなか鯨に勝てるものではないから、お前らが一人ずつ浦々へ行っていてくれ。そうして鯨が来たら、今来たのかと言ってくれ」
とたのんだ。一同は承知して、それぐ〵の浦へころ〳〵ころげて行った。
さて三日がたつと、このあたりで言うたら、まあ由良のクボ（浦、湾入せる所）の様な所へ鯨とたはらごが落ち合った。
そうして
「これから小浜の浜まで泳《オイ》ごうぢゃァないか」

ということになって泳《おい》ぎ出した。鯨はえらい元気で泳ぐし、たはらごはころ〱ころぐのだから容易ではなかった。

小浜の浜まで来ると鯨はとてもたはらごが来ておるまいと思うて、

「たはらご殿〱」

と声をかけてみた。すると

「鯨殿、今来たのか」

と答えた。鯨はたまげてしまって

「そいでは下田のクボまで泳ごう」

と言ってまた泳ぎ出した。そうして下田のクボまで来て

「たはらご殿〱」

と聞いてみると

「鯨殿、今来たのか」

と答えた。今度は森のクボまでというように泳いで行ったが、何処でもたはらごに先を越された。

そしてとうとう鯨がまけてしまった。

◎たはらごは、なまこの方言である。これは祖父のとっておきの話であったが、鯨がたはらごに競争をけしかける部分をすでに失念している。「たはらご殿〱」という口調がまことに情趣深くて、大きな鯨が夕暮れの海に小さなたはらごを求めて声をかけるにふさわしいひびきを持っていた。

三　海坊主

師走になって、三津ケ浜から島へ正月を迎えに帰る人を乗せたトウカイブネが走っていると、いきなり、海の真ん中で止まってしまった。見ると船のミヨシに大きな一つ目の海坊主がニョッキリと頭をあげている。船頭がのこ〳〵ミヨシへ行ってジッと海坊主の顔を見据えていると、海坊主が
「お前は何が一番恐ろしいか」
と聞いた。船頭が
「俺は商売が一番恐ろしい」
と答えると、海坊主はそうかと言って海の中へ沈んだ。そうして船はまた動き出した。
◎この話はかつて「旅と伝説」へ報告したことがある。地方では事実談の様に語られている。

四　えんこの話

えんこがヒノクレに百姓屋の牛を盗もうと思って海からノコ〳〵上がって来た。牛は丁度フゴ（切藁を湯と糠にまぶしたもの）を食うてしまうたところで、空になった桶を角で突き廻していた。そこへえんこが入っていったのであるが、運悪く牛が角で桶をころがした拍子にえんこの頭にあたって、えんこの頭の鉢（皿）の水をこぼしてしまった。えんこというものは頭に鉢があって、それに水がたまっているものだが、これがなくなると、身動きが出来ない。

えんこは牛の駄屋の入口でちぢこまって弱っていた。そこへオナゴシが牛に水をやろうと思って、手さ

げへ水を入れてきた。見ると小坊主がかごうている（うずくまっている）。不気味なものだから、持っていた手さげの水をシャブリかけた。その拍子にえんこの頭の鉢へ水がたまった。えんこはこれ幸いとゴン〳〵逃げた。驚いたのは下女であった。

それから後、毎日台所へ酒樽一丁と鯛の魚が、誰が置くともなしに置かれてあった。オナゴシはどうもげせぬことに思うて、ある日かくれて見ていると、えんこが一匹戸の隙間から入って来て、ヒドコ（竈）の上の鈎へ鯛を吊って行った。

これはえんこが、鉢へ水を入れてもらったお礼に持って来ていたのであった。――だがそれから持って来なくなった。

◎えんこは河童の方言である

（「口承文学」第八号　堺木曜会　昭和十年三月）

民俗時事

『地上を行くもの』※1が出てから、もう余程になるが、それを私はこの頃やっとよんだ。著者斉藤氏の旅を憧るる事の強さに、読みつつ甚だ心をうたれた。あの中に、氏が神戸六甲の山裏に清水精一師をたずねた事が見えている。この清水師に『大地に生きる』※2の名著がある。師自らの体験を語られたもので、その文中いたるところに人間修業の苦行の相を見る。実に人生反省の書として、何人にもおすすめし得るものである。しかして我等民俗学徒にとっても、この書は一読すべき価値を有する。この書には乞食の生活が細々と書かれてあるからだ。師は乞食の仲間に入れて頂くために、阿倍野へ一年通うたという。民俗学徒の熱情もこれ位のものであって欲しい。

大阪民俗談話会はその後素直な成長をつづけている。比較的強い生みの悩みも知らずに……。これは実に沢田先生のお蔭である。先生の熱情を閑人の閑仕事位に見た民俗学徒があった。さもあらばあれ。民俗学の今日までの成長は一には先生の様なかくれたる熱情家の庇護があった事を忘れてはならぬ。郷土会は彼の新渡戸博士の御後援によるものであったときく。相よる魂をあたためて下さる巣箱は、野の学に於いては特に大切なものであるとは、この会誕生以来しみじみ思った事である。

先生の師に帰依の心は実に厚い。柳田先生の書簡は一々丁寧にこれを保存し、印刷物送付の封筒などでも、柳田先生の自筆であれば必ずアルバムにはさまれている。この帰依の心あればこそ多くの犠牲を払われて、我々を待って下さるのである。あたたかな感情の流通あってはじめて学問の正しい成長がある。民俗学に於いては特にこのあたたかなものがなくてはならぬ。

ひとりなる心は許されぬ。彼の子供たちの手をつないで道行く様な気持から出発すべきであろう

（「口承文学」第八号　堺木曜会　昭和十年三月）

〔編註1〕『地上を行くもの』斎藤清衛著、改造社、一九三三年。
〔編註2〕『大地に生きる』清水精一著、同朋園、一九三四年。

第八号　編輯後記

◇口承文学は本号から堺木曜会同人で編集する事になった。この会は隔週木曜夜集まって民俗学者の輪読と採集実際談を行なうているささやかな会である。同人は織戸建造、山口康雄、杉浦瓢、鈴木東一、宮本常一の五人で、会の事務所に織戸宅をあてる事にした。

◇大体の責任は織戸、山口両人が持つ事にしてやって行く。兎に角個人の編集から数人の会議になる編集への変更にはいくつかの危惧があるが、いつまでも宮本一人の我儘な雑誌であってはならぬ事と財政とか余暇の点から見て、一人で編集するのがむずかしくなったのである。

◇どうせ金があってするのではないから現在以上の事は出来ない。唯これによって、よく数名の民俗学研究者を拾い出せたのが今までの功績だったろうか。今後も新分子の掴得に努めたいと思っている（宮本常一）

◇宮本君が書かれている様に従来宮本君に一切を御煩していました「口承文学」の編集、印刷、発行事務を自分達二人がする事になりました。もっとも編集方針その他に就てはあくまで宮本、杉浦、鈴木等諸君の指導の下になされるのであって、第一には、自分達の勉強になるという建前から宮本君から御話があった時直ちに御引受したのであります。また第二には自分達のこの些かな労力提供が宮本君の勉強の上に、たとえ僅かな消極的なものであるにしろ、時間的に援助する事が出来たらと言う考えの下にこう

して発行しました次第です。どうか、此上共、諸氏の御支援をお願いする次第です（織戸建造・山口康雄）

◇動植物についての方言、俗信、言いならわし、昔話など、御存知の方がありましたら、たとえ半行でもいいから、木曜会事務所へお知らせ下さい（鈴木東一）

（「口承文学」第八号　堺木曜会　昭和十年三月）

口承文學

第九號

花巻近郊の昔話……藤原貞次郎……1
肥前諫早昔話 その三……織戸健造……9
周防大島の昔話 二題……浜井政夫……14
紀伊伊都郡昔話……山口康雄……15
昔話 たぬきのばけもの……鈴木東一……22
民話 愚白の話……宮本常一……17
耳で聞いた話……岩倉市郎……21
播磨蟻・蟻地獄の方言……玉岡松一郎……29
肥前北高来郡森山村方言 その二……井手又十……32
葛城で聞いた俗信……鈴木東一……33
肥前北高来郡婚姻習俗……井手又十……35
丹後國網野町の葬禮習俗……浅田芳郎……36
河内のことごと その一……杉浦瓢……43
鳥取縣御來屋町附近の習俗……片岡長治……39
日誌抄……47
後記……50

昭和十年五月

「口承文学」第九号〈表紙〉昭和十年五月

民話　愚白の話

去年の十一月二十三日。山口君と泉南郡日根野から土丸を経、稙谷《きびたに》、大川の山村を訪うた。よく晴れた日で、土丸から稙谷への途で、成合寺《じょうごうじ》へより、日あたりのいい縁側にすわって梵妻からこの話をきかせてもらったのである。

伝説というよりも民話と言った方がいい様である。寺の麓の村で語られているのを、寺参りの善男善女が話して行ったもので、実は里からきかされた話ですと梵妻は言っておられた。

一、猫退治

愚白と黙庵ともう一人何とか言う坊さんは大層仲がよくて、三人で出世のしあいをしようではないかと言って、それぞれ別れて旅へ出た。

愚白は二人に別れ、流れ流れて和泉にやって来、食野《メシノ》氏（佐野にいた長者）に尊崇せられて、寺をたててもらった。それが成合寺である。

愚白がある時加賀の国の宿にとまった。その宿にとまると大抵あくる日かえって来ないから、愚白にもとまるなと人々が言ったが愚白は平気であった。

愚白は何かあやしい事があると思ったから、笏《しゃく》を持って端然とすわっていた。すると夜更頃一人の老婆が出て来た。老婆は何回も愚白にとびかかろうとしたが愚白がキチンとしているから、それが出来ない。愚白は老婆の仕草があやしいとにらんだから、笏で叩いた。すると老婆が死んで赤猫になった。翌日人をよんで床の下をしらべさせると、床の下に人の骨がたくさんあった。

二、支那の火事を消す

愚白は寺子屋をしていた。ある日も多勢の者を教えていたが、急に小僧に

「加賀が火事だから石に水をかけろ」

と命じた。小僧は妙なことを言うわいと思いながら、愚白がしょっちう坐禅していた寺前の石へ水をそそぐと、ジュウ〳〵と言っていくらでもしみこむ。

それからしばらくたって、加賀の国から人が色々のものを持ってお礼に来た。きけば大火事の時成合寺の紋のあるバケツや提灯を持った人が、たくさんやって来て盛んに水をかけてくれ、とうとう火を消したという。嬉しさのあまりお礼を言おうとすると、誰もいない。そこで火事の時持っていた提灯の紋を色々しらべて見ると、和泉の成合寺のものと判った。

そのため、はるばる加賀からお礼に来たとの事であった。

「附」　これと同系の話は案外多い様である。先年近江の藤樹書院を訪れた時も藤樹神社社司の小川喜代蔵先生から、藤樹が唐の火事を消すために、書院前の石に水をかけたと言う話を承ったことがあっ

た。この話はかつて垣田五百次氏が、「旅と伝説」へも報じていられた。但し垣田氏の話では藤樹がアメリカの火事を消すことになっている。澤庵禅師にも同系の話のあったことを何かでよんだ。

この話を大阪民俗談話会へ持ち出したら、沢田博士によって堺の旭蓮社《ぎょくれんじゃ》の智誉上人の同系の話を承わるを得た。この話は「伝説の堺」にも見えている。

支那の火事が、旭蓮社の蓮池にうつったのを智誉上人が水をかけて消したと言うのである。そのお礼がやはり支那からやって来ている。

こういう話は案外多いかと思う。そうしてこの型の説話は平安以後の多くの説話集によって生成されたものではないかと思われる。

元亨釈書によると釈基燈は承平頃の人で執行持心少しも懈《おこた》らず毎日法華三十余部を誦し、耳目該通して数十里の方をことごとく見聞したということが見えている。今手もとに資料の持ちあわせがないから、一々の例はあげ得ないが、こういう話だったらずいぶん多いと思う。かかる話を母胎にして、生まれたのが火事を消す型の話ではなかったかと思う。

三、豆腐から血

日野根の源六の女房が、ある時豆腐を一丁、寺へ持って行けと下女に命じた。所が下女は二丁持ってやって来た。

愚白はその豆腐を見て、一丁だけでよいと言って二丁とろうとしない。「それでは困るから是非」と下女が言う。その豆腐には惜しみがかかっていると言った。しかし下女はとうとう二丁おいてかえった。後でそれを切ると一丁からは血が流れ出た。

「附」これに似た話は幼時二つきいた。一つはおしみのかかった餅から血の出る話であり、一つはおしみのかかったお金をうけなかった僧の話である。その僧はたしかに弘法大師であったと記憶する。これなども同系の話をひろうて見ると多かろう。

四、慾貧乏

成合寺が出来た時、愚白は三宝に一杯お金をのせて持って来、大工たちにつかませた。ある大工に一つかみつかませ、それでよいかと言うと、大工はもう一つかみつかんだ。そこで愚白はお前の様な慾の深いものは早く衰へるだろうと言った。はたして間もなくその大工は財産をたゝいてしまった。

五、自像自刻

愚白は自分の像を自分で彫った。すると手を彫ってしまえば手が死に、目が出来れば目が死ぬるというふうに、像ができあがるにつれて、自分がだんだん死んで行き、完全に出来上がった日に入寂した。

こういう型の偉人譚は案外多い様である。そうしてかかる話は、伝説というよりも昔話の仲間に入ると思う。

念のためにのせてみる。しかして今後の報告を待つ。

（「口承文学」第九号　口承文学の会　昭和十年五月）

第九号　後記

△木曜会は「口承文学の会」ということにした。四月新に岩倉市郎君も同人とした。そうして本来の目的の一つであった昔話に力を入れて見ることにした。私の最初の意図がやっとここに具体化しかけた訳である。

△山口、織戸の二君は和泉山手の昔話に全力をあげている。鈴木君又動こうとしている。地方学徒の真面目を発揮していただきたいと切に祈っている。私も暇をつくって大いに採集に手をのばしたい（宮本生）

△前号は色々な点に不馴の為に出来上ってから、あれもこれもと気がつき、また二三の方からも親切な御注意をいただいた事は有難く御礼申し上げます。何しろこんな事には全然初めてですから色々意に満たぬ事もあったでしょうが御寛容下さい。ボツ〳〵改めて行きますから何卒御支援下さる様御願いします。

（織戸・山口）

（「口承文学」第九号　口承文学の会　昭和十年五月）

口承文學

第十號

說話の持つ問題性……宮本常一 1
花卷近郊の昔話(三)……藤原貞次郎 9
杵島郡昔話……岸川勝次 15
紀伊伊都郡昔話(二)……山口康雄 19
和泉國昔話(一) 蕎原の昔話……織戸健造 23
葛畑の昔話……山口康雄 29
民話 早速屋……鈴木東一 33
周防大島の民話……田村正德 34
月觀さま……雜賀貞次郎 18
泉州北池田村池田下の幼言葉……宇澤正太郎 41
備中井原町附近の方言……岡本伊三次 46
庚申に關する俗信……片岡長治 36
大阪の俗信一つ二つ……鈴木東一 51
菖蒲打其他……宮本常一 49
民俗短信 成年期習俗二三……高落松男、支那の火事を消す……御園生翁甫、隱岐の糸滿人……桜田勝德、越後の春亥子の例……小林存 52
一隅の感想 二つの昔話集……能田太郎 55

昭和十年七月

「口承文学」第十号〈表紙〉昭和十年七月

説話の持つ問題性
——分類索引作業について——

1

周防大島の沖家室島に鱶《ふか》地蔵というのがある。この島に夫婦の漁師がいたが、その妻が他に男をこしらえ、夫をなきものにしようと計り、夫をさそうて三人で、沖家室の沖一里ばかりなる千貝瀬《せんがいせ》へ貝とりに行った。千貝瀬は潮がひけば一面に海の上にあらわれる大きな岩礁であり、満つれば海底に没してしまうのであった。三人の者が貝をとっている間に海は次第に満ちて来た。間男と女は、折よしと見てとって、サッサと舟にのって漕ぎ去ってしまった。男は図られたと知ったがもうおそい。そこで背に腹はかえられず、ただ助りたい一念から島の地蔵を祈った。瀬の上にはすでに白々と波があがりはじめた。その時一匹の鱶があらわれて、海面を遊弋《ゆうよく》するのである。その様子がいかにも背に乗れという様にするので、男は持っていた出刃包丁を鱶の背につきたて、それにつかまると鱶は一路沖家室の浜まで泳ぎついた。こうして危い生命を助かったのであった。

さてその翌日起きて見ると驚いた事に一すじの血のしたたりが渚から陸《おか》の方へ続いている。男がそれを辿って行って見ると、血は地蔵堂の中に消えている。男は扉を排して中に入り地蔵を拝すると、血のしたたりは地蔵の背後まで続いており、うしろへまわって見ると、地蔵の背には出刃包丁が生々しく突きさしてあった。

男は地蔵に助けられたものである。

2

柳田先生の『海南小記』をよんでいると、これに似た宮古島の話が見えている。

西銘の主嘉播の親の三人の男子、老いて盲目となつた父を疎んじ、魚捕りて慰め申さんと偽り欺いて、沖の干瀬に伴ひ行き、引汐の硲《はざま》に棚を拵へて、其上で酒宴をした。やがてよい頃を見て各々小舟に取乗り、父を残して還つて来ると、潮は満ち棚は毀れて、嘉播の親は波の上に漂うた。島には鱶を神とする多くの昔話があるが、此時にも忽然として大きな鱶は現れ、背に老翁を乗せて安々と浜に送り来る。兄とは違つて孝行な二人の娘は、先づ牛を宰して大魚の労に謝し、家には人々を集めて歓びの宴を開いた。三人の兄弟は之を聞いて其恥に堪えず、怨は鱶にありと干瀬をさして漕いで行くのを、盲目の父屋上に出で、之を唄へば、一陣の風吹き起つて其舟を海に捲入れたと謂ひ伝へている。

干瀬は南海の島々をめぐらす珊瑚礁の事である。渚の沖に白々と波の寄せる瀬を見つつ生まれた話はまた多かったという。

3

私の考えて見たかったのは、鱶地蔵に含まれたる問題のいくつかである。偶然と言えば偶然の共通ながら、千貝瀬もまた周防灘では屈指の干瀬（ここでは潮が干て出てくる岩礁）であった。そうして沖家室あたりの漁師たちははるばると海をこいで、この礒に漁《すなど》りしたのである。

琉球と同一型の話のここに落着いた理由はそうした形状の上から来ている事も見のがせぬ。この岩には龍宮の話はないが、同じ様な干瀬で、周防大島の瀬戸の中にあるものは、その下に龍宮があると信じられており、この岩を中心に般若姫入水伝説が行なわれている。この伝説は本誌〔四号〕「黄金塚伝説について」の中へも書いておいた。

話はかわるが、千貝瀬の東南方に、大水無瀬、小水無瀬の二つの島が仲よくならんでいるが、この二つの間に龍宮にいたる門があるとして、この海を航行する船は、この島の間を通らなかったものである。これから思いついて見ると、二見浦の夫婦岩も、十数丁沖にある興玉《おきたま》神社の神門という事になっている。「防人日記」※を見ると、筑前宗像宮沖ノ島の東南方にも、高さ七丈ばかりの岩が柱の如く立ちのぼって二つ並び立ち、沖ノ島に向かっており、御門柱とよばれている、とある。沖ノ島はまた海神のいつきたまう島であった。

僅か目にふれた三つのものの形状の相似に宿る伝説もまた相似であった。話の宿にはこうした一つの規約があったのではあるまいか。厳島の大鳥居は、厳島神社の大鳥居であると共に、神社側から見れば、龍宮に向かってたてられていた。

数年前の暴風雨で倒れたが、周防大畠瀬戸《おおばたけのせと》に建っていた。瀬戸明神の鳥居は同時に般若姫の沈んだ岩の下にある龍宮に対しているものであるとも言われていた。

泉北中通村湊の海岸にも海の中に鳥居があって、龍宮に向かっていると言われている。そうして七月のいつだったか、下旬頃にその祭りがあり、人々は海に入って此鳥居をくぐり、泳ぐ風があった。海中にこそないが、天王寺西門も寺の門であると同時に、西方浄土に向かう門と信じられていた。これは仏教思想によって生じた口碑の様に見えるが、更に深くは、仏教以前の海の彼方の常世への信仰が根柢をなしてはおらぬか。

要は一つの口碑なり信仰なりが定着するためには、その条件にあうた宿が必要だったのである。その伝説比較によって、未だ見ざる地の有様を洞察された柳田先生の古い諸論説の中の挿話は今あまり省《かえりみ》られていないが、伝承採集に際しては伝説の宿の有様は是非心しておかなければならぬ問題の一つである。

4

次に鱶地蔵の話の持つ型についての問題である。これが考察は話の分類について重要な意義を持って来るのである。

たとえば、この話を地蔵身代説話として登場せしめるとする。事実、地蔵伝説には身代りの話はきわめて多いのである。大体地蔵の造立は我が国に於ては弘仁(八一〇~八二四)以後にして、奈良時代にはこれを見かけぬ様である。しかして奈良朝の信仰誌とも言うべき日本霊異記には地蔵譚はないと記憶する。それが初めて多分に採録せられたのは今昔物語に於てであった。しかも今昔に見えたる地蔵譚は主として蘇生説話である。

それまでの身代説話は観音像に伴うを通常としていたのである。地蔵譚に身代説話の結びつきを見たのは、地蔵信仰の最も盛なりし鎌倉時代前後と考えられる。地蔵を信仰した事によって蘇生した話が、後地蔵の身代りを得たと言うに到っては、内容を少々現実化したと考えて見れば、その展開に肯定出来るものがあると思う。

大和の矢田地蔵は母を殺した武者所康成が地蔵信仰によって地獄より再生する伝説を有するが、同じ大和の大野寺の半焼地蔵は、おえつという下女が主人のために火あぶりの刑に処せられ様とするが、やけているのは下女ではなく、地蔵であったという話になっている。

いうな地蔵の話などは、この身代説話が更に堕落して笑話化したものかと思う。侍が地蔵の前で人を殺して、地蔵にいうなよ、と戒めると「俺は言はぬがお前がいふな」と答える。侍は怒って地蔵に斬りかかる。後侍が、友とこの地蔵のそばを通りかかって友に地蔵の刀きずの由来を言ってきかせ、旧悪を暴露する話である。

地蔵身代説話も、ここまでを範囲とすると相当の広さに達する訳である。

5

鱶地蔵の話は見様によれば動物報恩譚の仲間にもなって来る。

宮古島では、地蔵は出て来ぬが嘉播の親を助けるのはやはり鱶である。——周防大島での例は私の独断があたっているとすれば、地蔵の出現は、鱶に助けられたよりは後で、むしろこの説話へのつけたりではなかったか。

宮古の鱶の人間に助けられていない理由は鱶が神であるためであろうが、鱶が神でなくなる日、当然それに地蔵や神が結びつくか（つまり、鱶自体と神との分離）更に人間に助けられて報恩する現実的な話にかわるのではあるまいか。

これを浦島説話に見るに万葉集九に見えたる水江浦島子を詠める歌は、純然たる常世伝説であって、亀は登場しては来ないのである。それが同時代になされたと思う丹後風土記によれば、亀の出現を見、しかも助けられたる亀ではなく、一種の神にして、美しき女は即ち亀である。

ここにいたって話は琉球の鱶に近くなる。それが亀の報恩譚となって来るのは更に一時代下っての事である。

柳田先生の「日本の昔話」に録されたる弘済和尚と海亀は、今昔物語の巻十九「亀百済の僧弘済に恩を報ずる話」よりとられたもので、かかる話と風土記浦島の結合が、現今の浦島を生んで来るものと考えられる。かくて報恩譚の発生は風土記浦島より一期遅れるものであって時代的に見れば平安中期の成立ではなかったかと考える。

かくて報恩譚もこれを時代的に位置づけるにはいくつもの方法が考えられるのであり、更にその区分にも、一つの技術を要する。

かかる説話の分類にあたって、困るのは仏教の悪い意味での混入である。しかして仏教が文化を助長したよりも、その話の分脈などたどって見ると、日本文化によって仏教が育てられた方が大きい様に思われるのである。

6

鱶地蔵は見様によれば、三輪山型にも通ずる一点がある。血の後をたどる話は、白木三之亟の話にもあったが、三輪山型では、夜しのんで来る男の着物の裾に縫針をしほしておき、糸をたどって行く話になっている。話の型としては重要なもので、すでに古事記中巻に見えている。そうしてこの話の分布はまた広いのである。その分類にあたって鱶地蔵の様な堕落型をまで挿入するとなれば、漸く多岐になる。しかし、この型の展開の上にはどうしても忘れてならぬものではある。

かくて話の分類をなし、索引をつくる事業の容易でない事は、このささやかなる話一つが持つ問題の如何に多岐であるかを見ても判る。

かかる意味に於て、口承文芸のすでに分類時代に入れる今日、各地との連絡、分類、単元の協定は甚だ重要な問題であると思う。そうして各自態度の確立の必要を痛感する。

今、口承文学の会は、採集の傍分類作業に歩行をすすめている。しかしてかかる事の如何に困難なる事業であるかを、同人お互い切に感じている所である。

分類索引作成にあたって、感ずる所あり、諸氏に訴えて賢明なる教示を仰ぎ、あわせて協力を乞うものである。（一九三五・六・二六）

（「口承文学」第十号　口承文学の会　昭和十年七月）

〔編註〕「防人日記」とは「瀛津島防人日記《おきつしまさきもりにっき》」（青柳種信著、寛政六年・一七九四）のこと。

菖蒲打　その他

地面を打ってまわった習俗は広く日本全国に分布し、一月十四日のムグラウチは九州にまた関東に、九月十三夜のボージボッタリは下野国一帯に、十月十日のジューヤ・トーカンヤの藁ボテは関東より近畿一帯へかけて、十月亥の日の亥の子行事は近畿より中国へかけて、その他では八月一日、下甑島ではボテをつくって、二組に分れ、浜へ出てうちあう行事あり、その分布と様相に私は甚だ興味を感じ、更に、同じ地面をうつ行事の一つである菖蒲打を見たいと思っているが手もとにいたって資料が少ない。そこで諸子の御報告をおねがいしたいのである。

図は風俗画報第五号にのせられた江戸風俗年中行事五月によったものであるが、かかる行事は山口市にもあった由、母から承り、今また新潟市の小林存氏から、同地方でもポンポコヤと言って打ちまわった報告を得た。

しかし、目下菖蒲打の内容については、その報告を見ていない。この行事について私の知りたいのは、行なった人（年齢、性別）服装、方法、もらいもの、言いならわし、祀らるる神、うつ時の文句などである。

更に秋の亥の子に対して、春の亥の子の御報告なども願いたい。春の亥の子は地面を打った行事は今ないが、私の地方では旧三月、あるいは二月（？）に行なったと記憶する。唯今日が春の亥の子だという程度になっているが、小豆島では二月の子の日に「オカンサンの首途」と称して亥の子神を祭っている。

私はこの方にも面白い意義が含まれていた様に思うのである。周防大島は春の亥の子をたしかに女の亥の子と言っていたと記憶する。（一九三五・六・二一）

（「口承文学」第十号　口承文学の会　昭和十年七月）

菖蒲打その他

宮本常一

地面を打ってまはった習俗は廣く日本全国に分布し、一月十四日のムグラウチは九州に又関東に、九月十三夜のボージボッタリは下野国一帯に、十月十日のジューヤ、トーカンヤの藁ボテは関東より近畿一帯へかけて、十月亥の日の亥の子行事は近畿より中国へかけて、その他では八月一日、下甑島ではボテをつくって、二組に分れ、浜へ出てうちあふ行事あり、その分布と様相に私は甚だ興味を感じ、更に、同じ地面をうつ行事の一つである菖蒲打を見たいと思ってゐるが手もとにいたって資料が少い。そこで諸子の御報告をおねがひしたいのである。

畫は風俗画報第五号にのせられた江戸風俗

年中行事五月によつたものであるが、かゝる行事は山口市にもあつた由、母から承り、今また新潟市の小林存氏から、同地方でもポンポコヤと言つて打ちまはつた報告を得た。

併し、目下菖蒲打の内容については、その報告を見てゐない。この行事について私の知りたいのは、行うた人(年齢、性別)服装、方法、もらひもの、言ひならはし、祀らるゝ神、うつ時の文句などである。

更に秋の亥の子に対して、春の亥の子の御報告なども願ひたい。春の亥の子は地面を打つ行事は今ないが、私の地方では旧三月、或は二月(?)に行うたと記憶する。唯今日が春の亥の子だといふ程度になつてゐるが、小豆島では二月の子の日に「オカンサンの首途」と称して亥の子神を祭つてゐる。

私はこの方にも面白い意義が含まれてゐた様に思ふのである。周防大島は春の亥の子をたしかに女の亥の子と言つてゐたと記憶する。

一九三五、六、二一

口承文芸雋語

昨夏瀬戸内海を小さな汽船で航行した時の事だった。音戸《おんど》では乗る人も下りる人も、ずいぶんたくさんで皆非道く押しあっていた。呉《くれ》の鍋（地名）から乗った職工の一群の殆んどがここでおりるので、何とない殺気さえ感じた。その時通船の船頭が「せきなさんな、せきなさんな、せえた瀬兵衛が三年前に死んだげな」と節をつけながら言った。瞬間緊張がとかれて皆ニコッとした。なだらかな乗降が行なわれて船は出帆した。今に忘れぬ情景である。

（「口承文学」第十号　口承文学の会　昭和十年七月）

第十号　後記

△口承文学も十号が出るまでになった。二年前第一号が出来て柳田先生にお届けした時他の道楽雑誌と張合うなとの御言葉であった。爾来私はその御言葉を心として今日まで努めて見たのである。途中幾度か抛擲しようとしたことがあった。多忙な生活の傍では荷が勝った。それを拾ってくれたのが口承文学の会の仲間であった。そうして仲間たちは雑誌を出す以外に共同で昔話集の整理にも手を下し始めたのである。かくて本誌はその第二期の事業に入ったとも言える。

△本誌同人岩倉さんは七月十日東上された。岩倉さんが会に出席された間は短かった。しかし岩倉さんの残して行かれた宿題は大きい。「東京へ行けば、いづれ商売敵になるでせう」とあのおとなしい岩倉さんは言われていたが、こんな敵ならいくらあってもいい。そうしてどしどし問題を提出していただきたいと思っている。

△本誌は本号から定価をつけて見ることにした。別に大した理由はないが謄写版誌も百を超えては荷が勝ちこれ以上読んでいただく人を増したくもない。早く言えばその予防線である。誌代の方は志あれば送っていただくし、ハガキ一枚の受取状でも結構である。送っていただかねばならぬと窮屈に考えてはおらぬ。（宮本生）

△七月新に片岡長治、宇沢正太郎、和泉国夫の三君が同人に加わることとなった。片岡君は考古方面にも明るい民間信仰研究家である。宇沢君は佐野職工学校、和泉君は東商業に在学中の若くして前途ある人達で何れも宮本君の教え子であるからうれしい。

△本号から民俗短信欄を設けた。当会への書信中の民俗資料をあつめた。今後益々此欄をにぎわしてもらいたい。

△本号も前号の頁数を遙に突破した。玉稿をいただき乍ら次号まで待っていただかねばならぬ二三の方々に御詫び申上げる。

△次号発行は九月下旬の予定、原稿締切を八月中とする。（山口生）

（「口承文学」第十号　口承文学の会　昭和十年七月）

口承文學

第十一號

花巻近郊の昔話（四）……藤原貞次郎……1
杵島郡昔話（二）……岸川勝次……10
周防大島昔話（二）……宮本常一……15
仝……田村正徳……22
和泉國昔話（二）蕎原の昔話……織戸健造……27
葛畑の昔話……山口康雄……30
渾子違父型のはなし……宮武省三……32
亥の子の辨……小林存……35
亥の子行事短見……宮本常一……41
天草島御所の浦方言……鈴木東一……46
近江伊香立村と婚姻……中西祥男……50
河内のことごと……杉浦瓢……52
民俗短信……58
民俗採集の實際問題について（一）……宮本常一……54
後記……64

昭和十年十月

「口承文学」第十一号〈表紙〉昭和十年十月

周防大島昔話（二）

五　食わず女房

昔の事じゃがの。

爺さァ食うものを食わん嫁が欲しいって言いよったら、山ン婆が女《オナゴ》に化けてやって来て
「おらァ嫁にしてつかされ、食うものを食わずに働くけえ」

って、嫁になったんといの。へじゃが（しかし）山ン婆の事じゃけえ、爺さァの留守に米を一升ずつ炊いちゃァ食いようったげな。そがいな事をされたら、家が貧乏なじゃけにすぐ爺さァも気がつくわいの。

「こんな外道奴《ゲドウメ》ァ、どうでも怪しいもんにちがいない」

ともうて、山へ行きしなにはがまを見たら、小豆が一ぱい入れちゃるけえ、塩を握り込うで、山へ行く様なふうをして、天井へ上って見ようったげな。

山ン婆はそがいな事たァ知らんけえ、爺さァが出て行くと、直きの間に火床の下をドン〳〵たき出して
「はい（早く）出来出来、爺さァが戻らんうちにはい出来イ」

つうて木をくべるげなが、塩を入れちゃるけえ、小豆はいつまでたっても煮えんのでごいす。小豆つもナァ塩を入れたら、煮えるもんじゃごいせん。爺さァはそりょォ、二階で見ようってあんまりおかしいけえ

つい笑うたげな。そがひた（そうした）所が、山ン婆がそれを知って、笑うなァ誰かつうて天井を見たんでごいす。天井にやァ爺さァがおりやしょうが、爺さァはいきなり山ン婆に引きずり下ろされて、臼の中へ入れられて、どん〳〵負うて行かれたんでごいす。

ところが臼があんまり重たいけえ、山ン婆はゆずの木の下へ臼を下ろして休うだげな。その間に爺さァは、ソーッと臼からぬけ出して、ゆずの木へのぼったんでごいす。山ン婆は、そがいな事たァ知らんけえ

「休うだら軽うなった」

つうて山の方へ行ったんでごいす。

山へ戻って臼を見ると爺さァがおらんもんじゃけえ、又ゴン〳〵追いかけてやって来やした。そうして休うだ所へ来てゆずの木を見りやァ爺さァが高い所におりやしょうが（おりますでしょうが）。山ン婆が登ろうともうたが、ゆずにはクイ（とげ）がごいす。山ン婆はクイが一番毒でごいすけえ、よう登りやせん。しょう事なしに

「こいさり（今夜）仇をとっちゃるけえ」

つうて山の方へ行きやした。

「しょうことなしのゆずの木」

つう事をよう言いますが、あれはこの時から言う様になったんでごいす。

さてその晩爺さァはかたきをとられん様に、隣近所の人をようで来て、ゆるい（囲炉裏）に火をどん〳〵たいてあたりようったら、天井から自在を這うて爺さァの前へ蜘蛛がぶらさがったんでごいす。爺さァが

早速皆《マンナ》にいうて、クモを取り押さえさして殺して見ると、それが山ン婆でごいした（ございました）。

夜蜘蛛は親に似ちょってても殺せつうなァこの時からでごいす。（山西老婆語る）

六　雀と燕

昔、雀と燕は姉妹じゃった。雀は働き手で燕はおしゃれじゃった。

ある時、親が急病つうて来たんで、雀は支度もせずに、着のみ着のままで、しょう（精）出して親のとこへ行った。ところが燕の方はしゃれもんじゃけえ、髪をといたり、かねをつけたりして出かけて、とう〳〵親の死に目によう会わだった（会えなかった）。

そのばちで、ごく（穀物）が食えんつう事だ。その上とう〳〵日本にはおられん様になって唐《トウ》へ追いやられた。しかし、唐には蛇が多うて、子を食い殺すけえ、子を生むときだけ日本へ戻る事を許してやった。へじゃけえ（それだから）燕は

唐で孕うで　日本でもうけて
つちよ食うて　むしよ食うて
やれ　口　悪のう
つうてなくんじゃげな。（山西老婆語る）

七　そばの茎の赤いわけ

昔、男が山へ猟に行って道に迷うてしまった。そうしてある山の中の家へ入って、その天井へかごみようると（かがんでいると）、山婆がもどって来て、

「ねよう〳〵」

と言った。そこで男は

「釜の中へ寝え、釜の中へ寝え」

と言った。山婆はそれを聞いて釜の中へ入って寝た。男はそうっと天井から下りて来て、釜の蓋の上へ大きなおもしをおいて、下からどん〳〵たいた。すると釜の中の山ン婆はとけて真赤な血になった。男はそれを畑のそばにかけた。すると蕎麦の茎が赤うなってしまった。（母語る）

◎この話はもっと長かったのであるが、失念した由である。日本昔話集の牛方と山婆の話と同系であろう。私もかつて祖父から、男が天井から餅をさして食べたり、くだで汁をすうたりした話を聞いた記憶ははっきりあるのであるが、それだけしか記憶になく、それがこれと同じ話だったかどうかはどうしても思い出せないのである。

八　虎とのみ

昔、虎とのみが走りないごをした。虎はのみがとても追いつく事がなるものかと思って後ろを見い〳〵走った。

しかしのみは走り始める時、すばしこくぴんと虎のをばち（尾）にとびついた。そうしてだん〳〵身体を這うて、向うへつく時に虎の頭の先まで行っていた。

虎が走りついて、もう大丈夫とホッとすると、のみはぴんととび下りて、

「虎どん、今来たのか」

と言った。
◎この話は小学校にいる頃、話方の時間に同級生から聞いた。
同系の話

- 猫と蟹の駈け競べ　喜界島昔話　島一巻六号八四頁
- 虎と狐の駈け競べ　加無波良夜譚　一一六頁
- 田螺と狐　聴耳草紙　二六四頁
- 狸と田螺（紀州）　日本の昔話　二四頁

九　蛇子譚（一）

昔、若い娘が夜寝ちょると、戸のすき目から男が入って来て、胸へもたれて行った。それが毎晩のように続くから、娘がその事を母に話すと、母は、

「その男の胸に糸をとおした針をつけておけ」

と教えた。娘が言われたように糸をつけた針を男の胸にさしておくと男はそれきり来んようになった。そ

こで糸をたどって行くと、岩のかげで、ふんころ〳〵いう声がきこえる。よくきいていると、

「私は黒がね（鉄）が一番毒じゃが、それを胸へさされたけえ、はァ一命はない。しかしあの女子が身持ちになっちょるけえ、ええ」

という声がする。すると又一つの声が、

「しかし、春三月の桃酒と五月の菖蒲酒と九月の菊酒をのむと、子が下りてしまうではないか」

と言っている。母親はよい事をきいたものだと思って、家へ帰って、それをこさえて、娘に飲ますとたらいへ三杯ほど、くちなの子が出た。

それで今に（今に至るまで）三月の桃酒、五月の菖蒲酒、九月の菊酒を飲む様になった。（母語る）
◎女が女郎に売られる時にはけもの箱へ入れられるそうである。そうしてけものと交わるのだという。それで初めて女がけものと同じになるのである。もし人間であると、多くの人に肌を許すことは出来ん。さて、そうしてけものと交わって身持ちになった時、この桃酒、菖蒲酒、菊酒を飲むと必ず下りるのである。女はいつどんな時、悲しい目にあうか判らん。だから、この三つだけは肌身離さず持っている事だ。村におわさという女がいたが、それもこのけもの箱に入れられて、こうして子を下ろしたそうである。（田村老女談）

十　蛇子譚（二）

女つうもんは、つつしみがないといけんもんじゃいの。つい蛇体に見込まれるけえ。

昔女がの、川のはたで洗い物をしようったら、蛇体がそれに見惚れて迷うてしもうたげな。そいから毎晩男に化けて女のところへ通うて来るようになって、とう〳〵女が身持ちになったんといの。これァどもならん。身の性の判らん男の子を孕うでともうて（と思って）、男の着物の裾へ糸のついた針をつけて、おいたんといの。そいからその糸をたぐって行って見ると、大けな蛇体がいるげな。何やら言うけえ、じいっと聞きようると、子の蛇体が、

「おらァ、針の毒で死ぬるが、蛇の子を千匹孕ましたけえ、かんまん（かまわない）」

ついようる（と言っている）。すると親が、

「へじゃが、人間つうもな、えらいもんで、三月の桃酒、五月の菖蒲酒、九月の菊酒を飲うで下すじゃろう」

つう（と言う）。女はええ事をきいたもんじゃと思うて、うちへかえって、節句の酒を飲うでおろしたといの。それから三月は桃、五月は菖蒲、九月は菊の酒をのむようになったげな。

女つうものは魔のつき易いもんじゃ。

誰も見ようらんと思うても、どこで誰が見ようるやら判らんけえ、大事なとこだけは見せん様にするもんじゃいの。（山西老婆語る）

（「口承文学」第十一号　口承文学の会　昭和十年十月）

亥の子行事短見

——小林大人に答えて——

生一本な若さから、小林氏を憤慨させたのは私の不徳だったけれど、おかげで思わぬ資料を得た、いわば不徳も孤ならずであった。小林氏の一文を読んで実は私の多くを言い足らなかったことを知った。

その第一は「亥の子行事」と片付けてしまったそれは、正しくは「亥の子系行事」とすべきものであったのである。小林氏は農業祭のなぜ亥の日にのみ行なわれる様になったかを疑問とせられるけれど、決して亥の日のみを限っていない。西日本では十月の亥の日だが、畿内では十月十日の十夜になっており、中部以東では十日夜《トーカンヤ》と言っている。下野では八月十五日夜行ないボウヂボと言っている。これに関連するのは、正月十四日のムグラオイ、エジロワリなどであろう。つまり亥の子行事は亥の日に限ってはいないのである。

ところで、二月一日は普通ハツツイタチとかタルツイタチとか言って祝う日である。地方によってそれぞれの行事があるが、面白いのは越後でイヌノコツイタチ（越後風俗志）とこれを言っている事であり、同時に動物の形をつくる行事である。こういう事をするのに阿波美馬郡地方がある。ここでは十月の亥の日になっている。

更に二月の行事を見ると、二月八日が大切な日であって、普通には八日節句と言っているが、町場ではコトと言っている。この八日の行事を中心にして考えて見ると、亥の子系行事への連絡が見えて来る。武蔵相模駿河ではこの日一ツ目の鬼がやって来ると言って門口に目籠をさげ、また山に入らない。これは正月十四日のナマハゲ系との連関を思わせ、更にこの日をサクハジメとして耕作の行事をする地あり、陸前ではこの日に落穀を以てツボ団子をつくっている。これはツチブ団子と同系と考えられる。日はかわるが、下野岩代へかけては二月十日をヂノカミマツリまたはヂジンサマと称しだんごを作る。この日地神が天へのぼるというのであるが、そのおかえりになる日が十月十日で、この日を矢張地神サマと称している。三重の春亥の子は亥の日の祝であるが、牡丹餅を田の神にあげている。この行事は丹後にもあるという。小豆島では十月亥の日に迎える戎大黒両神をオカンサンと言っているが、このオカンサンの首途が二月子の日であった。

イヌノコ朔日はこう考えて来ると同じ朔日に長命を祝うニガツドシ系よりむしろ、二月八日を中心にしている行事に近い様に思うのである。そうして二月八日を中心にした田の神祭を春亥の子と言おうとしたのが私の腹のうちであった。

その日時に多少の差のあるのは、さして不思議でないと思う。

もう一つ大根の年とりの例をあげると、佐渡金沢では十月十一日を大根の年取と言い、この日もし畠に入って大根のはせる音を聴くと死ぬと言い、畠に入る事を戒めている（「年中行事調査標目」郷土研究四ノ二）ところが大根の年取と言うのは東北では十月十日になっており、西日本では亥の日なのである。

亥とか狗とか、十日夜とか言うからには干支や仏教思想の影響はハツキリしており、むしろ亥の子系行事はそれ以前からあったと考えるのである。そうしてもとの名は信濃の様にソメノトシトリと言ったか、カカシアゲと言ったか、あるいは能登の様にアエノコトと言ったか、兎に角そうした名の方が古かったと思うのである。

そうした古いコヨミの行事が保たれるためには新しいコヨミの何かの行事に結びつかねばならなかったであろうし、もう一つは外来文化がこの国土におちつくには、この国に旧くからあった行事を宿にしなければならなかったのではないかと思う。

ここに行事の複合がある。この複合のあとは見て行けばすぐ判るものが多い。四月八日などそのよい例で灌仏会以外に古くは、大事な節目の日であったろうと柳田先生も言っておられる。あの日にたてる天道花なども、お釈迦さんには縁の遠いものである。

行事の複雑化されたのは、環境の制約もあったろう、外来文化、また次々に新しいコヨミの制定も原因していよう。そうしてなぜ現在の様になったかを調べて行く、それが民俗学と私は心得ている。

つまり私には亥の子とイヌノコと名がちがうのを如何に連絡つけるかは、さして問題でなかったのである。亥の子の前夜を祝う例は和泉なども それで、明らかにインノコと言っている。それが和泉も北部の方では同じ行事を十夜に行なっている。

妊婦との関係なども、亥の子に限らず、モグラウチにもジユーヤにも同じ様な事があった。

つまり色々の行事がこんがらがっているのである。しかし、そういうものをだんだんほぐして行くと、もとは案外単純になって行くであろうというのが私の考である。

丁度昔話が何万あろうとも、日本ではその型を整理すれば、百二三十位になろうと言われているが、この事は行事でも言えると思う。

その単純なりしものが如何に複合されて行ったかを見、如何に特殊化されて行ったかを見るのがこの学問であるが、この学問は歴史の様にあるだけの材料を年代順にならべて足れりとするものではない。要するに脚下の事実を以てして何故の問題を見て行こうとするのだから、勢い倒叙的になって来ると思う。

そのためには脚下に横たわるものの比較から成されて行かねばならぬ。されば国内の資料は出来るだけ豊富であらねばならぬ。独断は絶対に許されぬ所である、が同時にまず目安だけはたてておかねばならぬと思う。でないと結局ディレッタントに陥るのではないかと思う。つまり自己を見失わないことが大切なのである。

私はこの意味から決してシンプルな学問ではないと思う。原型へまで遡って見ると言うことは発展の段階を見ることである。されば史家が古代史を説く様なものでもない。

何故なら我々の脚下の一々の事実はそれぞれさまざまに過去を反映しているからである。

いずれ亥の子については材料を整理して大方に訴えたいと思う。それまでにこれを機に資料の提供、あるいは御意見の開陳を願いたい。

けだし、最初に小林氏に「そうですか」と言って折れて出ていれば、これだけの材料は得られなかったであろう如く、意見の相違のために私情を交えるものではない。この点小林氏に感謝にたえない。

結局、何故には説き及ばず的はずれで遺憾であるがこういう雑誌では止むを得ない。暴言多謝。

附記――尚本誌は小生が原紙をきってはおりません。山口康雄君一人の手によっています。（九月九日）

（「口承文学」第十一号　口承文学の会　昭和十年十月）

〔編註〕簡単に言えば、越後で二月朔日に「いんの子団子」を祝うのだが、それが「春亥の子」であるかどうかという宮本先生と小林存《ながろう》さんとの論争である。宮本先生の「亥の子行事短見」は小林さんの「越後の春亥の子の例」（十号に掲載）、「亥の子の辯」（十一号に掲載）を読んでの宮本先生なりの考え方の表明である。次頁以降に小林さんの両論文影印を載せておく。

越後の春亥の子の例

小林　存

三島郡西越村にはインノコ團子とと言って中暦二月一日に團子で十二支獸を初めいろ〳〵鳥畜類の形を作ったりして、ずらりと長押あたりに吊るし近所の子供達などに分けてやったりする風があると聞きました。　このインノコは狗の子の方言であるらしいのです。そして儀式は釈迦入滅の月であるから各種鳥畜類が悉く涅槃に集り会する意味を寓したものらしく、犬の名を以て一切の鳥獸を代表せしめたらしいのです。　これは諸方にあったことと見えて明治四三年三月編の中之島村（岩倉氏の領地、南蒲原）郷土誌にも三月（中暦二月）一日に「狗の子朔と称し各戸團子を祝ひ且團子にて種々の禽獸器具の形を作る、十五日釈迦の涅槃会」とあります。

然るに郷土博物館主事の松倉?君（魚沼郡出身）は自分もその行事に記憶はあるが、どうも十月一日の玄猪の日でなかったかと言って居られます。　一方には成文もあることですから、松倉君の方を確めて貰ってゐますが、他に玄猪に左様いふ例があれば、或は二つの混同がどこかで行はれたのか、何れ確めて見ますが、御参考にもならうかと、右申上げます。

亥の子の辮　ー越後に於ける民俗学上の事実一二ー

小林　存

問題の始まりは極めて小さなことだつた。

それが宮本君と私とで何回かの書面往復を重ねてゐる中に意外の生長を遂げ、もうお互同志の間だけではどうにもならなくなつた様な気がいたして来ました。それで甚だ済まぬこととは思ひますが、も一度切り貴重な口承文学の紙面を拝借して廣く斯界の御批判と御教示とを仰ぎます。

イキサツは掻摘んでかうなのです。　本年六月七日附けでその頃まだ未見の宮本さんから大正四年一月発行郷土研究第三巻十一号に出てゐた越後村上地方の亥の子の民間行事に就いての全文を知らせて頂き、そんな行事は今でも存在するかとのお尋ねでした。それは後に仝地の阪部君から聞いた処をお答へして置きましたが、同時に御参考までにと「五月の節句のポンポコヤア」のことと共に「三月朔日のいんの子團子」のことを申添へました。その私信が口承文学上に計らず採録されたのは寧ろ光栄でしたが　露骨に言へば「春亥の子の二例」と御親切に附けて下すつた題目に一寸不服があつたのです。

成程普通の冬の亥の子も訛つては「いんの子」といひ春のも「いんの子」であるから名前から見れば同じい、けれども私はまだはつきり冬の「亥の子」と春の「いんの子朔」と連繋する証據をもつてゐないので直に「春亥の子」とやられてはそれは私の意志に背く。否越後に於ける事実に背くと、かう思つたのです。それでその点に就き、聊か抗議めいたことを申出ますと、宮本さんは我が民間に於ては冬の「亥の子」でも宮中の「玄猪」などとは違つて純然たる田の神祭である。春のも君達は佛教の流布によつて後世歪曲されたものだけを見てゐるが、春の「いんの子」も本来矢張田の神祭に過ぎないから「春亥の子」と言つて何の差支へがあると頭から一蹴された。

宮本君によれば「いんの子」は犬の子に相違ない、亥の子の前日を祝ふ例が外にもあるから、どうしてもそれだとかうなのです。そしてお前は宮中の「亥猪」に拘泥してそれより一歩も踏出せないのでないかとかうなのです。

実に色々の文献の名前を挙げて教へて下さつたのであるが、私はその典籍の大部分を常に耽讀して、あり乍ら不敏にして、未だ借らざるものであります。それは私が晩学だからばかりではありますまい。

私は宮中では十月亥の日に亥猪の式を行はせらるゝ、それは單純に此の日餅を食へば、人を無病ならしむといふ支那風の迷信から轉化したものかも知れない。然るに民間ではどうして、それと同じ亥の日を特に選んで田の神様の祭をする様になつたのでありませうか、炬燵開きなども態々この日にやる。朝廷の方は兎に角何でかく亥の子を角目としたのであらうといふ、それが私の知り度い所なんです。宮中から来たか、民間から来たか、兎に角全く偶然に一致する筈はないとかう考へたのであります。処が餅を食つて無病云々は初学苑?に執五行書を引いてその事が記

してあり　政事要略もそれを受継いでゐるが民間の方も渕鑑類函には十月　司寒司中司全司人司録を国城の西北に亥の日祭るなどが見え、南齊書礼志には一層明かに永明三年有司？す宋年正月廿五日丁亥先農を祀り即日輿駕親しく耕す可しとあり。宋の元嘉大明以来茲に立春後の亥の日を用ふるのに、尚書全王俗亥の日に耕田する文献がないといろ〳〵調べて大学者の玄に聴きに行くと「亥を以て吉辰と為す者、陽ネに生じ、元亥に起り陽の元を以て生物と為す、亥又た水と為す、十月建つる所、百穀蕪に頼って瑚ひ畢く熟する也と答へた相だ。十月一日に炬燵或は蒸菓糯糍を以て祖を祀る冬を告ぐるの節物と為すのは荊楚其他南方の属らしい。一一引くには堪えないがこれには宮本君の望まれる様に春亥の子もあれば冬亥の子もある。さうして立派に農業祭となつてゐる。

日本民俗学を日本民俗学として立てるもよく、又これから直接に我が亥の子の俗が来たといふのではないが　かういふことを参考として玄猪亥の子相関の説明方針位立てゝも差支へはないでないかと　その意味を宮本君に書き送りました処、日本民俗学は日本民俗学でよい、兎に角春亥の子の田の神祭たることを承認するや否やと、益々猛烈です。

私はそれを承認するもしないもない、例の長岡藩風俗問状の答を南蒲原郡の小泉其明が全躰的に増補した通称北越月令に

二月朔日　土生團子

この事一月晦日の條に出す

とあって一月晦日の條には

○土生團子

農家にて年中庭(土間)に滾れ散りたる米を拾ひ置きたるを臼にて挽晦日の夜(小月には二十九日夜)團子を拵へ赤小豆をつけて喰ふ これを土生《ヅチッ》だんごといふ。 長岡辺にては二月一日に為す。

又かの團子にて牛馬雞犬の形を作りて障子及び板戸のふちにかざり置く、それを犬をつくるといへり、日数へて小児等やきて食す、町家にては新たに米をひきて犬を拵へ盆に飾り置きて小児を喜ばす、何の故と傳へも聞かず、此の事は中越のみあるか尚ほ尋ぬべし。

とある。土生團子の名恐らく、土生み團子で冬の滞雪期を過ぎて土の現はれしを喜ぶ意味の農業祭の名ではあるまいか。 庭のこぼれ米を挽くなどその頃の農家の米を菩薩と尊んだ面目を見るに足る。

これで起原もほゞ推測されるし実際上にも大体宮本君と妥協したければ妥協しても宜いのであるが、学術上左様いふ言論の遠慮は無益と存じます。それで序にもすこし言はせて頂きます。

越後にも冬の「亥の子」のあるのは村上だけです。 村上附近の村にさへない、これは阪部君といふ故老から確かに聞いたことです。第一、大うめ小うめ などといふ歌の文句が、越後固有のものらしくない。多分村上藩を通じて何処からか流れ込んだものだらう。服部春次氏のあの報告（郷土研究四巻十一号）を服部氏の言葉で聊か補って置くと、サンバヤシ（桟俵）につける綱は四本と言ったが何本でも子供の居る数だけつける。そしてその費用（材料を買ったり飲食）は町内の姙婦のある家の人々が出す。之は亥の子が既にいんの子となってゐるから狗に因んで安産をいふことをいふものらしいが、ゆそ十六疋も一度に生む猪そのものでも此の方のお呪ひにはなる。そして町内中を遶って歩行いた後、そこの産生神へ一切を納めるといふことになってゐる相だ。十月亥の子の事玄猪の禮は士家ならではなしとあって玄猪はあるが亥の子はこゝにも見当らない。折角松谷氏（前号松倉氏とあるは誤り）の面白い報告があるかと思って待った処矢張二月朔日の方で冬亥の子の前日説は影薄くなりましたので落膽しました。まあ宮本君に刺戟されて自分の課題外のことをこれだけ調べあげました。

こゝで私の言ひたいことは之を日本民俗学として材料をその範囲内だけで体系づけて見る時どうして「いんの朔」が「春亥の子」と呼ばれるかといふ事です。亥の子もいんの子で呼ばれ、その前夜も「いんの子」であり（前夜にいんの子といふ名があるか私は知りませんが）春のいんの子朔もいんのこである。しかし春のいんの子朔はそれが狗の子であるとしてないとしても「亥」に関係する何ものもない、それを日本民俗学を高調されるあなたが何の因縁で春亥の子と名づけられたか、私の浅識でそれが腑に落ちなかったのです。民俗学が餘りにシンプル化されて仕舞ふぢやないかと恐れたのもそこでです。

宮本君には嘗て昔は儀式の形が少なくて婚礼の場合にも葬式の場合にも同じ様なこと、例へば白無垢を着るやうなことをするのでないかと教へて頂いたことがある。併し儀式の形は違って（同じでもの も意かご婚礼の際と死亡の際とに於ける意識の作用は自ら違ってゐたものがあったと思ふ。そうするとこの儀式の形は一つでも内容は異なることになるのであるが、そこ迄立入ることが日本民俗学の領分でないと宮本君は主張されるのらしい。いんの子網の場合でも冬の亥の子と同じく農業祭に関係があり、しかも名前が同じいから一つにして連絡を附けると言はれる、宮本君の御手許に尚どれだけの蒐集があるか知らないが、初学者に対して聊か民俗学の方法を疑はしむるものがあるのでないかとかう申さうとしただけのことです。帰納とか演繹とか、そんな大々敷言葉の意味ではありません。御報告を兼ねますので一二は他の例も存じて居りますが故意に省きました。相手の論文を丁寧に謄写して下さる宮本さんの骨折も考へて成る可く短文にしたいと顧慮した為めもあります（九月六日夜）

亥の子行事短見

―小林大人に答へて―

宮本常一

生一本な若さから、小林氏を憤慨させたのは私の不徳だつたけれど、おかげで思はぬ資料を得た。いはゞ不徳も孤ならずであつた。小林氏の一文をよんで実は私の多くを言ひ足らなかつたことを知つた。

その第一は、「亥の子行事」と片附けてしまつたそれは、正しくは「亥の子系行事」とすべきものであつたのである。小林氏は農業祭のなぜ亥の日にのみ行はれる様になつたかを疑問とせられるけれど、決して亥の日のみを限つてゐない。西日本では十月の亥の日だが、畿内では十月十日の十夜になつて居り、中部以東では十日夜《トーカンヤ》と言つてゐる。下野では八月十五日夜行ひボウヂボと言つてゐる。之に関連するのは正月十四日のムグラオヒ、エジロワリなどであらう。つまり亥の子行事は亥の日に限つてはゐないのである。

所で、二月一日は普通ハッツイタチ、とかタルツイタチとか言つて祝ふ日である。地方によつてそれ〴〵の行事があるが、面白いのは越後でイヌノコツイタチ(越後風俗志)と之を言つて居る事であり、同時に動物の形をつくる行事である。かういふ事をするのに阿波美馬郡地方がある。ここでは十月の亥の日になつてゐる。

更に二月の行事を見ると二月八日が大切な日であつて、普通には八日節句と言つてゐるが、町場ではコトと言って居る。この八日の行事を中心にして考へて見ると、亥の子系行事への連絡が見えて来る。武蔵 相模 駿河ではこの日一ツ目の鬼がやって来ると言って門口に目籠をさげ又山に入らない。之は正月十四日のナマハゲ系との連関を思はせ、更にこの日をサクハジメとして耕作の行事をする地あり、陸前ではこの日に落穀を以てツボ團子をつくってゐる。之はツチブ團子と同系と考へられる。

日はかはるが、下野岩代へかけては二月十日をヂノカミマツリ又はヂヂンサマと称しだんごを作る。この日地神が天へのぼるといふのであるが、そのおかへりになる日が十月十日で、この日を矢張地神サマと称してゐる。三重の春亥の子は亥の日の祝であるが 牡丹餅を田の神にあげて居る。この行事は丹後にもあるといふ。小豆島では十月亥の日に迎へる戎大黒両神をオオンサンと言ってゐるが、このオカミサンの首途が二月子の日であった。

イヌノコ朔日はかう考へて来ると同じ朔日に長命を祝ふニガツドシ系よりむしろ、二月八日を中心としてゐる行事に近い様に思ふのである。さうして二月八日を中心にした田の神祭を春亥の子と言はうとしたのが私の腹のうちであった。

その日時に多少の差のあるのは、さして不思議でないと思ふ。

も一つ大根の年とりの例をあげると、佐渡金沢では十月十一日を大根の年取といひ、此日もし畠に入って大根のはぜる音を聴くと死ぬと言ひ畠に入る事を戒めてゐる(年中行事調査標目郷土研究四ノ一）所が大根の年取といふのは東北では十月十日になって居り、西日本では亥の日なんである。

亥とか狗とか、十日夜とかいふからには干支や佛教思想の影響はハッキリして居り、むしろ亥の子系行事はそれ以前からあったと考へるのである。さうしてもとの名は信濃の様にソメノトシトリと言ったか、カカシアゲと言ったか、或は能登の様にアエノコトと言ったか、兎に角さうした名の方が古かったと思ふのである。

さうした古いコヨミの行事が保れるためには新しいコヨミの何かの行事に結びつかねばならなかったであらうし、もう一つは外来文化がこの国土におちつくには、この國に旧くからあった行事を宿にしなければならなかったのではないかと思ふ。

こゝに行事の複合がある。この複合のあとは見て行けばすぐ判るものが多い。四月八日などそのよい例で灌佛會以外に古くは、大事な折目の日であったらうと柳田先生も言って居られる。あの日にたてる天道花なども、お釈迦さんには縁の遠いものである。

行事の複雑化されたのは、還境の制約もあったらう、外来文化、又次々に新しいコヨミの制定も原因してゐやう。さうしてなぜ現在の様になったかを調べて行く、それが民俗学と私は心得てゐる。

つまり私には亥の子とイヌノ子と名がちがふのを如何に連絡つけるかは、さして向題でなかったのである。亥の子の前夜を祝ふ例は和泉などもそれで、明らかにインノコと言ってゐる。それが、和泉も北部の方では同じ行事を十夜に行うてゐる。

姙婦との関係なども、亥の子に限らず、モグラウチにもジューヤにも同じ様な事があった。

つまり色々の行事がこんがらがって居るのである。併し、さういふものをだん〳〵ほぐして行くと、もとは案外単純になって行くであらうといふのが私の考である。

丁度昔話が何万あらうとも、日本ではその型を整理すれば、百二三十位にならうと言はれてゐるが、この事は行事でも言へると思ふ。

その単純なりしものが如何に複合されて行ったかを見、如何に特殊化されて行ったかを見るのがこの学問であるが、この学問は歴史の様にあるだけの材料を年代順にならべて足れりとするものではない。要するに脚下の事実を以てして何故の問題を見て行かうとするのだから勢倒叙的になって来ると思ふ。

そのためには脚下に横なるもの、比較から成されて行かねばならぬ。されば国内の資料は出来るだけ豊富であらねばならぬ。独断は絶対に許されぬ所である、が同時に先づ目安だけはたてゝおかねばならぬと思ふ。でないと結局ディレッタントに陥るのではないかと思ふ。つまり自己を見失はないことが大切なんである。

私はこの意味から決してシンプルな学問ではないと思ふ。原型へまで遡って見ると言ふことは発展の段階を見ることである。されば史家が古代史を説く様なものでもない。

何故なら我々の脚下の一々の事実はそれ〴〵さま〴〵に過去を反映してゐるからである。

いづれ亥の子については材料を整理して大方に訴へたいと思ふ。それまでに之を機に資料の提供或は御意見の開陳を願ひたい。

けだし、最初に小林氏に「さうですか」と言つて折れて出て居れば、之だけの材料は得られなかつたであらう如く、意見の相違のために私情を交へるものではない。この点小林氏に感謝にたへない。

結局、何故には説き及ばず的はづれで遺憾であるがかういふ雑誌では止むを得ない。暴言多謝。

附記―尚本誌は小生が原紙を切つては居りません。山口康雄君一人の手によつてゐます。（九月九日）

民俗採集の実際問題について（一）

△柳田先生のお説によって、民俗採集に際し写真を利用して村人に近づく方法のある事を承り、これを同人に計った所、早速利用したのが山口君で、山口君はその採集地和泉葛畑《つずらばた》ではすっかり成功している。民俗以外の写真即ち村の人たちも撮してあげて、これを被撮影者に贈るのである。村人に近付くよい方法である。

△山間部などに入る時には多少の医学知識も必要で、風邪薬や胃腸薬位は準備して行くのがよい。民間薬採集などの折は特に効果的だと思う。しかしこれは十分注意しないと相手を卑下させる事になる。が和泉あたりの山村では、成功する見込みがある。こうして親しくなって来ると何でも彼でもうちあけてくれる様になるものである。

△突然訪ねて行った様な土地で話をきき出そうとするのは仲々困難だから小学校を訪れるのがよい。ここで村の状態をほぼうかがっておくとよい。時には学校の小使さんなどから思いがけぬ話をきかされたりする事がある。

昔話の採集にあたっては、岩倉さんの話ではハッキリと計画をたて、相手をきめて出かける由であるが、これは昔話がすでに旅人学でなくなっている事を物語るものであり、心すべき事である。

△採集者の服装は出来るだけ和服がよい様である。眼鏡などかけているとたしかに損である。言葉もあまり歯ぎれのいいのはよくない。奈良の高田先生は関羽ひげを生やしておられた当時採集に非常に損をしたと話していられた。

△柳田先生のお話では採集にあたってはノートを出さぬのがよいと言われるが、これは理想で、出さねば到底記憶出来ぬ事が多かろうから、そういう場合には時機を見て出す事だろう。

日曜採集（一定の地に日曜日だけ採集に出かける）に出かけるときには、初めての日はノートは出来るだけ出さぬがよく、色々と質問して考えておいてもらう。山村の人は正直だから、必ず考えておいて、次の日曜を待っていてくれるものである。そうして待ちに待っていてくれた時にはノートへ出来るだけ多く書きとめるべきであろう。

△昔話採集にあたって話の豊富な所はよいがそうでない所では二つの採集法がある様だ。その一つは柳田先生の日本の昔話を多少とも字のよめる、話ずきの人によんで記憶をよび起してもらう方法である。山口君は葛畑で織戸君は薵原《そぶら》で、この方法で成功している。

今一つは非常に困難な方法で、俗信や鳥のなき声などによって採集するのである。こういう地では昔話の概念がすっかりこわれている場合が多い。

例をあげると「ほととぎすはなきますか」「何となきますか」「どうしてそんなになくのでしょう」と言った様な質問をとって行くのである。

俗信による例をあげると、五月に菖蒲を葺く訳などもその一であり、河童に尻をぬかれる話などそのよき手がかりである。「夜蜘蛛は親に見えても殺せ」などは何故だろうときけば、大抵附随談がきけると思う。こうして採集して見ると昔話なる形態はきえてしまっていても、その破片は実に夥しい数にのぼるものである。

△採集地では不吉な話は出来るだけしない事である。そういう話はよほど親しくなってからの事である。そういう話に入る時には「こういう話はないのがよいのだが」とか「少ないのがよいのだが、もしあったときには」という様にきくのがよい。些細な事の様だが、相手の人の話を注意していると必ず不吉な話のときには、「これは私ではないが」とことわるものである。これに対してこちらもそれだけの態度が必要である。かつて大阪民俗談話会でも話題にのぼったし、私もしばしば経験した所である。

△話は出来るだけ村の公（晴）の日の事からきくのがよい。明るい、はなやかな話からきいて行くと話題は割合豊富なものである。話者が老人であれば「あなたの若い時代の面白かった話でも一つ願いたい」

と言えば大抵語り出してくれるものである。
あとは質問に気をつけさえすればいくらでも話は出て来るものである。

△河本正義氏の調査されていた播磨佐用《さよう》郡石井村のある字が火事で殆どやけてしまい、しかも火元が氏の宿だった家であると承った事がある。本会同人の鈴木東一君が昔話採集のために手を入れていた父鬼のその宿がやはり先日やけてしまった。その火は裏山にもえうつって大変な山火事にまでなったのである。私がこの春九州までのせてもらった帆船日天丸は、私がのるまでは進水以来一度も事故のなかった船だが、私がのって一月もたたぬうちに、佐賀県呼子沖で、修理の出来ぬまでに難破した由である。

岩倉さんの話では昔話をしてくれた老人が、話をして間もなくポクリポクリと死んで行く――現に加無波良夜譚の牧野悦婆さんもなき人だという――との事であるが、これは私も経験した事であった。

他処者による採集の困難は村人が外来者を忌む俗信の偶然にもかく符合する事にも一つはあるかと思う。それだけに村人に悪い感じをもたせぬことである。

△路傍採集の手がかりは挨拶と道をきく事である。「今日は」とか「いいお天気です」とか声をかけて通ると田畑で働いている人は大抵腰をのばして挨拶をかえす。私は挨拶ほど結構なことばはないと思っている。

路傍採集では地名物名などきく所から入るとよい。これでは昔話などきけない。そうして断片的なものにしかならぬ。従って路傍採集と滞在採集の場合にはその採集対象をハッキリ区別しておく必要がある。

もう一つ路傍採集では、よく忘れるものであるが、話者の様子（姓名、年齢、男女別、その時の状態）を書きとめておくべきである。姓名はききにくいとして、他はあらましであれば見た目で大体判るだろう。これはその地方の習俗の全般が、その話者の様であるか否かは疑問であるから、是非そうする必要がある。即ち某の地方の習俗はこうだというのと、某の地方にはかかる習俗もあるというのでは大きな差がある。

△採集にあたって世話になった人については名の判っている限り令状を出すのがよい。これは忘れてはならぬ事である。村人は一円の金より一通のハガキを有難く思うものである。すべて心と心である。

附記―これは口承文学の会で同人と話し合うた要領であるが、頁が許されるなら毎号書きたいと思っている。今回は序説である。

（「口承文学」第十一号　口承文学の会　昭和十年十月）

民俗短信

再生説話

鈴木兄報告の早速屋〔十号所載「民話　早速屋」〕の話、周防大島にもあります。家室西方村外入という所に西光寺という寺あり、そこの先住が馬鹿に近い善良な下男の死に際して、掌に南無阿弥陀仏と書いてやった。すると間もなく、その近所のある金持の家に子が生まれて、その掌に南無阿弥陀淵と書いてあった話。

遠くの火事を消す

遠くの火事を消す話、静岡県伝説昔話集の中にも一つ見えており、遠野物語にも附馬牛の無盡和尚が来迎寺の石の上にのぼって高野山の火事を消した話あり、類話と目さるる程度のもの他に八つ録されている。

〔「口承文学」第十一号　口承文学の会　昭和十年十月〕

第十一号　後記

△四〇頁位で食いとめてと思うのだが、どうしても超過する。それで尚原稿をたくさん次号へまわさねば

ならぬ。寄稿して下さる各位にもすまなく、多忙な中原紙をきってくれる山口君の苦労も思われる。ただ熱情一本が仕事をさせる。

△同人の歩調もよく揃った。いつも肩をくんでノシている様な気持だ。

△我々は学問に対してどんらんな食欲を感ずる。

△それから本誌記事を読まれて気付いたことはどしどし言って頂きたいと思う。（宮本）

△前月発行の予定の本誌が一カ月もおくれた。これは全く私の責任である。次号からは成るべくおくれない様にする。

△次号は本年末発行の予定で原稿締切を十一月二十日とする。正月を中心とする行事をまとめて見ては如何かと思っているのでこの方の玉稿がいただけたら好都合である。（山口）

（「口承文学」第十一号　口承文学の会　昭和十年十月）

口承文学

第十二号（昭和十一年三月）

「口承文学」第十二号の表紙なし

民俗採集の実際問題（二）

△民俗学を真に学ばんとするものは、まずどうしても居村採集を完成するの要がある。即ち自分の生まれ故郷の民俗事象を大小もらさず一応採集し、整理し、分類する事を忘れてはならない。これは容易な様で仲々容易でない。

また岩倉兄を引き合いに出すが、同兄が民俗学的に目覚められたのは極く古くて、伊波先生の御指導の下に、そのさとい目を故里に向けられてから、幾年かになる。東京在住の後、帰郷せられて、また幾月かを採訪され、香気ある喜界島の生活相を我々に示して来られたが、今また一ヶ年計画で採集に帰島された。これほど深く自分の故郷にくいさがる人はまずあるまいかと思うが、それでも尚、全般を知りつくされる事は難いかと考える。

佐々木喜善氏は昔話採集にのみ、実に長い月日を費されたが、尚その後から、藤原貞次郎氏の様な報告者が現われている。佐々木氏は昔話以外を何程も発見されなかったが我々の聞いて見たいのは、その発表されない部門の事象にも多かった。これほどのすぐれたる採集者にして報告者たり、その丹念なる長年月の精進の結果でさえ世に示し得た所は、ホンの僅かであった。しかしてその活動の舞台は故郷一円の地にすぎなかったのである。これはお互いの考えて見ねばならぬ重大な問題である。

人一人の日常持っている知識というものは案外狭いものである。同時に浅いものでもある。お互いその杜撰なもので、すませばすませない事もないが、やがてはそれで満足出来難い日が来る。古い雑誌などに発表せられた民間行事で、どうも不明な点があって、ききあわせて見ると、満足のいく様な答の少ないのはどうした事か。物のよく判ったといわれる程の人にとうても、すでに忘れて答えてくれない部分があるのである。越後の小林存氏もそういう事を漏らされた事があった。しかも、かきあつめて示されたのが彼の亥の子についての抗弁をかねた資料であった。無いと思った所にもザッとしらべただけでこれ程あったのである。それを杜撰な報告を規準にして立論して見ようとした私の態度の間違いも、近頃気づいたのである。小林氏が今少し資料を得て再度論争しようと言われるのももっともで、要は民俗学は事実に物を言わせる学問で、独断は禁物であり、この為にも、自らの細密なる採集が必要となるのである。

△居村採集を完成したもの、或は民俗事象のきわめて希薄な、たとえば都市在住者などは近隣の山村調査を完成して見る事であろう。これは郷土生活研究所同人の様に費用の出る人、或は財力に余裕のあるものは遠出して、特に民俗事象の濃厚な所を採集するのがよいが、僅かな時間を利用したり日曜を利用する仲間は、どうしても日帰りの出来る程度の地に採集の故郷を設定する事だと思う。

その選ぶにあたっての条件はまず、その村の宗旨が何であるかを見ることである。真宗だと民俗事象がきわめて少く、真言宗が一番濃厚の様である。――これは大阪を中心にして――

それからその村の町から行くに要する時間、四方の山の拓け具合、戸数、藁屋根の多少、ランプ使用の有無、服装、特に履物を見ると拓け具合がよく判る。

大体以上の様な事で、きめる。従って入村選定は自ら行なうのが第一でなるべく他人の手をかりないのがいいかと思う。かりるにしても、大体どの村あたりが、と目安をたててもらう位でいいと思う。

参謀本部の地図を利用して、ここと思う所を選定するのもいいが、いずれにしても一応は行って見る事である。

二、三の例をあげると、摂津の能勢は大阪府最北の山村で山の深さなど思わせるが、東郷、歌垣などと言われている村は行って見ると案外拓けている。それが山一つ超えた西能勢になると、未だ妻入の家の多く残った村になる。こういう事は地図では判らぬ。

今澤田先生の入っておられる南河内唐久谷《からくだに》は民俗事象の濃厚な村ときくが、それより奥で、地図の上から見れば、一段と山深くなっている石見川が行って見て案外拓けているとは杉浦君の話だった。採集村の選定にもこうなると用意が必要である。

さて村をきめたら、よい採集者を探すことだと思う。必ず男女両方から選ぶことである。これはその保有量と保有の角度がちがっているからである。一例を言えば食物などの採集はどうしても女に聞かねば駄目であるが、山仕事は女ではむずかしい。

男女もなるべく人数の多いのがいいし、その話も皆の雑談する様な席できくのがいいと思う。すると多くが聞けるし、また精確である。また対手に気まずい思いをさせる事がない。

橋浦氏が宮城県で老人の座談会を開いて成功した旨、昨夏報告されたので早速私も試みその記録を出来るだけ丁寧にとって報告したのが、「旅と伝説」十一年一月号に発表した特殊食物座談会であるが、私が案じていた程でなく、実は物の判った人達の集う民俗談話会あたりよりは遙かに進行が楽で、ちゃんと心得て、食物以外の事には、殆ど一歩も踏み出さなかったのであった。そうしてその話をする事が何より楽しみの様であったのもうれしい現象であった。これに味をしめて、この冬も二回程、四、五人の人のいる所で話を採集したが一人の人にきくより遙かに効果的だった。もっと嬉しい事は、昨夏のおばあさんの一人が、この冬もあんな会をしてくれないだろうか、と言って下さった事だった。この冬はその折を得なかったが更に試みたいと思っている。同時にこれを皆さんにもおすすめして見たい。佐々木氏の老媼夜譚をよむと、あの採集に一日何も言わず老婆と向いあうていた様な日もあったと言うが、その憂いは消えるかと思う。

もう一つ、昔話の採集などは、聞手をつれて行く事である。話者が聞手に語る所を採集者が筆記する様にすればいい効果があると思う。同時に話者が二、三人である事もいい様だ。岩倉兄の加無波良夜譚、その他南蒲原郡昔話はそうした採集によるものと承る。極く僅かしか発表していないが、田村豊吉君も昔話を、こうして採集している様である。

△次に採集入門は年中行事ではないかと思う。これはその家に行なっているものをきくのであるから誰でも楽に話してくれる。またザッとであれば誰でも一通り心得ている。これをきくと、その村に残る古い

ものの状態の外形がややはっきりして来ると思う。

年中行事をきくに際して（年中行事にかぎらぬが）まず、どれだけのものを聞こうかという目安をたてておく要がある。そうして出来るだけ聞きおとしのない様にすることである。殊に年中行事と食物の関係は大きい。

それから年中行事は家々によってさえ多少相違するものであり、村一つ距てると意外に差を見る事があるから、出来るだけ多くを聞き、ありのままに整理することである。何れを是何れを非などときめてはならぬ。そうしてまた、一人にきいたのみで、その事象がその地方全般と思ってはならぬ。これは年中行事に限らず、昔話などもその通りである。

例えば屁ひり爺の音が、幼時祖父からきいたのは

あは　にしき　しつかいかいの　ぷん

であったが、同じ村内の私の親戚になる増井の祖父さんの話では

つんとこ　つんぱいろんの　ぴょとん

となっている話の筋も多少かわっている。これ程の差がどうして生れたかは考えて見ねばならぬ問題である。その形象が全然ちがっているのである。従って採集の細密である事が必要となって来ると思う。殊に昔話は同一地方の類話を多く集める事が大切だと思う。

△年中行事採集に対して忘れてはならぬことはそうした晴の日の行事のみでなく、ケの日の採集も必要で

ある。例えば四時の山の木の実、小鳥、薬草、衣服、食物、畑作物までできいて見ることが大切かと思う。そういうものの中に案外大事な事が見おとされている事がある。

柳田先生の郷土生話の研究法だったかに、いろりの坐席に、関西では、横座の左（主人からいって）が客坐であるに対し、関東では右が客坐になっている。これは武家生活の影響で刀を置き、また抜く、いざという時の用意の為から生じた差であろうという様な事を説かれていたと記憶するが、何かの本をよんでいたら、武士は人のいる間に入るに際し、いきなり踏み込まない、まず唐紙をあけて気配を感じ、いつでも太刀を抜ける用意をして、それから入るとあったが、これは前者と関係あって面白い事であると思ったものだった。こういう平生の用意の必要のなくなった現代人から見れば明らかに忘れられたる感覚の世界である。所が鍋島論語といわれる葉隠をよんでいると、道は左側を通れとある。その理由がやはり刀を抜いて人を切るに都合がよいというのである。

これも面白い事に思った一つであるが、泉南蕎原の農村は大抵南向の平入であるが、その草葺であるものは屋根のいたみ方が、日おもてより日かげの側が倍も早いときかされた。その理由が乾きが悪くて茅が腐り易いばかりでなく、北側の屋根へ山鳥が来て巣を作る為だと言っていた。そう言えば屋根の所どころが醜く、むくれ上った様になっていた。こう言う事からすれば、山鳥は村の家に大きな影響を及ぼしていたのである。もう山鳥などは我々の生活に何程の障碍もあたえなくなって来たが、つい近頃までは、実に大きな関係を有していたのである。それだけにまた鳥に関する俗信や説話も多い。備前の野の鳥の供養塔もそうした日の形見である。

△民俗学徒に多少の弊とも言うべきものがあるとすれば、それは記録をやや軽んじているかにあるかと思う。記録を絶対としないが、これも村を知るには重大な事柄であって、村落採集には記録も十分に見て来る事だと思う。

△同時に自らも記録することである。殊にその地の民俗誌を一冊作って見ることである。そうすると、どの部門の調査の不十分かがよく判って来るし、またその地の民俗事象残存の程度も判って来る。これは民俗学徒として出発する者の是非とも行わねばならぬ事だと考える。これで自らの採集スケールが出来るのである。これが出来て後、部門採集或は専門的な調査に入るべきかと思う。

しかし局地採集の完成とて仲々容易ではない。織戸君や山口君が泉南の山村に入り始めてすでに一年を越えるが、それでも尚、あの採集手帖に空白が残ると笑っていた。採集ノート一冊つぶすのも実に容易ではない様で、後から後から資料は出て来るものである。

△民俗共同採集はこのためにも必要である。此処に間違えてはならぬのは、共同採集は同一地を局外者の多数が採集することではないと思う。その地の人々の参加を請うことは大切だが局外からの入村は一人がよい。共同採集とは各人各一地域を担当し、その採集を報告しあい、未採集部分の発見、報告の単位設定、共同報告書の作成、早く言えば各地を各人が同一目的同一計画の下に採集することだと思う。

△談話会の意義はこういう所にある。早く言えば採集報告の会であり、打合せの会であらねばならぬ。従って会を新鮮ならしめるためには絶えず採集を行なうことであり、採集完成の実をあげるには、談話会を持つ事だと心得る。

本稿は以上でひとまず打ちきる。本誌もいよいよ休刊に決したので、こうしたものはまたの折、何かにもっと計画的に書いて見たい。

（「口承文学」第十二号　口承文学の会　昭和十一年三月）

休刊の辞

本誌は本号を以て休刊する。その第一の理由は謄写版による雑誌の意義はきわめて小であると思うからである。その第二は小誌分立の時代ではないと思う。従ってこの二つのものを除き得る日が来たら、何時でも再刊する心算でいる。

本誌には本誌の特色をやや持ち得る様になって休刊するのであるから決してその目的を達しての事でもない。また矢つき刀折れての事でもない。その点心残りも多い訳であるが、休刊を喜んでくれる先輩を多く持った事がこの事を決心せしめたのである。そのいう所は更に我々同人が一だんと勉強し、日本民俗学の大成に致たさなければならぬ、と。

我々はこの言葉を体し、努力したいと思っている。従って口承文学の会は存続し、各自民俗学のために精進する。されば休刊の後も現在同様の御交誼を待つものである。

昭和十一年三月

口承文学同人

(「口承文学」第十二号　口承文学の会　昭和十一年三月)

河内のことごと(二)
民俗短信　杉浦瓢
民俗採集の実際問題について　宮本常一

休刊の辞

本誌は本号を以て休刊する。その第一の理由は謄写版による雑誌の意義はきはめて小であると思ふからである。その第二は小誌分立の時代でないと思ふ。従つてこの二つのものを除き得る日が来たら、何時でも再刊する心算で居る。

本誌は本誌の特色をやゝ持ち得る様になつて休刊するのであるから決してその目的を達しての事でもない。又矢つき刀折れての事でもない。その点心残りも多い訳であるが、休刊を喜んで呉れる先輩を多く持つた事がこの事を決心せしめたのである。その云ふ所は更に我々同人が一だんと勉強し日本民俗学の大成に致さなければならぬ、と。

我々はこの言葉を体し、努力したいと思つてゐる。従つて口承文学の會は存續し各自民俗学のために精進する。されば休刊の後も現在同様の御交誼を待つものである。

昭和十一年三月　口承文学同人

和泉民俗資料

第一輯（昭和七年）

「和泉民俗資料」第一輯の表紙なし

足袋の跡

(1) はしがき

柳田先生から「和泉式部の足袋」〔『旅と伝説』四巻一一号、一九三一年〕を送って頂いた頃は、まだ私は故郷の方でブラブラと病後を養うていた。そして足袋の伝説は和泉にもあったような気もするが……とひそかに思ってみたものである。

病気になる前、私は和泉の南の方にいた。従って、和泉の国についての伝説はチョイチョイ聞いていたのである。それが再びたつ事を得て、もう一度和泉の国の土を踏み、足袋に関する説話の存在していることを、ハッキリと探ることが出来たのは、私にとって一つの喜びであった。

先生のお説では「現在知られている足袋の発明者は、和泉式部と矢矧の長者の女との他にはまだないが、これがそうなってしまった事情は偶然であった。」との事であるが、今、このもう一つの伝説を報告する事は、さらに先生の学問の一つの鍵になるものではないかと思って、私は同好の士藤原忠夫君と、約三月間にわたって、かなりくわしくこの伝説を探訪してみた。しかして、探訪記については藤原君を煩わし、私はそのほかの事について報告書を草する事にした。

(2) 伝説地

足袋の発明者は肥前の国では和泉式部であり、三河の国では浄瑠璃姫であるが、和泉では光明皇后となっている。しかして鳳来寺山の伝説そのままと言ってよいくらい似ているのである。

その上この伝説地が京都に近い事もなんらか面白いものがひそんでいるような気がするのである。

位置は大阪府泉北郡南池田村峠で、伝説継承の寺院を浄福寺と言っている。大阪を阪和電車で発てば、府中で下車して、約二里半南にある。古く池田谷と言われていた一番奥にある。府中から浄福寺に至る間は、浅い洪積層の谷で、槇尾川が作った河岸段丘の上に、村々が静かに眠っている。しかして上代においては、この谷は和泉文化の中心地であって、今駅のある府中には国府があり、和泉寺があり、南隣の北池田村には池田寺、南池田村に入っては、智海寺、国分寺などの地方的大寺が、奈良初期から平安初期において、すでに壮大に建立されていたらしい。信太山西南縁の古墳群もまた古い文化を物語るものであって、この谷の過ぎ去った遠い時代の華やかさは、小谷氏の『和泉古瓦譜』〔小谷方明著、和泉郷土史々料刊行会、一九三二年〕によっても伺われる。

(3) 泉州志記事

次に伝説についてであるが、この伝説の記録されたのは、現存のものでは、『泉州志』が最初のようである。泉州志は元禄十三年の著で、石橋直之によって編まれ、その跋文を僧契沖が書いているのを異色とする。これは契沖が和泉の国に八九年もいて、和泉には甚だ縁故があったからだと思う。その巻三に、

国分寺（今號福徳寺）在国分村
全堂宝塔中門大門等　内礎　尚存矣
縁起云、中古有一沙門、號智海上人、泉州和泉郡浦田産也、住同郡宮里滝山、勤修佛乗、一時纍来、而嘗上人之小便、懐胎、意生一少女、上人不忍視之、使隣嫗慈育、嫗素貧賤、常業農事、夏五月、出野田、植苗時、少女七才、伴嫗嬉戯于路傍、其頃大臣藤原不比等、為勅願使、詣槇尾寺、歸程見一瑞気、是即従少女之全身、放光也、大臣下乗、見之、体貎殆姝麗矣、即称光明子、請于嫗、同輿歸也（中略）當寺者、元后宮之家鄉也、故構伽藍、號安樂寺、承和年中、勅為国分寺、滝山薬師堂、国分寺奥院也。余按、纍嘗小便、生子者、一角仙之古事也、或曰、實者智海通隣嫗、生子、蓋訵言於一角仙、杜謗於衆口者乎、千歳鳴世上人、豈夫然耶
と見えており、本尊が薬師如来であることも、柳田先生の指摘せられていることに一致する。
しかして、この書により、すでに徳川初期にはこの地に深い根を下ろしていることを伺い得るのである。

（4）伝承の家

泉州志の記事を見ると、光明皇后は老嫗に育てられたとある。するとその家が現存していなければならない。丁度豊後の緒方氏のように。そこで、その伝承の家をたずねて、南池田村浦田を訪うた。田で草をとっている人に光明皇后様の育てられた家というのはないかときくと、その家はもう絶えてありませんが、光明皇后様がよく遊びに行かれたという家ならあります、との事であった。私はその人に無理をたのんで、

連れて行ってもらったのであるが、その家が、藤原君も書いておられる廉林家であった。そこの未亡人から、色々の事をきかされたのであったが、書いてみれば次のようになる。

同家には系図や光明皇后尊像というものがあったが、明治五年博覧会があって、その時鳳の警察署から差し出すように命があり、前主が持って出頭したのであった。ところが、その後いくらたっても返してくれず、再三嘆願の結果、光明皇后像だけ返ってきた。それも、着物が右前だから返されたので、左前だったら駄目だった、と言っておられた。ところがこの博覧会云々は私は廃仏毀釈の運動の事ではないかと思っている。さてその像は高さ一尺三寸くらいの立像にして素焼。古色蒼然として、かなり古いもののように見受けられた。

もと光明皇后は国分寺にて生まれ、廉林家の前にある、又左ヱ門屋敷という家で育ち、廉林家へもよく遊びに来、智海寺へは裁縫を習いに行かれたものだという。ある年五月の頃、廉林家へ遊びに来られ、権四郎田で田植の手伝いをしておられると、そこへ藤原不比等が通りかかられた。一体光明皇后は不比等の本当の子で、この地に里子におかれたものである。で、不比等は子を連れに来られて、里親に「我が子を見せよ」と言うて、田のほとりへ立たれたのであったが、その時光明皇后のおられる田が光り輝いていたという。で、この田を照田というようになった。

これほどのお徳の高い方であったが、御不幸にして足が不具であったために、足袋を作って奉った。今も国分にその子孫があって、これを足袋屋といい、本姓は辻井氏である。

以上が聞き得た大体である。

(5) 照田光田

前述のごとく照田光田は権四郎田ともいうのだそうである。廉林家へ祖先から伝来された田であったが、財政の事情で売られたとの事である。ここにある光明石というのは、これを動かすと熱が出る由である。私はその田のほとりの溝に砂岩の五輪塔の古風にして小さなのを一つ見つけた。

この照田光田を田圃にいる人に聞いたとき「ああ、ヘル田ですか」と聞き返された。ヘルは蛭の方言である。この事を後、北池田村山深で一老女に話したら、「あそこはヘルが多いからヘル田と言うのでさぁ」と事もなげに言った。そしてまた「照手姫があの田で田植したとも言います」と付け加えてくれた。

藤原君調査のもの、泉州志記事、廉林家での話、山深での話、それぞれが皆少しずつ相違があるようである。

(6) 塞《さえ》の神

廉林未亡人の案内で、又左ヱ門屋敷を見せてもらった。今、竹藪になって、光明皇后の祠と塞の神というのがあった。光明皇后祠は藤原君調査の如きもの、一方塞の神というのは、同祠の前にあって、土が少し高くなり、椿が一本生えていた。もり土の上には瓦土で作られた小さな祠があり、その中には卵形の石がいくつも入れてあった。その石はもと田のほとりにあったものであるという。「この塞の神にあたりますと、祟りがあります」と未亡人は言っておられた。

こうした塞の神は、郷荘村《ごうしょうむら》郷荘神社でも見かけた。また田圃の畦など歩いていると、時に見出すことがある。古くはこのあたりのどこの田にもあったものである。それを粗末にするようになったから、神社の境内などへ集めて祭ったものであると、郷荘で聞いた。

これから考えると、塞の神とは小谷方明氏の言の如く、山護神、畑の神とも見られ、あるいはまた、サエはオサエの転訛とも見られるような気がする。つまり、地霊の鎮魂《たまふり》の神としての塞の神の存在が考えられるのである。卯槌や卯杖による土地たまふりの行事が古い時代、稲の播種前に行われた事は折口博士が何かで説かれていたようである。

一方また、この意味から、サエはさえぎりふせぐ意味にもとれる。即ち、地霊の跳梁をさえぎりふせぐのである。いずれにしろ、道祖神研究者のために一つ面白い問題を提供するものであると思う。なお塞の神については、古事記、日本書紀、以下諸書に多くを散見することが出来る。

(7) 夜泣き仁王

智海上人のおられた智海寺というのは廉林家のすぐ東にあって、もとそこには七つの寺があったと、田圃で働いている人が話してくれた。この寺々は信長によって焼かれたのであるが、法蓮寺だけは再建されて、明治初年まであり、塔と本堂と弁天堂がささやかに竹藪の中にあったという。それが明治七年の大風に本堂も塔も吹き倒され、弁天堂はやがて(明治十七年)山原《やまんばら》へ移されたとの事である。この弁天堂を通常智海寺と言っている。しかし記録によれば、智海寺がこの山原に移されたのは元禄年間の事となっているから、その方が正しいようである。しかして法蓮寺と山原弁天堂とは最初から別のもののように思われる。ただ法蓮寺が明治初年まであったことは事実で、現在塔址も残存しており、その礎石は明治二十九年廉林家へ移され、現存している。しかして法蓮寺のあった址あたりには、塔址、壕址、二重壕などという地名が残っており、昔を偲ぶよすがにはなる。

旧智海寺が解かれて廃寺となったのは、記録の如く元禄年間かとも思われ、智海寺の中門は廉林家の南にあった由である。この門もまた壊されたため、その仁王様は上神谷の鉢ヶ峯法道寺に移された。ところが夜になると仁王様が浦田へ帰りたいと言って泣くのだそうである。それが毎夜のことだから、ついに仁王様の足を鎖で縛って動かぬようにしておいた。それ以来泣かなくなったが、今でも法道寺へ行くと仁王様は足を縛られているそうである。泣き仏の例は和泉にはこの他にもある。

(8) 弁天様の最後

山原の弁天堂には今、本尊さえもない。ここの弁天様はなかなか立派なものであったが、今から二、三〇年前に盗まれてしまったのだそうである。いろいろ探していると、山原の南方の山中で焼けた尊像を見つけた。そして尊像についていた金がみんな剝がれていたとの事である。金欲しさの盗みだったのであろう。民衆信仰の対象だった華やかな仏様だけに、その御最後がいとも哀れに思われる。

(9) 八大龍王

浄福寺境内には八大龍王というのがある。光明滝の上にあって、ささやかな祠堂である。今この光明滝の下流に堰堤が出来ていて、光明滝はまさに淵に没しようとしているが、かつてはここは湍流岩を激する勝地であった。それを光明池開鑿のために、水源をここにとることになって堰堤が築かれたのである。ところがこういう工事は多々にして負傷者の続出を見るものであるが、ここでは工事を始めるずっと以前から、滝見物に来た人が、よく怪我をする有様だったので、この工事の受負者である大林組のものにその由をつげて、危険の多いことを説き、かつ山に祭る八大龍王を見てもらった。するとその龍王は川に千年、海に千年、山に千年いて天へのぼり、また下って来たほどのなかなか古い龍王で、本体は白く、八尺あり、この白滝山の主である。しかしてその祟るのは眷属であるらしいことが判った。そこで、大林組は浄福寺の住職に祈禱してもらうべきだということになって、地鎮祭は僧の手によって行われた。その上龍王社へ石段と玉垣とを寄進した。

その後工事が始まり、爆薬を使って、ドンドン岩を割るような工事をし、石のかけらは、山を越えて村の方までもとんだが、一人の怪我人も出ず、またこの工事の下受をした神戸の三木組も財政困難で、人夫に払う賃金すらもないような有様であったが、困っていると不思議に何処からか金が入って来て支払いが出来、仕事も順調にすすみ、大きな欠損を予想されていたのが、かえって儲かったのであった。これほどめでたく工事を終えたことは少ないので大林組の方でも、工事後またさらに多くの財を寄進したとのことである。

以上は浄福寺の僧にきいたところである。

昭和伝説ともいうべきもので、こうして一つの伝説は起されて行くのであると思う。由来、土木事業に関係している人達は、はなはだ危険な仕事をするだけに、こうした神秘を信じ、よく語るものである。

なおこの浄福寺にあった薬師堂というのは、今はない。その堂址は八大龍王社のそばにある。

(10) 結び

これが私達の池田谷における調査の最初の報告書である。私達のこのささやかな仕事が、諸先輩のご指導によって、さらに成長するよう祈るものである。

なおこの伝説の調査に際して、いろいろと教えてくださった、田野の人々の親切は身にしみてうれしかった。七月の太陽の照りかがやく下で田の草を取っておられた農夫が仕事を止めて、二時間近くも炎天の下で、いろいろと話してくださったことなどは、ただ頭がさがるばかりであった。

それにしてははなはだ不備である。だから私達はさらに深く究めて行きたいと思うのである。

なおまた「旅と伝説」、昭和六年十一月号所載の柳田先生の「和泉式部の足袋」をご一読下さらば幸甚である。

和泉民俗資料第一輯を送る。
こんな事に関係のある人もない人も読んで下さい。
極く楽な気持ちで。
欠伸が出たら止めて下さい。

(「和泉民俗資料」第一輯、宮本常一編著、和泉里談会、宮本常一発行、昭和七年十月)

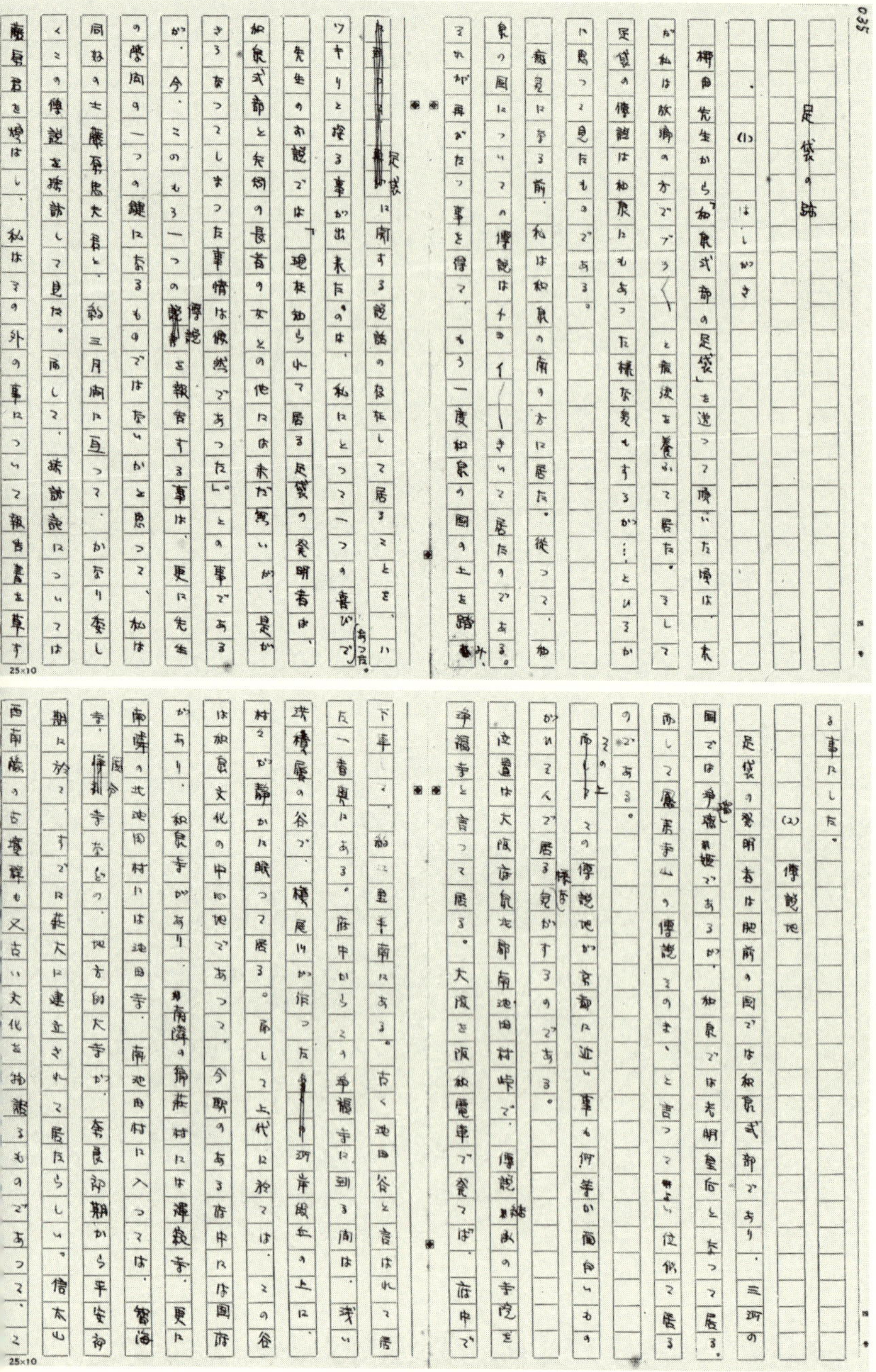

足袋の跡

(1) はしがき

柳田先生から「和泉式部の足袋」を送って頂いた頃は、未だ私は故郷の方でブラ〳〵と病後を養って居た。そして足袋の伝説は和泉にもあった様な気もするが……と思ふかに思って見たものである。

病気に斃る前、私は和泉の南の方に居た。従って和泉の国についての伝説はチョイ〳〵きいて居たのである。それが再びたって事を得て、もう一度和泉の国の土を踏み、足袋に関する説話の存在して居ることをハッキリと語る事が出来たのは、私にとって一つの喜びであった。

先生のお説では「現在知られて居る足袋の発明者は、和泉式部と矢田の長者の女との他には未だ無いが、是がさうなってしまった事情は偶然であったらしい。」との事であるが、今、このもう一つの伝説を報告する事は、更に先生の学問の一つの鍵になるものではないかと思って、私は同好の士藤原忠夫君と、約三月間に亙って、かなり楽しくこの伝説を探訪して見た。而して、探訪記については藤原君を煩はし、私はその外の事について報告書を草する事にした。

(2) 伝説地

足袋の発明者は肥前の国では和泉式部であり、三河の国では浄瑠璃姫であるが、和泉では光明皇后となって居る。而して寂光寺山の伝説そのまゝと言ってよい位似て居るのである。

その上その伝説地が京都に近い事も何等か面白いわけがひそんで居る気がするのである。

位置は大阪府泉北郡南池田村峠で、伝説の寺院を浄福寺と言って居る。大阪を阪和電車で発てば、府中で下車して、約二里半南にある。古く池田谷と言はれて居た一番奥にある。府中からこの浄福寺に到る間は、浅い横山の谷で、槇尾川が作った河岸段丘の上に村々が静かに眠って居る。而して上代に於ては、この谷は和泉文化の中心地であって、今駅のある府中には国府があり、和泉寺があり、更に南隣の北池田村には池田寺、南池田村に入っては、智海寺、国分寺などの、四方的大寺が、奈良朝期から平安朝期に於て、すでに荘大に建立されて居たらしい。信太山西南麓の古墳群も又古い文化を物語るものであって、こ

「足袋の跡」原稿1〜2

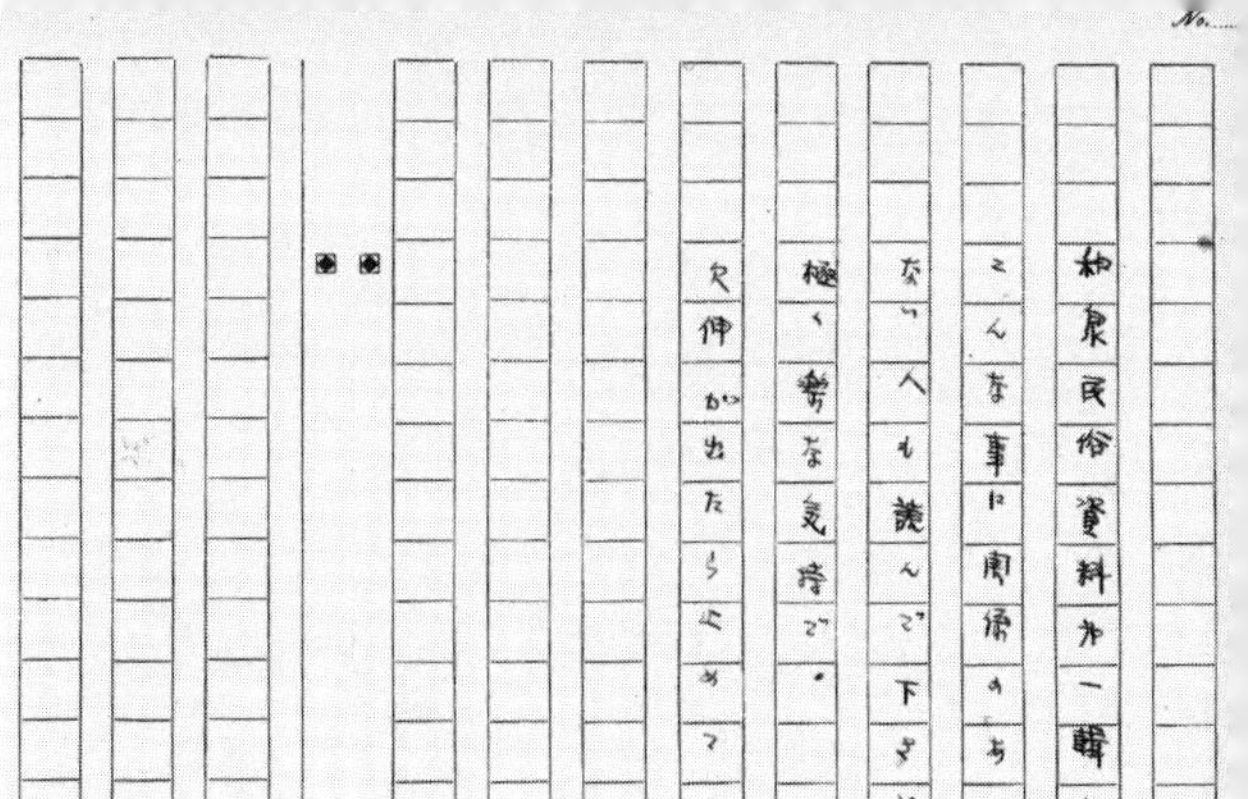
和泉民俗資料第一輯を送る。
こんな事に関係のある人も
ない人も読んで下さい。
極く楽な気持で。
欠伸が出たら止めて下さい。

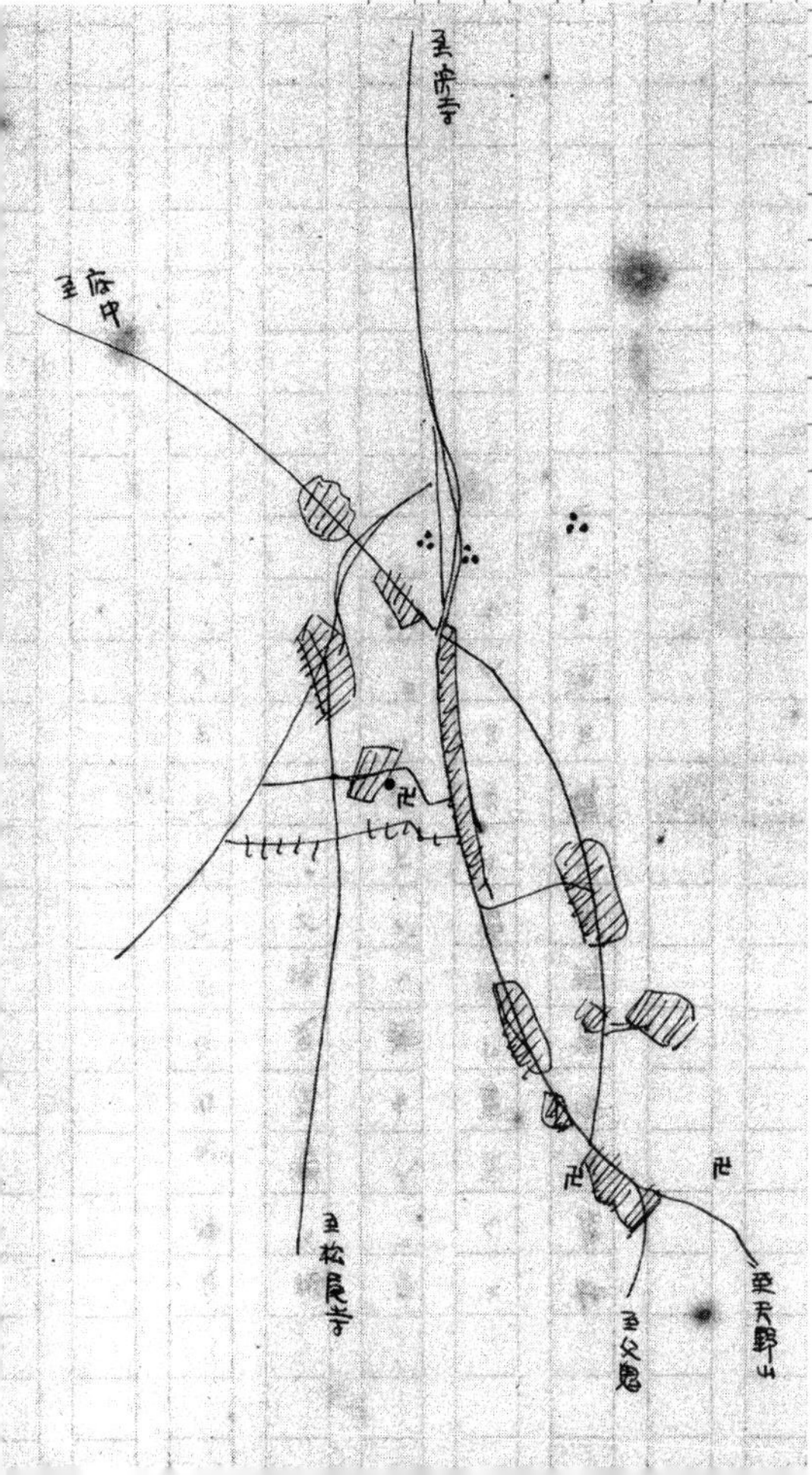

「足袋の跡」原稿 13 と その裏

「丹壺」創刊号〈表紙〉昭和五年五月

南丹

創刊號

「丹壺」創刊号〈扉〉昭和五年五月

村を見る

（一）

疲れた眼で村を見る。

（二）

村にたった一軒のランプ屋がある。老いたる女が痩せこけた店を守っている。女の主人は今から八年前に門司へ行く汽船から、魚腹をこやすために、周防灘へ飛び込んだ。

八年前村へ初めて電灯がついたのである。電灯がつけばランプは不要である。ランプを売る人間も不要である。だから彼は転職するより外はない。だが……せまい小さな村では彼をランプ屋以外のものにする余裕がない。

だから彼はランプと共に二十世紀から姿を消したのである。

彼の妻は、その夫が売り残したランプを売り尽くすまでは生きていようと考えているのであろう。埃の中にうずくまるランプをまだ守り続けている。

（三）

家を十軒焼いた男がいる。九軒焼くまで警察はその犯人を捕まえることが出来なかったのである。九軒焼けたときにとう〳〵山口の警察部から刑事が来た。そして十軒目が燃えさかっているとき、犯人は捕まえられたのである。

犯人の告白によると金が欲しかったのである。火事だとさわいでいるときに、近所の家へ飛び込んで金を取ろうと考えたのである。

が彼は泥棒としてはまだ尋常一年生であった。何故なら、家を十軒焼いたが、金を盗まれた家は一軒もないのである。しかも焼けた家は全部空家であった。空家、即ちみんな出稼ぎに行っている家なのである。

この事件のある間村人は不眠徹宵で警戒した。そして口々に、

「捕まえたら叩き殺してやる」

と。さて捕まえてみると叩き殺そうとした者は一人もなかった。

「残る者が可哀想だ」

と誰もが言った。彼は漁夫で妻と子が三人、そして中風の父があった。それにここ十年くらい前から伊予灘から広島湾にかけての魚類は殆ど半減してきて、漁夫だけでは食うていけないまでになっている昨今である。

みんな気の抜けたような気持ちでひかれて行く男を見た。ひいて行く巡査は誇らしげであった。十軒焼くまで犯人を捕まえ得なかった巡査たちの無能を非難する者は一人もなかったが、犯人の残していった家

族に、一椀の米を恵む者はあるということである。

焼けた家址へはやがてまた新しい家が出来てゆく。

お、なんと村は平和である事よ。

（四）

汽船が座礁した。私の生まれた島を何百回かグル〳〵まわった小さな汽船が……。しかも晴れて凪ぎ渡った夕方である。

「馬鹿にも程がある」

と村人たちは笑った。乗客の話ではその座礁するとき、ボーイが梶をとっていたとの事である。そして船は岬の岩へのりあげたのである。

が船長が海員審判所で陳述したところによれば、

「丁度夕陽の沈む前で、日に向かって進んでいたため、海は光かゞやき、目をあぐれば日は赤々として照り、前方を十分に見きわめる事が出来なかった」

と。しかしてこの陳述が容れられたのである。

こうした船長を幾人も持っているこの汽船会社では創立以来八艘の汽船を持ったが、そのうち六艘までは一度宛海の底まで旅行させたのである。

おかげで創立以来無配当である。そして村人たちは滅法に乗船賃の高い汽船に乗らねばならぬのである。

（五）

前村長殿《さきのむらおさ》は武士の子で、しかも村一番の素封家の主であったために、村長としての栄職に長くいることが出来たのである。白壁の倉に赤い夕日の照る家、として村の誇りであった。

がその家も売られる時が来た。村長が死んで間もなくである。

子は馬鹿ではない。現に長男は四国のある商業学校の校長をし、二男は大学を出、三男は海軍大尉、四男も大学を出て会社へ、五男は今大学にいる。そして五男は実に村長の十三番目の子である。実際屑のない出来栄えではあったが、屑にさせないためにとう〳〵家をまで食ってしまった。

古い殻はこうして破れた。新しい芽が今にすばらしく伸びることではあろう。

だが旧時代の遺物である。この十三人の子を生んだ母はこの大きな朽ち行く家の隅で、家と運命を共にしようとしている。

彼女はまだ武士の妻としての誇り、村長の奥さんとしての誇りを夢見ているのである。

だがその倉にしまい込んである二百着の上下《カミシモ》にかびがはえ、二百本の刀に錆が赤くなっていることに気付かぬのである。

不幸なる十三人の子よ。卿等は今この母からそのたった一つの幻想をすら奪おうとしている。

けれども卿達は平然として答えるべきであろう。

「私たちを不幸にしたのは時の流れだ」と。

（六）

彼は腕のある大工であった。家を造ることにかけては彼の右に出る者はそう多くなかった。けれども彼はその腕ほどに成功することが出来なかった。何故なら彼はあまりに正直すぎたから。彼はだから他人に金を儲けさすことは上手であった。彼がはじめについていた主人は大きな財産を作ると、彼を突き放してしまった。第二の主人も同じように彼を突き放した。正直で仕事が出来て生一本であるために、彼はこうして何時でも貧乏くじをひいた。

そしてとう〳〵放浪の旅から帰ってきた。帰りはしたが村には彼のするべき仕事がなかった。で彼は困窮の中に喘いだ。長男が日露戦争で戦死したおかげで、その年金と、妻が豆腐屋をして儲ける僅かの金で退屈な余生をぬりつぶそうとしていた。

「俺あどんな事があっても悴を大工にしやしねえ」

と言うのが彼の持論で子供の思うままにさせた。

このあたりでは大抵の若者が大工になる。だがその二男は大工にはならなかった。本が好きだから検定で小学校の先生になっていたのが、親父のブラ〳〵では家が思うようになく、行き詰まった家運をひらくために布哇《ハワイ》へ行った。

弱い三男は東京へ逃げ、四男は親族会議で親類へ養子にとられた。

彼の一生はこうしてメチャ〳〵になってもういいろくした。彼の頭から華やかな幻想が消えて幾年、逃げた子も養子に行った子も帰ってきた。たった一つ、彼がその彼と同じような道を子に辿らせないために、大工にしなかったことが、そのことが大きな芽をふいたのだった。

三男はいかめしい軍服で、四男はすばらしい背広服で、息子の海軍少佐のいかめしい仕度を見てもうろくした口から本当の言葉が出た。

「お前はな、いつまでもその仕度でみんなの奴等を見下げてやるんだぞ」と。

彼は本当に幸福であった。お、太陽は朗らかだ。村は平和だ。そして村人たちは、

「あの家の息子もえらいが親父もえらい。何故なら子供を大工にしなかったから」と。無論そのはじめ、

「あの親父は馬鹿だ。働ける子供をみんな出してしまって、しまいにはもうろくした」と言ったことは忘れたのである。

（七）

村人の寄付によってすばらしい青年会館が出来た。その青年会館設立運動を起こしたのは今から八年も前で、いま大阪の方で小学校の先生をしている当時十六の少年が主唱したのであった。それが機運熟するまでに四年もかかった。さて出来てみると青年たちは実に誇らしい気持ちでこの家を専有したのである。

会館では色々の会が月に二、三回は催された。その度に青年たちは出かけて行った。時には村人も一緒になることがあった。そうしたとき村人のつつましさに対して青年は誇らしげに下駄履きのままで座に上がることが多かった。そのことに反感を持ったのは彼の少年の父であった。そして少年の父の喝破が青年の頭の上へとんだ。

「馬鹿者」

それから会館へ下駄履きで上がる者もなくなったし、いつも整頓され、掃除されているようになった。だが青年たちは寄り合うとよくこんな噂をする。

「あの親父は虫のすかねえ奴だ」と。ただしその親父は村人全体からも「虫のすかねえ」人間である。

（八）

若い男がいる。彼は鍛冶屋である。熱した赤い鉄をさめないうちにきたえる鍛冶屋である。彼は鉄をにらむことと、金属の冷たいひびきの中に若い血をそのまま老いさせようとしていた。彼は真面目で夜遊びもせねば、馬鹿口もたたかなかった。彼の頭の中には如何にすればよく切れる鎌が造られ、如何にすれば百姓の気に入る鍬がうたれるかが考えられていた。その彼、その真面目な彼を見て若い女がからかいたい気持ちになったのである。

「私はあなたが一番好き」

「本当か」

「本当とも」

鉄は熱いうちにきたえねばならぬ。若い男は熱した。だが……お丶悲しき若者よ。女はもうチャンと外へ嫁に行く話がきまっていたのである。若者は？。幻影を追いながら毎日さまよい続けている。これは村の悲劇である。

（九）

その家では朝々天井のうつる粥をすすっていた。米はまるで海の魚にも足らぬほどの数で、この茶釜の中を泳いでいた。だから米で腹をふくらせると言うよりは水で腹をふくらせるのであった。

副食物は？　菜の漬物であったが塩と同程度にからかった。

昼は？　麦ばかりの飯に醤油の諸味が副食物だった。

晩は？　麦粥に芋だった。

長男が父とこんな話をした。

「お父さん、私の家は村で金持の方ですか貧乏人の方ですか？」

「無論金持の方だろう」

「するとお父さん、貧乏人はどんなものを食べるのでしょう」

「これよりもっといいものを食べるさ」

「では金持は何故こんな不味いものを食わねばならないんでしょう」

「金持になりたいからさ」

「どうして？」

「今に判るよ」

この父は大工だった。がこうした粗食倹約で金をためて、やがて村の顔役になった。その子は……男の子が二人女が一人あった。それをそれぞれ勉強させた。

そして親父が棺へ足を突っ込むとき、長男は県知事、二男は某大会社重役、娘は某博士夫人となって父の許へ帰ってきた。そして三人の子が永遠に目を閉じようとする父に言った。

「何故金持になりたかったかが判りました」と。

親父が最後の目を見ひらいて、

「だがな、お前たちの子が「何故こんなに御馳走が食べられるんだろう」とお前たちに尋ねないだろう。まだわしが金持になりたかった本当の気持ちはお前たちには判らない」

こう言って死んだ。私にも判らない。

× × ×

ゆがんだ眼で村を見る。村はこうしたエピソードを包んで永遠に平和である。波の音が今夜は聞こえない。凪が死んだからだ。一町向こうの辻で誰かが咳をした。それすらが聞こえる。月が清らかである。村は永遠に朗らかである。こうしたエピソードを包んで。（一九三〇・四・九、夜十一時）

（「丹壺」創刊号　重田堅一編集発行　昭和五年五月）

丹南

第三号

「丹壺」第一巻三号〈扉〉昭和五年十一月

万葉集雑観　一

（一）壬申の乱まで

万物は常に流通し、同時に常に停滞しようとする。一方で建設していても一方では破壊されている。これはたえず繰り返されている現象であって、これを社会的に見、かつその現れが大きい時、私たちは革命、あるいは革新の言葉を以てする。日本においてもこれを見る。

その最も古く現れたものは神武建業であり、次にエポックをなしたものは大化改新であろう。その大化に至るまで豪族専制が大きな殻を作り、これに対するに新しい生命が聖徳太子によって蒔かれ、一の安逸に対し、一の新生命は、逆境の下にあって、あるいは留学により、あるいは新勢力の組織化によって、時を待っていたのである。しかして皇極帝の御代ついにその時を得、蘇我氏の滅亡によって目的は達せられたのであった。かくてこれと時運を共にし、日本文化は大いにあがり、奈良朝に入っては、ついに空前の盛時を見るに至った。この間に生まれたのが万葉集であり、したがって万葉集はこの革新の余炳《よへい》をうけて、二千年の我が史上に光彩を放つ壮大素樸な歌を贈ったのである。

籠《こ》もよ　御籠《みこ》持ち　掘串《ふくし》もよ　御掘串《みぶくし》持ち　此岳《おか》に　菜摘《つ》ます児　家きかな　名告《の》らさね　空見つ
大和の国は　おしなべて　吾こそ居れ　しきなべて　吾こそ座《ま》せ　吾こそは　告らめ　家をも名をも

（巻一—一）

開巻第一まず我々はこの御製を拝す。泊瀬朝倉宮《はつせのあさくらのみや》に座す雄略天皇の御製である。「籠もよ御籠持ち……」と冒頭、限りなき親しみの言葉を以て起り「此岳」と強く限定してその光景を躍如たらしめ、さらに「空見つ……」と帝王としての荘重を見せ、三音に軽く起したのを「家をも名をも」と七音に重く結んである。しかしてその字句の間にあふるる素樸さ、素直さ、臣民は直ちに天王の子たることを如実に物語っているようである。おそらく当時の豪族は今の貴族連などと同じく傲然として、どんらん慊《あ》くことを知らなかったであろう時、猪をなぐり殺されたほどの豪毅なこの天皇に、またかかる、一面のあらせられたこと、真に嬉しき限り、よく万葉集二〇巻の巻頭の歌として、その貫禄を見せていると言うべきである。

　かつて故長塚節先生が、現代の歌人はその技巧方面をのみ重く見て、歌の品格をあまり言わないようである……。歌の品格なるものは、よくその字句の間ににじみ出るものでなければならぬ、と書かれたことがあるが、この歌には（おそらく品格だとか、技巧だとか考えられて作られたものではあるまいが）それが立派に備わっているのを見ることが出来る。

　しかしてこの品格なるものは、感情が自己の中枢にふれて生まれた歌には必然に備わるものではないかと思う。その時歌は即ちその人の生命からの声、腹の底から出た声であるからである。しかも生命とか腹の底とかには必ず童心（子心）の宿るものであり、童心の失われざる歌ほど迫真に富み、深みがあると思う。このことは巻一四の東歌において、巻二〇の防人歌において、あるいは一一、一二、一三各巻の古歌において明らかである。しかして万葉集の特色、万葉集の持つ意義は、これらの巻にあると言っても過言ではないと思う。即ちそこには月並的なものが至って少ないと思う。月並とは停滞の別名であり、躍進的な当時にあってはふさわしからぬ言葉である。

しかして雄略天皇の御製はこれらの諸の特長のすべてを持つものであると私は思うのである。

さていよいよ本論に入ろう。

かかる破壊により建業への過渡期には必ず幾多の悲劇がある。

中大兄皇子が入鹿を誅せられたとき、これを喜ばぬ方があった。それは古人大兄皇子《ふるひとのおおえのみこ》であり、中大兄皇子の兄、飛鳥における旧勢力を代表せられた方であった。で御即位の御話もあったが、避けて吉野に隠られ、中大兄皇子の叔父である軽皇子が位に即かれて孝徳天皇と申し上げた。同時に古人大兄皇子の乱となって、悲劇の幕はここにきっておとされたのであった。かくて大化の改新となり、孝徳天皇は白雉二年、難波長柄豊崎宮《なにわのながらのとよさきのみや》を皇居に定められ、中大兄皇子は皇太子として政を補佐せられた。この間常に裏にあって、あらゆる事を画策したのは中臣鎌足であった。鎌足は智謀他にすぐれ、また円満なる人格者として、中大兄皇子のよき謀臣であった。さて難波への遷都は、交通上から、あるいは地理上から見て最適の地であり、飛鳥の漢人《あやひと》の勢力からのがれて新政を布くにもきわめて適当であると思われてのことであったが、皇太子は白雉四年、急に母尊以下百官を率いて飛鳥へ帰られてしまった。これには色々事情があったが、さすが温和な天皇もいたく憤られ、間人皇后《はしひとのきさき》に次の歌を送っておられる。

かなき着け我がかふ駒は引出せず　我が飼ふ駒を人見つらむか（日本書紀　孝徳天皇　白雉四年）

その間人皇后も皇太子について大和へ下っておられたのであろう。こうした中に天皇は難波において寂しく崩御せられたのであった。

この天皇には左大臣阿倍倉梯麻呂《あべのくらはしまろ》の女小足媛《おたらしひめ》との間に有間皇子という御子があった。

一方大和では孝徳帝の崩御と同時に母尊重祚《じゅうそ》して飛鳥板蓋宮を皇居とせられた。これを齋明天皇と申し上げ、中大兄皇子は引き続き皇太子であらせられた。古来家屋は草を以て屋根をふいたのであるが、この宮は板を以てふいたが故にかく名付けられたと聞く。然るにさらに唐制にならい瓦葺にせんとして工事を起こしたが、ついにならず、その後、宮は火災にかかり、飛鳥河原宮にうつり、さらに飛鳥岡本宮にうつられた。その宮址は今の飛鳥村大字雷の東方であろう。この宮の造営にあたっては、実に大々的な土木工事をおこし、数万の工夫を使役したと聞く。労働経済時代にあってはまことにかかる多人数を動員したであろうと想像されるが、新政未だ十分ならざる時、この挙が人心に不安を与えたことは事実である。かかる中に有間皇子は紀の湯（今の湯崎温泉）に行かれ、帰ってから紀路の佳勝をたたえて天皇に行幸をすすめられた。かくて天皇の四年十月天皇は紀伊に行幸せられたのであった。この留守中、蘇我赤兄のために謀られて皇子は陰謀を企てられたことを洩らし（事実はそんな事はないと思われる）ついに捕らわれ、紀の藤白峠（今の海草郡内海町藤白の町はずれ）において絞め殺され給うた。

時は十一月、西北風の寒く吹く日を皇子は最後の旅にたたれたのであった。その頃の旅である。旅宿もなければ、また充分な旅の設備もない。

吾が夫子《せこ》はかりほ作らす草《かや》なくば

小松が下の草を苅らさね　（巻一―一一）

（これは中皇命《なかつすめらみこと》の歌であるが、後人有間皇子とともに紀伊へ下られたものであろうと推している）実に旅の宿とはかかる有様であったのである。こうして自ら作られた仮庵に寒き夜を夢だに結びあえず過ごされた。皇子の御心ははたしてどうであったろう。

家にあれば笥《け》に盛る飯を草枕

旅にしあれば椎の葉に盛る　（巻一―一四二）

これは皇子の歌である。笥とは当時の食器。草枕は旅の枕詞。

この歌の中には悲しいだの、情けないだのという主観語は一つもない。だが私たちはこの言葉の中に言いしれぬ悲痛な気持ちを味わう。

真の悲しみ、苦しみの中にあっては、悲しいとか苦しいとかいう言葉は出るものではない。山も中にあっては山の形が判らないのと同じである。おそらく椎の葉に飯を盛りつつ不用意にかく独語せられたのではあるまいか。

磐代の濱松が枝《え》を引き結び真幸《まさき》くあらばまたかへりみむ　（巻二―一四一）

同じく皇子の歌。磐代は日高郡西岩代村、今もその址がある。

「真幸くあらば……」皇子はかく念願せられたのであった。しかし、十一月十一日ついに悲しい御最後をとげられた。時に御年十九。

先に古人大兄皇子、今また有間皇子の事件あり、これらもやがて平定して、政治は果たして順調にはかどったのであろうか。否、否。外には三韓の離反あり、内には皇太子とその御弟大海人皇子《おおあまのみこ》との確執があった。大海人皇子は漸進派の人、旧勢力を代表してたち、往々にして皇太子と意見が合わなかった。そのうえ額田女王《ぬかたのおおきみ》を中にして私事の争いもあった。この中にあって万事円満に事を処理せんとして中臣鎌足は人知れず心を痛めたのであった。その鎌足は同時に稚気愛すべき人でもあった。それは集中二首の和歌によって推察せられる。

吾はもや安見児《やすみこ》得たり人皆の得難にすとふ安見児得たり　（巻二―九五）

（吾はもやのはもやは三つともに感動詞。安見児とは釆女の名である）

今の言葉で言えば「私は‼私は安見児を得たんだ！何人もなびかし得なかった安見児を得たのだ！」となるであろう。何と痛快である事よ。「吾はもや……」と言い出したところ、子供たちがある目的を達したときにあげる喊声に似たものがある。無論これは恋愛詩である。だがそこに少しも末梢的官能を感じない。しかも朗らかであり、気持ちがよいほどズバリとやってのけられてある。童心を持たずしてこの言葉が出るものであろうか。されればほとばしり出る熱情を歌った次の歌にすら私たちはこの童心を認めるのである。

玉匣《たまくしげ》三室の山の狭名葛《さなかづら》さ寝ずは遂に有りかつましゞ　（巻二―九四）

（玉匣は櫛を入れる器を美称したもので蓋がついていた。で開けるとかふたとかの枕詞に用いた）

この歌を見ても実に大胆に言ってある。しかもやはり子供の「欲しいんだよぅ！」と言ったような無邪気さが含まれている。事は情事である。今で言えば私通事件を起こそうとしているのであるが、少しも顔をそむける気は起こらない。「さねかづらさねずば」と二つ重ねて、その切なさをあらわし、「ありかつましゞ」と哀憐を含んだ切実な言葉で止めてある。実に可憐なといった気持ちである。笠朝臣金村《かさのあそみかなむら》の歌に

見渡せば近きものから石隠《いはがく》り輝《かが》よふ珠を取らずは止まじ　（巻六—九五一）

というのがあるが、これなどは「とらずば止まじ」と実に強い意志を表現して甚だ大人びているように思われ、同じ恋愛歌でもその中に含まれた気持ちおよび作者の性格に大きな相違のあることを認める。しかしてこの鎌足の相手というのは鏡王女《かがみのおおきみ》であって額田王の姉、中大兄皇子の寵を得ていたのである。それを事もあろうに鎌足が出かけていったのである。されば鏡王女は

玉匣おほふを安み開けて行かば君が名はあれど吾が名し惜しも　（巻二—九三）

と鎌足をたしなめている。先の歌はこの歌の答歌である。この歌を見ると、強い自戒があらわれているが、同時に鎌足に対する親しみもあらわれていると思う。そこに何とも言えぬ朗らかさがある。これを聞かれたら中大兄皇子も「どうも怪しからぬ」とは思われなかったであろう。「とらずは止まじ」ではでは何かと角も立つが「ありかつましゞ」つまり「やりきれんのだよぅ！」と聞かされて皇子はついにこの女王を鎌足に賜り、その嫡室とした。最近谷崎氏にこれに似た事件※があった。がこれは時代ということを考えなければならぬ。末梢的道徳を以てあらゆるものを見ることは誤っている。さてこの女王は谷崎氏のそれのように愛せられていなかったのではない。皇子から

妹が家もつぎて見ましを大和なる大島の嶺《ね》に家もあらましを　（巻二—九一）

の歌を賜っている。女王の家は大島の嶺にあったのであろう。が皇子は当時孝徳天皇に従って難波にあら

せられたのであろう。

「つぎて見ましを……あらましを」と願望の言葉を二つ重ねて、実に情の細かなるを見る。これに対して女王は

　秋山の木の下がくり行く水の我こそまされみ思ひよりは　（巻二―九二）

と答えておられる。（「秋山の木の下がくり行く水の」は「我こそまされ。御思ひよりは」の序である。「秋山の木の下を流れている水の如く、外にあらわれずとも」の意）「秋山の……」と美しい序詞を以てはじめ「我こそまされ」を実に巧みに描写し、生かして、しかも最後に「御思ひよりは」と強く結んである。大体万葉集の各歌は初め軽く後重く、ドッシリした感じをあらわし、真渕のいわゆる「男ぶり」の歌になっている。しかして序詞や枕詞を非常に多く用い、これによって巧みにその言わんとするところを描写して全体を生かしている。この歌もまた実に然りで、この序詞によって女王の御心のうるわしさが巧みに描き出され、しかも言い知れぬつつましさを感じ、高い品格を見ることが出来る。かくばかりの切な心を持たれた方であるから鎌足をたしなめたのもまた宜《むべ》なるかなであり、同時に鎌足をして栄誉あらしめた皇子のうるわしい心情を拝することが出来る。鎌足はこれより先、孝徳天皇からもその寵愛された阿倍氏を賜っている。重ねて言う末梢的道徳を以てすべてを見ることは誤りであると。

さて然らばその鎌足が心を痛めた中大兄皇子と大海人皇子との隙とは。

（「丹壺」第一巻三号　重田堅一編集発行　昭和五年十一月）

〔編註〕谷崎氏の事件というのは、谷崎潤一郎が、その妻を佐藤春夫に譲った事件を指している。読売新聞社の『読む年表・20世紀と昭和天皇』の一九三〇年八月十八日の項に以下のようにある。

「一九三〇・〇八・一八　谷崎潤一郎、佐藤春夫に妻を譲る」

引用8月18日、作家の佐藤春夫が谷崎潤一郎の妻と結婚、話題となった。

谷崎は以前から千代子夫人の親類の女性と恋仲になり、夫人を冷たく扱うようになった。その夫人に同情し、愛するようになったのが佐藤である。佐藤にも妻がいたが、もともと冷めた関係だったため、その春に離婚。谷崎も夫人と離婚することになった。

さらに人々の注目を集めたのは、谷崎・千代子・佐藤の3人の連名で出した次のような声明書である。

「……我等三人はこの度合議をもって、千代は潤一郎と離別致し、春夫と結婚致す事と相成り、……素より双方交際の儀は従前の通りにつき、右御諒承の上、一層の御厚誼を賜り度く、いずれ相当仲人を立て、御披露に及ぶべく候えども、取りあえず寸楮を以て、御通知申し上げ候……」

丹南

第四號

「丹壺」第一巻四号〈扉〉昭和五年十二月

万葉集雑観　二

香久山は　畝火を愛《お》しと　耳梨《みみなし》と　相あらそひき　神代より　かくなるらし　古もしかなれこそ
現身《うつせみ》も　妻を　あらそふらしき　（巻一―一三）

反　歌

香久山と耳梨山とあひし時立ちて見に来し印南国原《いなみくにはら》　（巻一―一四）

これは中大兄皇子が印南野に行啓あそばされた時の御歌である。この歌はただ読んでみただけでは、あまりに文字が簡潔であって、十分に意をつくせないようである。この歌の真価はこの歌に含まれた二つの事柄を知る時、初めてあらわれるものと思う。懐うにこの歌は皇子が印南野の一小丘神阜《かみおか》（揖保郡）を御覧になり、かつその神阜の由来する伝説を聞かれ、感にたえず詠まれたものと思う。然らば神阜の伝説とは？　今播磨風土記をひらいて見ると

神阜《かむおか》　出雲の国の阿菩《あぼ》の大神、大倭《やまと》の国の畝傍《うねび》・香山《かぐやま》・耳梨《みみなし》、三つの山相闘ふと聞かして、こを諫め止めむと欲《おもほ》して上り来ましし時、此処に到りて、すなはち闘止みぬと聞き、その乗れりし船を覆《かへ》して坐《いま》しき、故《かれ》、神阜と号《なづ》く、阜《おか》の形、覆せるに似たり。（読み下しは『風土記』武田祐吉編、岩波文庫による）

の一文を見出す。三山の相闘とは女性である畝火と、耳梨と香久山との間における三角関係を指したもの

であることは、皇子の御歌で推察せられる。「古もしかなれこそ……」とは即ちこの三山相闘の伝説を言われたものであり、「現身も妻をあらそふらしき」は御自身の事を述懐せられたものであろう。皇子御自身の事とは即ち額田女王との間における大海人皇子との三角関係である。

額田王は最初大海人皇子の寵を得て、十市皇女を産まれた。しかしながら、間もなく中大兄皇子の寵を得るに及んで、大海人皇子と別れなければならなくなった。これは大海人皇子にとっては甚だ御不快なことであり、額田王としては悲しい限りであった。しかして皇兄弟の間に、この事件が溝を作った事は事実である。しかし中大兄皇子は勝利者としての喜悦を得られたのである。

この歌の中にもかすかながら、その誇らしさがある。悲しみを懐いて決してこんな歌が出来るものではない。

即ち「香久山は畝火を愛しと」と言葉の間を緊密にして説明的になるのを避け、転じて「神代よりかくなるらし、古もしかなれこそ」と畳句《じょうく》を使って、単調より救い、言辞を少なくして、しかも立体的ならしめて、その文字一つ一つの間に、自分の感じをにじみ出させ、最後を五三七で（雄略帝の御製と同じく）ドッシリと結んで朗らかならしめている。

この行啓の時にはさらに一つ、皇子の歌がある。右三山の歌のすぐ次に出ている――

わたつみの豊旗雲《とよはたくも》に入日さし今夜の月夜清く照りこそ　（巻一―一五）

がそれであって、島木赤彦先生の推賞せられて止まぬところ（『万葉集の鑑賞及其批評』七二頁参照）、私のような言葉の貧しい者が今さら喋々たるの要はない。なお右の歌の第五句を古泉千樫先生は「まさやけくこそ」と訓まれた由。かく訓めば、この歌のより以上に生きてくるのを覚える。おそらくあの浩渺《こうびょう》たる播州灘を前にし、左に淡路、右に遠く家島を望む海岸に立たれて、落ち行く日に対して詠まれたものであろう。皇子にとっては極めて印象深い行啓であったと拝せられる。しかして彼の三韓離反のため、九州へ天皇と共に行幸啓のあったのは、この行啓の後ではないかと思われる。

　齋明天皇の御西征は天皇の七年で齋明記〔日本書紀巻二六〕によると

七年の春正月《むつき》の丁酉《ひのとのとり》の朔《ついたち》壬寅《みづのえのとらのひ》（六日）に、御船《みふね》西に征《ゆ》きて、始めて海路《うみつみち》に就く。甲辰《きのとたつのひ》（八日）に、御船、大伯海《おほくのうみ》に到る。（中略）庚戌《かのえいぬのひ》（十四日）に、御船、伊予の熟田津《にきたつ》の石湯行宮《いはゆのかりみや》に……。

とあり、この行には皇太子も額田王も同道で

熟田津《にぎたづ》に船乗せむと月待てば潮もかなひぬ今は漕ぎ出でな　（巻一―八）

という額田王の歌が残っている。熟田津は今の愛媛県三津ヶ浜の古名であるが、当時の熟田津は三津が浜よりもずっと奥、松山城址の西の方であろうと説く者がある。なるほど石手川や重信川のデルタが今のように発達しなかったであろう千余年以前を思えば、首肯されることである。でこの歌の意は「熟田津で船出しようと待っていると、月ものぼり、潮も満ち、丁度よくなった。さあ漕ぎ出そう」というのであって、極めておおらかに歌われており、左註によると天皇の御製であろう。「額田王には別に四首ある」とある。一応もっともであり、三誦してその堂々たるうたい振りに、王者たる風貌を見るも、左註も確たる証拠あって言ったのではないらしいから、ひとまず女王の歌と見ておくべきである。

なお「にぎたづに」は「にぎたづに向かって」と説く人もあるが、これは海を知らぬ者の言うことである。

「庚戌、御船泊二千伊豫……」の庚戌は十四日にあたるそうである。すると「甲辰、御船到二千大泊海一」の甲辰は八日になる。大泊《おおく》は今の岡山県邑久郡牛窓港である。で大泊に二、三日とまられて十日頃に大泊を出帆して熟田津に向かったとする。月は日没時すでに頭上にあり、潮も干潮にかわっている。これでは「月待てば潮もかなひぬ」が未だ日の高い時に言われたこととなる。そんな変なことはない。ところで「にぎたづに」を「にぎたづて」と訳してみる。すると十四日に熟田津へつかれたのであるから、三、四日とまられて仮に十七日に出帆したものとする。十七日の月の出は日没時から二、三時間後であり、満潮は夜の十時頃になる。瀬戸内海は干満の差が大体一〇尺だから、干潮時においては、熟田津のような遠浅では船は浜に据わってしまう。夜の七時過ぎ、月の出る前頃に船は浮かぶ。やがて月が出る。満潮になる。これで歌意と自然とがぴったり来る。満潮が干潮にかわると、潮は西に向かって流れ、豊豫海峡から太平洋におちる。船はこの潮に乗って進む。ここまで考えると、この歌は当然「にぎたづて」と解すべきであり、かく解することによって、歌意は極めて自然的で、「潮もかなひぬ」が十分に生きてくる。

　瀬戸内海は潮の流れが速い。だから潮を非常にやかましく言う。順潮にでも乗ると、順風を受けたほど船が行く。ところが逆潮だと、二丁櫓くらいでは進むことが出来ない所が多い。だから櫓で漕ぐ船の多くは、逆潮だと岬のかげや浦などで順潮になるまで潮待ちをする。この歌にはそれがあらわれておもしろい。海を知らない人のために、何らかの参考になろうと思って書いた。なお瀬戸内海沿岸には潮の干満に関しての左のような口碑がある。

「九日《ここぬか》十日は明暮《あけくれ》港へ、五日《いつか》廿日《はつか》は昼湛へ」

さて天皇は大本営を朝倉宮に進められて、征西の事にあたられたのであったが、軍中崩御あそばされ、征韓の事も捗々《はかばか》しからず、中大兄皇子はついに断念し給うて、大和へ帰られる事になった。この間七年。大海人皇子は大和にあって政をとられ、その勢力は大したものになっておられた。そこへ皇太子が帰られたのである。やがて皇太子は帝位にのぼり、天智天皇と申し上げた。その即位式の後、群臣に酒を賜ったのであったが、席上大海人皇子は不平を勃発され、長槍で板敷を刺し射抜かれた。天皇はこれを深く怒られ、皇子を成敗されんとしたのであったが、鎌足になだめられて、大事に至らずに済んだ。さらに鎌足は両者の円満をはかるために、その娘耳面刀自《みみものとじ》を後宮に納《たてまつ》られ、他方氷上媛《ひかみのいらつめ》、五百重媛《いおえのいらつめ》（新田部皇子の母）の二女を大海人皇子に納られてその妃とした。

やがて天皇は即位後、都を近江の志賀にうつし、飛鳥の旧勢力からのがれようとされた。志賀宮は今の滋賀郡滋賀村にあったのである。天皇が近江へ下られると額田王もまた供をされたのであった。

うまさけ　三輪の山　青丹《あおに》よし　奈良の山の　山のきわ　い隠るまで　道の隈《くま》　い積るまでに　つばらにも　見つゝ行かむを　しばしばも　見放《みさ》けむ山を　心なく　雲の　かくさふべしや　（巻一―一七）

反　歌

三輪山をしかもかくすか雲だにも心あらなむかくさふべしや　（巻一―一八）

右はその時の歌である。うまさけは三輪の枕詞、青丹よしは奈良の枕詞。「いつもる、いかくる」のいは接頭語、かくさふべしやの「さふ」はかくすの延言とする説と、作用の継続を表す助動詞とする説と二つあるが、私は前者をとる。「かくすべきであろうか」の意。

この歌は奈良市の北、奈良坂でよまれたものである。別れ行く大和への愛着、それが極めてパッシブに歌われてある。「うま酒三輪……青丹よし奈良……」と重ね、「……いかくるまで……いつもるまでに……」「つばらにも見つゝ……しばしばも見放けむ……」と二度まで畳句を使い、「心なく雲のかくさふべしや」と五三七で強く結んである。ここでは五三七が意外な働きをしてドッシリと言うよりも、畳句で表現してきた情熱を、この結局で奔騰させている観がある。反歌に至ってはさらに引き締まった感じ、しかもその中に包みきれない情熱の爆発を見る。即ち「しかもかくすか……かくさふべしや」の言葉は反歌ばかりか長歌をまで、更に生かし尽くしている。これも左註では御製となっているが、女王の歌と見るのが穏当であろう。この歌をよむとき、私はすぐ柿本人麿が石見から上って来るときの歌を思い出す。その長歌の終わりの方が「夏草の思ひしなへて、偲ぶらむ妹が門見む、なびけ此の山（巻二―一三一）」となっている。その情熱的であり、力強い言葉は両者匹敵するものと思う。なお石見の国より上って来るときのうたは長短合わせて六首。その最後の

　秋山に散らふ黄葉《もみちば》少時《しま》しくはな散り乱《まか》ひそ妹があたり見む　（巻二―一三七）

は額田王の短歌に類《たぐ》うべき秀歌と思う。彼は寥々たる石見国に愛しき妻を得、しかもその妻に別れんとする悲しみを歌い、これは美しき大和への限りなき愛着をうたう。

　大和には　群山あれど　とりよろふ　天の香久山　のぼり立ち　国見をすれば　国原は　煙立ち立つ
　海原は　鷗立ちたつ　うまし国ぞ　秋津洲　大和国は　（巻一―二）

と舒明天皇の御製にもある如く、明媚にして、豊饒なる故里である。大和をめぐる四囲の山は

三諸《みもろ》は　人の守《も》る山　本方《もとべ》は　あしび花さき　末方《すゑべ》は　椿花咲く　うら美はし　山そ　泣く児守る山

（巻一三—三二二二）

のように大和平野に住む人たちの子守にも等しいなつかしい山や

御食《みけ》向ふ南淵山《みなぶちやま》のいはほには降れるはだれか消え残りたる　（巻九—一七〇九）

のような気高い山、否、万葉二〇巻の大半は大和讃美の歌である。その大和をおきて、近江へ下るのである。しかもその日、三輪は雲のため姿を消そうとしている。情熱的な女王にしてこの歌の生まれたのはまた当然すぎるほどの当然と言うべきであろう。

ところで天智天皇が、その御理想の政を執るために定められた志賀京はどうであったろうか。第一この遷都には庶民の反対があり、さらに遷都後、度々の火災があり、人心甚だ不安であった。加うるに忠臣鎌足また逝き、天皇はそのお考えを十分に実行することすら得なかった。しかも先に言った、天皇、額田王、大海人皇子の三角関係は未だ続いていた。

額田王

あかねさす紫野行き標野《しめの》行き野守《のもり》は見ずや君が袖振る　（巻一—二〇）

皇太弟（大海人皇子）

紫草《むらさき》の匂へる妹をにくゝあらば人妻故に吾恋ひめやも　（巻一—二一）

（題字に「天皇の蒲生野《がまふの》に御遊猟し給へる時」とある）

右の歌はそのことを如実に物語るものであろう。蒲生野は今の滋賀県蒲生郡武佐村一帯の野である。そこに天皇の御猟場があった。これを標野という。野守はその狩に来ている人たちを指したものであろう。紫草は草の名。根が紫だからこの名がある。前者は「紫草の野を行きながら、御猟場を行きながら、あなたは袖を振られますが、人々が見ているではございませんか」の意。後者は「紫草の咲き匂える如く美しいあなたを憎く思ったならば、人妻と知りつつどうして袖を振ろうぞ。また恋しく思おうぞ」との意。その最初の歌は紫野行き標野行きと美しく光景を叙し、……見ずやと強く言い切って、君が袖振ると対者の動作を述べた点、実に切迫した気持ちをよくあらわしている。女王としては袖を振られることは、実にうれしいことであり、また人々の目を恐れられたことでもあろう。

それに対して皇子もまたその切実な胸を打ちあけられている。即ち「人妻故に吾恋ひめやも」と。当時皇子は四十五、六、女王は三十すぎの分別盛りである。しかも皇子にも女王にもこのやむにやまれぬ心があったのである。押さえきれない愛着が、こうした折りに堰を切ったものであろうと思われる。然らば女王は天皇に対してはどうであったろうか。

君待つと吾が恋ひ居れば我が宿のすだれ動かし秋の風吹く　（巻四―四八八）

これは同じく額田王の歌で、「君待つと」の君は天智帝を指しているのである。先の情熱的な歌に比して如何にも物静かな歌である、と同時に天智天皇に対しても、御愛情のこまやかなところを見る。今で言えば甚だ問題になるであろうが、当時の女性は情熱的ではあるが、いずれも極めて受動的であったことを思い合わせなければならない。当時の女は多くの場合、男から愛せられる時、その愛情を受け入れたもののようである。（中には芦屋の兎原少女の如く、同時に二人の男に愛せられ、困じ果て、死んだ女性もある）これは雑婚の遺風がまだ十分に廃《すた》れていないことを語るもので、その最も適切な例は、巻九に見えている筑波嶺の嬥歌会《かがい》の歌である。「ひと妻に我も交《まじ》はらむ、吾妻に他人《ひと》も言問へ」（一七五九）の句を誦すれば、当時の男女関係がどうであったか判るであろう。

さてかかる中に天皇は病重らせ、十年十二月ついに崩御遊ばされたのであった。崩御に先立って、天皇は大皇弟《ひつぎのみこ》をお呼びになり、御譲位なさろうとされた。しかし皇太弟はお受けにならず、天皇の皇子である大友皇子をすすめられ、自らは剃髪され、吉野に入られた。もともと天皇も大友皇子を大変愛されていたので、ここに大友皇子をおたてになることにした。

元来この皇子は伊賀采女《いがのうねめ》の産み奉った方で母の身分が低いために、普通ならば帝位にのぼれない方であるが、天資聡明にして、学問に長じ、かつ鎌足の指導よろしきを得て、宮中第一の学者。ために天皇の愛を一身にあつめられていた。

　五言《ごごん》。宴《うたげ》に侍《じ》す。一絶《いちぜつ》
皇明日月《くわうめいひつき》と光《て》らひ。帝徳天地《あめつち》と載せたまふ。三才並泰昌《さんさいみなたいしょう》、萬国臣義《ばんこくしんぎ》を表《あら》はす。

及び

　五言。懐《こころ》を述《の》ぶ。一絶。
道徳天訓《てんくん》を承《う》け、塩梅真宰《えんばいしんさい》に寄《よ》す。
差《は》づらくは監撫《かんぶ》の術《わざ》無きことを、安《なに》ぞ能《よ》く四海に臨《のぞ》まむ。〔注：五言一絶は五言絶句一首の意〕

の詩は共に皇子の作〔『懐風藻』「淡海朝大友皇子《おふみちょうのおおとものみこ》。二首」〕。推して知るべきである。しかしてその妃は大海人皇子と額田王との間に産まれた十市皇女《とおちのひめみこ》であった。

かくて天皇の崩御は臣下の庶民に痛く惜しまれ、多くの哀悼歌がある。

人はよし思ひ止むとも王葛影に見えつゝ忘らえぬかも　（巻二—一四九）

大后御歌

かゝらむとかねて知りせば大御船はてし泊に標ゆはましを　（巻二—一五一）

額田王歌

さゝなみの大山守は誰が為か山に標結ふ君もまさなくに　（巻二—一五四）

石川夫人歌

など、このほか、大后二首、某婦人一首、舎人吉年《とねりのよしとし》一首、額田王一首が右の歌と前後して出ている。やがて英霊は山城国宇治郡山科村に奉葬され、大友皇子は志賀宮に即位された。しかしその即位式たるや実に寥々たるもので、世は何となく騒然としていた。あるいは言う、大友皇子は即位されず、大后《おおきさき》称制して政をみそなわし、皇子は皇太子のままであったと。これは日本書紀によるからであって、書紀は天武天皇の皇子舎人皇子の編纂されたもの、もし大友皇子の即位を認めては、御父が天皇に叛かれたことになるから、かく事実を枉げられたのであろう。のち徳川光圀によって編まれた大日本史は大友皇子の即位を認め、朝廷も明治三年、弘文天皇と諡号《しごう》《おくりな》を奉った。

（「丹壺」第一巻四号　重田堅一編集発行　昭和五年十二月）

丹壺

第五號

「丹壺」第一巻五号〈扉〉昭和六年

万葉集雑観　三

(二) 壬申の乱

伊勢と大和の境なる、高見山に発する吉野川はメディアンライン《中央構造線》に沿うて西流し、すばらしいメアンダ《曲流》をなして急湍峡谷を作りつつ、紀伊に入って初めてゆるやかに一路海に向かう。しかしてその最も甚だしいメアンダのノミの跡を見せるのは鷲家口から上市までの間である。

由来メアンダの甚だしい峡谷ほど変化に富んだ景色を持つ。吉野川もまたその例にもれぬ。しかも飛鳥の都からほど近いところにあり、万葉人たちのよき遊覧地であった。そしてその地が

　吉野なる夏実《なつみ》の河の川淀に鴨ぞなくなる山かげにして　（巻三—三七五）

の湯原王《ゆはらのおおきみ》の歌の如く、如何に閑寂にして清澄であるか、また万葉の歌人を偉大ならしめるためにこの地が如何に歌人たちに尽くしたか。

　み吉野の象山《きさやま》の間の木末《こぬれ》にはここだも騒ぐ鳥の声かも　（巻六—九二四）

　ぬば玉の夜の更けぬれば久木《ひさぎ》生《お》ふる清き川原に千鳥しばなく　（巻六—九二五）

の赤人の歌、

　昔見し象《きさ》の小河を今見ればいよゝ清けくなりにけるかも　（巻三—三一六）

我が命も常にあらぬか昔見し象の小河を行きて見むため　（巻三—三三二）

の旅人〔帥大伴卿《そちおおともきょう》〕の歌、

滝の上の三船の山に居る雲の常にあらむと我が思はなくに　（巻三—二四二）

の弓削皇子の歌、

大和には鳴きてか来《く》らむ呼子鳥《よぶこどり》象の中山呼びぞ越ゆなる　（巻一—七〇）

の高市黒人の歌、いずれもその調高く晴朗にしてしかも仄かなる哀愁を帯びたる。あたかも高山の頂の辺の木の陰から青空を仰いだような感じを与えるこれらの歌。それは皆この端麗なる自然がこれらの歌人の前によきモデルとなってくれたが故に出来たのである。万人が等しく憶う吉野。

言い知れぬ憂鬱を抱いて（自ら犠牲にして）大海人皇子がその愁を遣るために吉野へ思い立たれたことはまた当然と言うべきであろう。近江朝の人々は虎を野に放つようなものだと恐れたが、当時の皇子の心は実に暗かったに違いない。身は心ならぬ法衣をまとうての入山である。しかも先に大兄皇子の事件もあり、よき忠臣鎌足亡き後でもある。

み吉野の　耳我《みみが》の嶺に　時なくぞ　雪は降りける　間なくぞ　雨は降りける　その雪の　時なきが如

その雨の　間なきが如　隈《くま》もおちず　思ひつゝぞ来る　その山道を　（巻一—二五）

この御歌はおそらくこの時の歌と思われる。ある人は吉野にいる女にあわむために山路を行ったと言ってもいるが、そうは思われない。第一にこの歌に漲《みなぎ》る憂鬱を思え。雪といい雨といい晩秋から冬へかけての寂しさをひとしおならしめる風物である。おそらくその日は陰暦十一月即ち霜月の頃であって霙《みぞれ》を交えた時雨が降りついでいたのであろう。身に思うことなくてさえ、遠山の時雨を見る時ほど心細さ哀愁を覚えるものはない。

心細さに出て山見れば雲のかからぬ山はない

とさえ俚謡にもある。ましてや皇子はその雪や雨の時なく間なきが如く、思い詫びて歩いて行かれたのである。我らの眼前にはほうふつとして皇子の姿が浮かぶ「み吉野の……雨は降りける」と景色を叙しその陰鬱を直ちに主精に移して「……思ひつゝぞ来る」と気持ちを描写したる。しかも最後に「その山道を」と空間的限定の語を据えて括《くく》ったあたり、実によく実感を述べた名歌と言うべきである。

かくして吉野に入られた皇子の周囲の安穏であったろうか。否々幾多の弱震の後を受けて激震あり、これによって初めて大地が落ち着く如く、地中では鯰が今将に最後の寝返りを打たんとしている。

すなわち天智天皇の崩御遊ばさるるや近江の朝廷では山稜造営のためと言って、諸国より人夫を徴し、人毎に武器を取らしめ、あるいは近江から大和に至る間斥候を置き、あるいは何々……と大海人皇子を警戒するに急であった。そこで皇子は身の危険を感じ、ここに対策を講ぜられることにし、近江朝にある御子高市《たけち》、大津の二皇子に呼び寄せの使を駛《はし》らせ、御自身は東国へ向かって発された。その時大海人皇子は「鎌足が生きていたら」と慨き給いしとのことである。

かくて一行は皇子および妃殿下、草壁皇子、忍壁皇子らなど三〇人であった。

道を間道に取り宇陀郡《うだのこおり》松山を経て大野に至るや、日は全く落ち、四囲唯暗澹。一行には婦女多く加うるに嶮しい山道である。しかもグズグズしている時ではない。暗夜に行を続けて皆生ける思いもなかった。

ようやく夜半名張《なばり》に出た。しかして人夫を徴発するに一人だに応ぜず、やむを得ず更に中山に進む。この時初めて郡司等数百人が皇子の行に加わった。不安と焦燥の一夜が薊萩野に明けて大海人皇子はそこで朝食をとられた。やがて柘植《つげ》に至るや御子高市皇子近江より来たり会す。鈴鹿の麓においては大津皇子の待つあり。士気ようやく振るう。時に大雷雨あり。一行極めて困難。疲労も甚だしきものがあったが各人よく難に耐え意気天を衝《つ》いた。しかも東国続々として大海人皇子に帰服し、戦機はようやく熟した。そこで皇子は本営を桑名に置き、高市皇子を軍監として直接事に当たらしめ給うた。

　この報ひとたび近江に伝わるや近江の狼狽は見る眼も気の毒の限りで、急に使を四方に遣して兵を徴したが応ずる者さえなかった。一方東軍は高市皇子の建議により本営を不破《ふわ》に移し、さらに野上に移して漸次近江に迫った。この情景を最も詩的に叙したものが彼の柿本人麿の「高市皇子《たけちのみこ》の城上《きのへ》の殯宮《あらきのみや》」の歌で、万葉集中最も長いかつ壮長な長歌。その一部をかかげて見るに

やすみしし　我が大君の　きこしめす　背面《そとも》の国の　真木《まき》立つ　不破山越えて　高麗剣《こまつるぎ》　和蹔原《わざみがはら》の
行宮《かりみや》に　天降《あも》りい坐《ま》して　天の下　治め給ひ　食国《をすくに》を　定め給ふと　鳥が鳴く　吾妻の国の　御軍士《みいくさ》
を　召し給ひて　千早ぶる　人を和《やは》はせと　従服《まつろ》はぬ　国を治めと　皇子ながら　任《ま》け給へば
大御身《おおみみ》に　太刀取り帯《は》かし　大御手に　弓取り持たし　御軍士を　率《あとも》ひ給ひ　齋《ととの》ふる鼓の音は
雷の　声と聞くまで　吹き響《とよむ》る　小角《くだ》の音も　敵《あた》見たる　虎か吼ゆると　諸人の　おびゆるまでに
捧げたる　幡《はた》の靡きは　冬ごもり　春去り来れば　野ごとに　著《つ》きてある火の　風の共《むた》　靡くがごと
く取りもたる　弓弭《ゆはず》の騒ぎ　み雪降る　冬の林に　飄風《つむじ》かも　い巻き渡ると　思ふまで　聞《きき》の恐く

引き放つ　箭《や》の繁く　大雪の　乱《みだ》れて来《きた》れ　従服《まつろ》はず　立ち向ひしも　露霜の　消《け》なば消ぬべく……

（巻二―一九九）

と当時の高市皇子の勇姿目の当たりに見るが如き感がする。

これに対する西軍は軍中和を欠き、総大将山部王《やまべのおおきみ》は部将蘇我果安《そがのはたやす》らに殺され、果安もまた自殺してしまった。従って東軍は連戦連勝、西軍も奈良方面における大伴吹負《ふけい》との戦闘には、相当に士気の振るう者もあったが、大勢はすでに決し、東軍が総攻撃を開始してより二〇日目、その軍は瀬田川の東岸に陣するに至った。ここにおいて西軍は天皇自ら軍を師し、これに対したが利あらず逃れて山前《やまさき》に自殺された。かくて高市皇子はついに志賀宮を陥れ乱ここに平ぎ不破本営におられた大海人皇子は桑名、鈴鹿、阿閉《あえ》、名張を経て大和へ還り給い、後岡本宮の南に皇居を造営し、翌年癸酉《みずのとのとり》正月即位。すなわち天武天皇である。皇居を飛鳥浄見原《あすかきよみはら》宮と申し上ぐ。宮址は今の飛鳥村飛鳥寺跡の北方。かくして落ちつくところへ落ちついたのである。

憶えばこの壬申の乱は日本三千年史上の不祥事である。史巻を掩うて感慨無量のものがある。しかしかく大勢が然らしめたのである。しかして弘文、天武両帝はその時代に相対立していた二つの大きな勢力の頂点に立っておられたのである。そしてそのいずれかが倒れなければ完全なる統一は難しかったのである。丁度円が完全なるためには中心点が一つでなければならないが如く。我らはここに一元論の真なるを見る。かくて天皇の御親政一〇年間は律令制度の改正、歴史の編纂などの諸事業あり、また天智帝の施政の一大方針であった氏族政廃止を変改してやや旧にかえり八姓を制定して民意を迎えた（氏族制の廃止は豪族の等しく反対するところであったから)。これは甚だ遺憾なことで、こうしたことがやがて藤原氏を隆盛に導く導火となったかとも思われる。が当時の民としては大体満足であったらしく最下級の人たちに至るまで安穏な日を送ることが出来、三千年史上、農民の最も恵まれた時代のように思われる。しかしかくして完成せられた制度のために庶民は全く抜き差しならぬ地位に立ち、次の極端な労働経済時代たる奈良朝に至って、また悲惨のどん底に落とされてしまう。奈良朝時代における中流以下の生活が如何に悲惨であったかは山上憶良の「貧窮問答の歌」(巻五—八九二)あるいは「老いたる身に病を重ねまた児等を思ふ歌」(巻五—八九七~九〇三)などによりその一端を覗うことが出来る。さて天武天皇即位の後は、外寇の事もなく、行幸の事も少なく、一意 政《まつりごと》にはげみ給い世は自ら平和で常に切実な大御心にわたらせらるる一面或は朗かな御心を拝せらるるようになった。

我が里に大雪降れり大原の古りにし里に降らまくは後《のち》 (巻二—一〇三)

これは御製である。題に「天皇藤原夫人に賜へる歌」とある。ここに藤原夫人とは鎌足の子五百重娘《いおえのいらつめ》のことであろう。新田部皇子の御母である。

「降らまく」の「…まく」は「む」の延言である。意味は明瞭、極めて朗らかな歌である。つまり「我が飛鳥の里には大雪が降った。お前の居る大原のちっぽけな古くさい府へ降ってゆくのは後のことであろう」。その中には雪に対する子供らしい喜び、婦人に対する深い愛、そして「どんなもんだい」というような誇らしさ。いかにもユーモアに富んだ歌である。読んでいて微笑せざるを得ない歌である。しかも極めて快い微笑である。これは後世における狂歌などと全然趣を異にした面白味である。「紫に匂へる妹を」

の歌や「み吉野の耳我《みみが》の嶺に……」のあの沈痛な歌に比してなんという相違であろう。全く天皇万歳と心から頌和《しょうわ》申し上げたい気持ちにかられる。

これに対する婦人の歌がまた面白い。

わが岡の龗神《おかみ》に言ひて降らしめし雪の摧《くだ》けし其処に散りけむ　（巻二―一〇四）

龗神は雨や雪を降らしめる神である。意味は「私の居ます村の丘の龗神に言いつけて降らした雪の一部分《ひとかけら》が都の方にも降ったのでございましょう」というのであろう。で右の言葉の中には「まあ何と仰います。雪はこちらの方が本家でございますよ。そちらはほんの少し降っただけでしょう。それを大雪が降った自慢なさいまして……」といういかにも女らしい機智が含まれている。しかも極めて素樸な歌ぶりである。技巧というものがない。これを清少納言の逸話「香爐峯の雪」との皇后の御言葉に対して、無言のまま簾をかかげたという才女ぶりに比してそこに自らなる違った趣を見る。満ちあふれた生命を見る。平安無事にして諸事至れりというような時代の機智には理智的な冷たさとデリケートな感情の動きを見る。これは単に機智のみの問題でない。

天皇は更に一つの御製が万葉集に残されている。

よき人のよしとよく見てよしと言ひし吉野よく見よよき人よく見　（巻一―二七）

がそれである。紀に八年五月吉野に幸し給うとあるが、八年ではなくて七年だろうと思う（紀は舎人皇子の編まれたもので、弘文天皇の即位を認めず、壬申の年すでに天武帝にありとするが故に。しかし『薬師寺擦銘』によれば、天皇は翌癸酉の年即位せられたらしい）。

世はよく治まり、天皇御得意の時である。巧みな頭韻法によって「よ」を重ね極めて明るい誇らしい歌である。この行幸は皇后以下、草壁、大津、高市、河島、忍壁《おさかべ》、施基《しき》の諸皇子を従え給いて、天皇の最も本懐とせられた行幸である。右の歌の生まれたことまた当然と申し上ぐべく、その中にまた自らなる品格を見る。これを巻八に出ている家持の

秋の野に咲ける秋萩秋風に靡ける上に秋の露置けり　（巻八―一五九七）

という頭韻法を踏んだ歌に比するに遙かに立ち勝っている。後者が何故かく見劣りするか。それは一つに文字の技巧が勝ちすぎている（そのために軽薄な感じがする）。二に前者は帝王の作。後者は修行未だ至らざる臣下の歌そこに自らなる品格の高下が然らしむるとも見ることが出来よう。しかして天平時代の太平は大宮人をして繊弱に且つ遊戯的ならしめ、僅か六十余年の月日は前者の歌を後者まで墜落せしめ、上代においては歌は生命の発露であり、生命の切実な吐露が歌として詠嘆されたのであったが、ようやく遊戯的技巧的になるに及んで庶民の社会を離れ、一つの翫弄物として、長袖者流の徒然を慰める対象となり、極めて不経済的な存在たるに過ぎなくなった。

思え！和歌が万民の共有物であった時代を、そして生命の吐露であり、生活の断面であった時代を。だが歴史は繰り返す。今や再び歌壇にも「和歌即ち生活歌」が高唱されるに至った。けれども社会は先年の単純さではない。

（「丹壺」第一巻五号　重田堅一編集発行　昭和六年）

丹壺

第一巻六号（昭和六年七月）

島の春

1　春は南風と共に

春は南風と共に来る。桜を咲かせるのは必ず、南風を伴うた豪雨だ。島ではこれを春一番という。春一番が来ると、物みなは蘇ったように活気づく。冬芽はその固い鎧をやぶり、芽麦はスイスイと伸び始める。島の八十八ヶ所をまわる順礼の群が毎日のように麦田の中の細道を行く。

花のうわさ。金比羅船。七ヶ所船。そうしたものが人々の心を浮き立たせている中に、春はいつか深くなって行く。そして田の畦に杉葉が青々と伸び、麦が穂を出す頃になると、人々は驚いたように空を仰ぐ。かすみが消えた濃藍の空をさわやかに燕がわたる。

2　散　歩

私は病める身体をいたわりながら、この春の光を十分に浴びるために毎日外へ出た。日一日伸びてゆくすべてのもののすばらしい生命の力に、感激を覚えながら歩いて行くとき、私は私の病身であることを全く忘れる。

そして七年も住んでいた大阪の方のことを思い出してみるのである。ここにはあの大阪平野のような広潤さはない。いくつものゆるやかな丘陵の起伏した、和泉の方の山の手の、あのゆったりとしたところもない。僅かの平地から、山のてっぺんまで、その痩せた山肌を拓いた段々畑が、世知辛い生活を思わせて、私の前に控えている。そしてそこに孜々として働く辛抱強い村の人たちを見る。

3　物の音

村にはあの都会のような騒音は一つもない。北風が吹けば波の音が、陰鬱を思わせるくらいのもので、ジッと二階の部屋に据わっていると、前の椎森を鳴らす風の音、遠田に鳴く蛙の声、昼深い晴れた日であれば、森の奥で鳩が鳴くくらいのもの。それもどうかするとバッタリ止んでシンとする。殊に夕方などは滅入ってしまうような静けさである。そんな時、沖の方の夕闇の中で櫓の音でもすると、私はホッと救われたような気がする。

夜が深く深く暗黒の中に沈潜すると、その暗黒の声のようにオケラが鳴く。ランプの芯をかきたてながら聞いていると、芯の燃える静かな音と、オケラの声が交錯して、さすがに夜の深いことを思わせる。その時私はジッと夜に甘えたい心持ちになる。そして夜更かしする。それが身体に悪いことである。しかし眠れないのである。一時になり二時のうつのを聞くことがある。静寂は騒々しさ以上に私の心を強く刺戟する。

4 寺

気が向くと私は寺へ行く。寺は村に二つある。そのどちらの僧侶をも知っているので、足が向くと高い石段を登るのである。殊に山麓にある寺は、禅寺で気持ちがよい。見晴らしのよい境内から見ると、西に嵩山《だけ》がゆったりとそびえている。山は高くないが、実に感じのいい山姿である。こんな山をトロイデーというのであろう。新火山岩から成る。豊満な女の乳房を思わせる山である。

北は岩国灘をへだてて、遠く中国地の山々を望むことが出来る。そして時には、あの中国地の海岸を走っている山陽線の汽車の煙が見えることがある。

僧は物静かな人で、ほの暗い座敷で、やり水の音を聞きながら、私はそこでよく数時間を過ごすことがある。庫裡の西側は竹藪で、折々吹き過ぎる風が、ささやくように、また衣ずれの音のように、あの葉をなぶる。

この寺の下の方にあるもう一つの寺は浄土宗で、そこには立派な梵鐘がある。このあたりの寺の梵鐘は文久年間、下関における外艦砲撃の際、取り上げられてしまったのであるが、この寺のものだけはどうした訳かそのままにされた。天明二年の銘があるから、そう古いものではないが、実にいい余韻を持つ名鐘である。

梵鐘を非常に愛された長塚節先生にこの鐘を見せたら、何と言われただろう。

手をあてゝ鐘は尊き冷たさに
　つめたゝき聞くそのかそけきを

という、先生のあの観世音寺梵鐘の歌を思い出しながら、何度も爪で叩いてみた。

5　浮島

家の沖には島が多い。その中に新宮島《しんぐうじま》だの、生島だのいう、花崗岩や片磨石のゴツゴツした島もあるが、多くは新火山岩のやわらかな円味を見せた島である。我島《わがしま》、前小島、中小島、乙小島《おつこじま》、浮島《うかしま》、ハンド島などの島々がそれで、それらが重なりあって春先の静かな海に眠っている。

私は四月の初め、近所の人に連れられて浮島へ行った。浮島は周囲二里もある火山岩と花崗岩から成る島で、そこの景色は全くすばらしいものである。島の南岸から北岸へ出るために、峠を越えた時の印象は、恐らく一生消えないであろう。島には桃が多くて、桃が盛りだった。この島では桃と桜が同時に咲く。私は峠の上で美しくかつ雄大な景色に見とれながら、谷底の方で鳴いている鶯の声を聞いた。島の小学校はこの峠の近くにある。高さにして五百尺近くあろう。子供たちは毎日嶮しい山路を、島の南から北から西から登って来るのである。

峠を北に越えるとうねうねとした道が長い。その道からは広い海に浮かぶ、柱島《はしらじま》、端島《はしわじま》、黒神《くろかみ》〔髪〕島《じま》、江田島、能美島《のうみじま》、倉橋島、黒島、頭島《かしらじま》、牡牛島、情島などの島々が見える。広島湾は全く一望の中にある。

6　子供の春

春はまた子供たちの世界である。れんげが咲くと、子供たちは野辺をあこがれる。土筆《つくし》が頭をもたげると池の堤はよい子供の遊び場になる。わらび、いたどり、芽花は皆子供を喜ばせる。いたどりや酸葉《すいば》のあの酸っぱい舌の感触は、素朴で単純な子供たちの舌に快感を与える。芽花の穂に出ない中はまた、地味な味のあるもので、夕方になると子供たちは野の方からひと抱えもとって、意気揚々と帰ってくる。

7　逝く春

しかし、そうした春が深くなって、オケラが鳴き、蛙が鳴き、椎森の若葉が力強く盛り上がってくると、野は深い緑に変わって私たちを威圧する。もし、あの野の中に黄色になる麦がなかったら、野の緑は私たちに死を強要するかもしれない。それほど、あの緑は深い圧迫的な生命を持っている。

人々は、この緑が深まると共に忙しくなって行く。蚕が、麦秋が、田植が次から次へと待っている。

8　むすび

島の春は、忙しくかつ貧乏に働く人々のために、あるゆとりと、慰安とを与えるときである。

――そして皆さん、夏になったら海水浴にきわめてよいところである。遊びにおいでなさい。と今からご案内申しておきます。――

（「丹壺」第一巻六号　重田堅一編集発行　昭和六年七月）

丹壺

第一號

「丹壺」第二巻一号〈扉〉昭和六年十月

民謡と農民生活　―万葉集民謡と諸国盆踊歌

大和時代と徳川時代とを比較してみると、日本の諸制度、文化には著しい発展の跡を見ることができる。しかして多くの人はこれを信じて疑わないのである。がしかし、それは記録に表れたところであって、記録を持たぬ、したがって歴史を持たぬ最下層階級においては、依然として、大和時代も徳川時代も大した相違のない生活があったのである。

最下層階級即ち農民は、かの大和朝より、徳川時代、否昭和の現代まで依然として被搾取の生活を一歩も出ていないのである。然らば、何故に彼らの生活には進展がなかったのであるか？　曰く、第一に彼らの生業たる農業に一千余年の永きに亘って革命のなかったこと、第二に彼らは被搾取者であったこと、第三に彼らの有する優れたる文化はやがて上流階級に奪われたことなどであろう。

日本の農業が一千年以前と以後とにおいて殆ど進歩を見なかったのは、まず同一反別における米の生産量を見れば判る。一千年以前に行われていた農具と、徳川時代に行われていた農具とを比較すれば判る。村に残っている制度と、奈良時代文献に現れた諸制度と比較してみても判る。憶良が

かまどには　煙《ほけ》吹き立てず　甑《こしき》には　蜘蛛の巣かきて　飯《いひ》かしぐ　ことも忘れて　ぬえどりの　咽《のど》よびをるに　いとのきて　短きものを　端《はし》截《き》ると　言へるが如く　刑杖《しもと》取る　里長《さとおさ》が声は　ねやどま

で　来立ち呼《よば》ひぬ……（巻五―八九二・貧窮問答歌）

とうたえる農民の生活には依然として徳川時代にも

「百姓は年中辛苦して作出したるものを残らず年貢にとられ、その上にさへたらずして、未進となれば催促をつけられ、妻子をうらせ、田畠山林牛馬までをも売らせて、取らるれば、其の百姓、家を破りて流浪し、行方なきものは乞食となり、たま〳〵村里にはさまり居といへども凶年には餓死をまぬがれず……」（『集義外書』熊沢蕃山、宝永六（一七〇九）年）

「百姓と言者、牛馬に等しき辛き政に、重き賦税をかけられ、ひどき課役をあてらるといへど、更に言事ならず、是が為に身代を潰し、妻子を売り、或は疵を蒙り命を失ふ事限りなしといへど、不断罵詈《ばり》打擲《ちょうちゃく》に逢ふて生を過す。いか様の非道をしても、官人となれば、一俵の米を取っても君風に誇り、民家へ出ては能く百姓を睨むに、かゝむのみや。……たとへば牛馬に重荷を負ふせて打たゝき、つまづけば猶怒つて大鞭し、この畜生めと罵るが如し、言事なく泣く事なし。百姓相同じ」（『民間省要』田中丘隅、享保六（一七二一）年）

というような有様で、悲惨は生まれ落ちた日より、死に至る日まで、彼らにつきまとうたのであった。これではどうしてその生活に進歩発展があり得よう。彼らはこの重苦しい上流階級の圧迫に対して時に反抗を続けたのではあったが遂にその目的は達せられなかった。平和であるべき十方里ばかりの小島である私の郷里すらが、鎌倉時代より幕末までに、三回の百姓一揆（記録にあるものだけ）をやっている。明治維新も長州人から見れば大きな百姓一揆たるの性質を有している。なお百姓一揆を日本全国から見れば、徳川時代だけでも実に五七四件の多数にのぼっており、さらに徳川以前の土一揆をも加算すれば、封建時代に行われたこれら農民騒動は少なくも一千件を下らないであろう。しかしてこれらの騒動はその一つ一つから見ればいずれも百姓の勝利に帰しているが、全体から見れば依然その卑屈なる生活から脱する事は出来なかった。彼らの騒動は社会革命のためではなかった。一時の苦痛から逃れたかったのである。永遠を計らなかったのである。それほど彼らは無知であり善良であった。そして搾取されるためにのみ生きたのである。しかして彼らの持つ優れたる芸術すらが多くは上流階級者に奪われている。各地に発達した風俗歌はやがて宮廷のものとなり、雑芸も何時か宮中に入り、ついには後白河法皇により『梁塵秘抄』として勅撰せられている。その他猿曲が宴曲となり、田歌田舞として民間に行われた田楽が、やがては都人士の娯楽対象となっている。

徳川時代に入っても依然彼らの手から、その良き芸術は奪われている。しかして彼らの娯楽機関にすらもひどい圧迫を加えられている。一例を言えば防長二州において、盆踊に三味線を加えることを許されていたのは、下関と小松（大島郡）の二ヶ所のみであった。また旅芝居の興行の許されていたのは広島以西で宮島、小松、平生《ひらお》、下関くらいのものである。

かくの如き有様であるから、大和時代の農民生活から徳川時代のそれに至るまで、ほとんど進展のなかったのはまた当然である。されば徳川時代の農民芸術の最高を占めている盆踊歌の歌詞の内容と、万葉集における東歌などとの間において、幾多の共通点を見出し得るのもまた当然である。一体東歌は唄われたものであった。労働歌としてまた酒宴歌として。盆踊歌またそうした性質を有するものである。したがって両者とも口語歌である。口語歌であるということは、歌の中からドッシリした落ち着きや雄大さを求めることは難しいが、その反面において可憐な、素朴な純真さを持つものである。すなわち野趣に富んでいる。これは一つは作者が野人である関係が大きいのでもあるが……。

「浅間よりの小鳥が露にしょぼろ濡れたやうな、ゆらゆらと苗をとる、露にぬれたよな」

この歌を唄っていると、雨雲が低く垂れ下がって、暗い五月の小山田に朝まだき稲の苗をとっている女の姿を思い出す。「しょぼろ濡れたような小鳥」こそ、黙々として働くシットリとして暗い空気の中の女を譬喩《ひゆ》した適言であろう。

さまの寝姿今朝こそ見たれ、五月《サツキ》野に咲く百合の花　（山城）

稲は刈りとる穂に穂が咲いてどこに寝さしよぞ親二人　（山城）

人はけなりや雨手に花を、わしも片手に花ほしや　（丹後）

これらはまた如何にも可憐である。これらがうたわれたのは、だいたい寛政以後であったろうが、これを当時の和歌俳諧に比較してみるがいい。その芸術的香気は勝るとも劣るものではあるまい。卑俗な中にも純真がある。むずかしい言葉の羅列が必ずしも優れたる文学ではない。

さて私は先に、盆踊歌が東歌に相通ずる点の多いことを言った。次にその例を示してみよう。

浅香山かや山の井の人の心の底見ゆる　（美濃）

これは万葉集一六の

安積香《あさか》山影さへ見ゆる山の井の浅き心を吾が思はなくに　（巻一六―三八〇七）

からきている事は一読して判る。無論その意は全然相違している。ただ言葉を借りたまでである。

同じような内容をうたったものには

こなた思へば野面《のもせ》も山も藪も林も知らで来た　（山城）

下毛野安蘇《しもつけのあそ》の河原よ石踏まず空ゆと来ぬよ汝《な》が心告《の》れ　（巻一四―三四二五）

（歌の意――安蘇川原の石を踏むのさえ夢心地で来た。それほどお前を思うている。お前は本心を言ってくれ）

ござる〳〵と浮名を立てゝ、さまは松風音ばかり　（播磨）

夕占《け》にも今夜《こよひ》と告らろ我が夫《つま》は何《あぜ》ぞも今夜依《よ》しろ来まさぬ　（巻一四―三四六九）

（歌の意――夕占をしてみると、今夜来るということであったが、我が夫は今夜も来ない。どうしておいでにならないのだろうか）

などがある。そのうたい方は万葉集の方がはるかに素朴でしかも切実である。がこれは一つはその調子にもよる。盆踊歌はほとんど七七七五の一般民謡調で、終止句が五であるために軽くなっている。これは五で始まる和歌調とはまったく反対である。

なおまた詠まれた情景が相似たものを見ると

なさけないぞや今朝立つ霧は、かへる姿を見せもせで　（大和）

汝兄《なせ》の子や等里《とり》の岡道《おかぢ》し半折《なかだお》れ吾を哭《ね》し泣くよ息衝《つ》くまでに　（巻一四―三四五八）

（歌の意――夫の君よ、あなたが鳥の岡道をまがって見えずなったものだから私は悲しさのあまり声をあげて泣きましたよ）

来るか〳〵と川下見ればいぶきよもぎのかげばかり　（相模）

彼の児ろとねずやなりなむはた薄《すすき》裏野《うらの》の山に月片寄るも　（巻一四―三五六五）

（歌の意――待っている人はいつまでも来てくれない。とうとう二人で寝る間もなくて、夜が明けるのではないかしら。裏野の山に月が傾いた）

右の中の「なさけないぞや」の歌は大永年間に編纂された『閑吟集』に出ている

後影を　見んとすれば、霧がのう　朝霧が　（閑吟集―一六七）

というきわめて印象的な歌から発達したものである。しかしてこの歌は室町時代には特によくうたわれたようである。

少し方向の変わったところを見ると

さまよ〳〵とこがれて来たに、さまはおしかよ物言はぬ　（讃岐）

相思《あいおも》はぬ人を思ふは大寺の餓鬼のしりへに額《ぬか》づく如し　（巻四―六〇八）

の対峙は実におもしろい。かくの如く相似たる歌をあげて行けば実に果てしがない。これは実に一千年以前と徳川時代との農民の生活様式があまり相違していないためと思う。ただ盆踊歌は内容がとにかく概念的で平板になりやすい。印象的なところが少ない。が同時にまた一面調子がよく整うている。

やたをたゝいて手に豆を七つ、晩に殿御とねてかたろ　（伊勢）

稲つけばかゞる吾が手を今宵もか殿の若子《わくご》がとりてなげかむ　（巻一四―三四五九）

この二つを見てもたしかに前者の方が口調がいい。官能的でもある。が後者のようなしみじみとしたところがない。

しかし

思ひなほしはないかよさまよ、鳥は古巣へかへらぬか　（大和）

朝は朝星夜は又夜星昼はのばたの水をくむ　（和泉）

つまは北国まだ帰らぬか、文をやりたやかへる雁　（上総）

みすじふろ谷《がや》朝寒ござる、こたつやりましよ炭そへて　（讃岐）

思ふか、つま、思はぬか、思やこそ、田甫《たんぼ》越し、一人夜来る　（相模）

などにおいて見る牧歌的な詩趣は、立派な芸術としての価値を物語ると思うのである。

さてこれらの歌は単に盆踊歌としてのみでなく、労働歌としてもうたわれていたようである。徳川時代以前の百姓にとって、歌うことは実に、恋愛に次ぐ、彼らの重要にして意義のある生活であった。搾取されるための労働、苦痛そのものの如き労働を、幾分でも楽にするのがこの労働歌である。しかして労働歌はその多くが一様にある哀調を帯びている。その哀調が平板にして説明的に見える歌詞を、可憐なものに聞かしてくれる。

盆踊歌曲も中にはきわめて明るいものもあるが、大体に労働歌と同じようなリズムとテンポを持つものが多い。これは彼らの生活を考えてみるとき、すぐ肯定できることである。

かくの如く彼らはうたった。彼らの恋をうたった。苦しい生活の中にあって、ただ一つ美しく情熱的なるもの——即ち恋。恋とその恋をうたう事を除いた外に、どこに彼ら自身の生活があっただろう。無論彼らの恋は恋愛即交媾《こうごう》であった。道徳学者が男女間の道徳を説いている頃、彼らは芋畑の中で、菜の花畑の中で、月を仰ぎながら、ささやきかつ歌っていた。どこの村にも歌垣に類する集会が年に一回や二回はあった。

飲みやれ唄やれさきの世は闇よ、今は半ばの花ざかり　（能登）

この現実主義こそ彼ら自身にとっての生活のすべてではなかっただろうか。されば後世《ごせ》を祈る仏教も

死んで又来る釈迦の身が欲しや、死んで見しょものつらあてに　（越中）

といったように、若い者にとっては何ら価値のないものであった。

彼らはあまりにもその支配者のための生活に窮々としていなければならなかった。いくら働いてもそれが彼らの前途に希望を持たせるようなことはなかった。結局墓穴へ入る日がより早く来るだけのものであった。でも彼らは働き屈従することを余儀なくさせられた。夏目漱石をして、「下卑で、浅薄で、迷信が強くて、無邪気で、狡猾で、無欲で、強欲で」※想像に難からしめたのが土に生きる百姓の生活である。だから極度な屈従生活をしつつも、彼らはその支配の立場にあったものの死に対して

金の威光の太平顔も、きのふかぎりのさんづ川　（伯耆）

とやっつけている。小主観的反抗とでも言うべきか。

かくて大和時代より徳川時代に至る百姓生活は、その恵まれざる生活に後世《こうせい》に至るほどますます支配権の圧迫が強く加わっただけで、他に相違するところはほとんどなかったと言っていい。

檀越《だんおち》や然もな言ひそ里長《さとおさ》が課役《えつき》徴《はた》らば汝《なれ》しも泣かむ　（巻一六—三八四七）

（歌の意——檀那よ、そう言いなさるな。村長に課役せしめられたなら、苦しさのために泣かねばならぬであろう）

無論大和時代にも右の歌で推し量られるような生活があったのではある。

貧乏な小作人の常として彼等は何時でも恐怖心に襲はれて居る。殊にその地主を憚る事は尋常ではない。さうして自分の作り来った土地は死んでも囓り附いて居たい程それを惜しむのである。……彼等は到底その土に苦しみ通さねばならぬ運命を持って居るのである。（小説『土』）

という長塚節の言葉こそ実に聞くべき言葉だと思う。この故に恋愛はその最も華々しい意義ある生活であり、唄うことはまた恋愛に次ぐ貴い生活となったのである。かくて民謡は読む芸術であるとともに聞く芸術として、より高く買っていいと思うのである。そこには野趣的な純真を持ちつつ、その唄えるを聞けば、言いしれぬ寂しさに引き入られる——いわば芸術至上の一境地さびに達せるものとして。しかして我々は、無知ながら、自然とたたかい、階級とたたかう農民の、悲惨にして崇高なる姿を胸に描き得るのである。最後に言う、民謡こそはその支配者に対して絶対服従を強いられた農民が僅かに叫ぶことを許された唯一の声である、と。

——余談ながら俳人一茶の生活も農民一茶としてその芸術を再吟味してみる必要はなかろうか？　民謡と一茶の俳句!?　そこには相通ずる何物かがありはしないか？　農民生活と一茶の性格!!　そこにも何らかの共通点がありはしないか？　一茶のひがみ！　それは継母による原因のみであろうか？　一茶と労働歌をうたい続けて死んでいった農民!!

かくて一茶は再吟味さるべきであると私は思うのである。彼の性格、俳句の特異性は決して彼の天才のみの然らしむるものではあるまい。

註　（　）内の国名はその民謡の行われている地方、巻数は万葉集の巻数を示す。ただし民謡は『山家鳥虫歌』（別名諸国盆踊歌）その他による。いずれも徳川時代に行われたもの。

（「丹壺」第二巻一号　重田堅一編集発行　昭和六年十月）

〔編註〕　夏目漱石「『土』に就て―長塚節著『土』序―」（漱石全集一一巻、岩波書店）

丹壺

第二巻二号（昭和七年一月）

人麿と芭蕉

広い広い原野である。雑草が生い茂って、ところどころには天を摩する巨木が黙りっこく、青い空へ突っ立っている。かげろうが静かに燃え、仄かに霞む彼方に、淡く山脈が連なっている。この広々とした原野は誰のものでもない。天帝のものである。自然それ自身のものである。

今この原野に—処女地に男が静かに鋤を打ち込んで行く。斧を入れて行く。丁々たる伐木の音が森閑とした天地にひびく。

そこには規約もなければ制限もない。原始そのままがある。のびのびとした世界がある。

× × ×

戦国の世と言えば極端なる暴力主義時代である。暴力主義者が充満している。これを征服するものはより強大なる暴力者でなければならぬ。徳川家康はその最後の一人であった。彼は剣によってついに日本を統一した。そして剣によってやがては滅ぼされて行くであろう子孫のことを思うて慄然とした。そこで武にかうるに文を以てした。

ここにおける彼の文は、彼の子孫の安泰を計るための文であった。武士道が暴力主義者間における一種の規約として発生せる変態的道徳であった如く、暴力者抑圧、否去勢のために生まれたる文による新道徳は、大義名分を名としたる、極端なる階級的な自由を束縛した。いわゆる朱子学派儒教道徳であった。されば被支配者階級は己のうめき声をすらもあげ得ない境遇におかれたのである。そこには卑屈とゆがんだ諦めがある。

× × ×

人麿は前者の世界に生き、芭蕉は後者の世界に喘いだ人である。しかして両者が深く自然に帰依し、旅を栖《すみか》としたことにおいて軌を一にする。

× × ×

「月日は百代の過客にして、行かふ年も又旅人也、舟の上に生涯を浮べ、馬の口とらへて、老をむかふるものは、日々旅にして旅を栖とす。古人も多く旅に死せるあり」と芭蕉は『奥の細道』の冒頭においてこう述懐している。「前途三千里のおもひ胸にふさがりて、幻のちまたに離別の泪をそゝぐ」彼であり、

野ざらしを心に風のしむ身かな　（甲子吟行）

となげきつつ、ついに旅を捨て得ない彼であった。なぜに彼はかくまで旅を恋い、旅を思うたのであろうか?

―行き詰まった人の世、どうにもならないほど動きのとれない平民の社会、その中にあって大望を抱いた一インテリゲンチャの彼が、ついに社会的に志を得ずして逃避した世界。それが自然であり、旅であったのだと思う。

彼がその郷里伊賀を出奔したのも、その大いなる野心からであったと言う。彼の頭の中には大学者の姿

があったろう、一世を掩う名声があったろう、高位高祿があったろう。しかしながら人が一度ルンペンの世界へ落ちたらもう再び浮かび上がれない現代社会と同じく、一度平民社会へ落ちのびた彼に、より立派な地位と栄誉とを与えるべく、当時の社会もまた酷であった。それほどその頃の世界は制約され、束縛されていたのである。そうした社会での成功を計るためにはモウパッサンのベラミに見るような虚偽とへつらいとが必要だった。小才のきいた道化役者こそ将来有望なる人間であった。がしかし芭蕉のような生真面目な田漢にそれが出来たであろうか。彼のうちに芽ぐむ反抗的な気持ちは、権者にへつらうそれらの人びとの姿を、如何に腹立たしいものに思わせたであろう。

いつしか俳諧の道に深くなっていった彼が、なおその俳諧を職にして食うて行こうとしなかったのは、当時の社会の弊を最も多く蔵していた俳諧宗匠の生活に唾棄を感じていたからであろうと思う。

彼は玉川上水道〔小石川水道〕の工事の土方をしたことすらあるという。しかしながら彼の態度がその社会に対して頑固である限り、社会もまた彼の名利心を遂げさせようとはしなかったであろう。かくてついに彼は世に絶望を感じた。彼はその社会に克服されるべくあまりに頑なであり、社会を克服すべくあまりに力がなさすぎた。そうして彼は自然の懐へ逃れたのである。だがまだ名利を願う心はその後も仄かに残っていたようである。

千里に旅立《たびだち》て路粮《みちかて》をつゝまず、三更月下無何入《さんこうげっかむかにいる》といひけむ、むかしの人の杖にすがりて、貞享甲子《きのえね》秋八月、江上の破屋《はおく》をつゞる程、風の声そゞろさむ気《け》なり。

という甲子吟行〔野ざらし紀行〕冒頭の文に私は仄かにそれを感ずる。如何にも悟りきったような言葉の中に、すなわち「三更月下無何に入る」という言葉の中にかすかなる現在棲息《せいそく》の社会への愛着の心が浮かんでいると思うのである。三更月下無何に入る、とことわってみなければならないその心。

× × ×

その点人麿は恵まれていた。無論彼の生きたもう一歩下の世界には、酷使と圧制とに悩む奴隷の世界がありはしたが、彼自身の生活は、彼の生きた世界は、少なくも芭蕉の生きた世界よりものびのびしていた。彼の生きた世界では、好きな女を思う存分愛することを許されていた。義理という首かせのために苦しむこともなかった。徳川時代よりもはるかにのびのびとしていた。彼はその愛妻を失って嘆いた歌〔巻二—二〇七〕の中で、女を度々訪れ得なかったことをかこっているが、「止《や》まず行かば人目を多み、まねく行かば人知りぬべみ」世間態を憚ってのことで、誠に花恥かしい中だったのである。だから人行き交う軽の市の巻に立って「妹が名呼びて、袖ぞ振りつる」ほど彼の恋はナイーブで純情だったのである。そして彼のような多角的恋愛が許されていたのである。
が芭蕉の生きた世界では、その美しく純情なる愛すら法度《はっと》だった。近松はそうした桎梏《しっこく》の中にあって苦しい恋心に悩み死して行く人たちのために、あたたかい眼で愛撫し、いくつもの詩を書いてくれた。

いま人麿の歌と、近松の浄瑠璃とを比較するとき、そこに大きな世の隔たりを感ずる。そして人麿の恋に対してはあるほほえましさと満足を覚え、近松描くの恋に対してはゆがめられた世、せせこましい世に生きる純情、弱さに同情し、泣かされるのである。

こうした時代の相違が人麿と芭蕉とを、それぞれに色づけている。

× × ×

さゝが葉はみやまもさやにさやげども、我は妹おもふ別れ来ぬれば　（巻二―一三三）

野ざらしを心に風のしむ身かな　（甲子吟行）

前者には別れたる者へのうずくような愛着が見え、後者には自己を放下し去った寂然がある。

妻《つま》もあらば摘みて食《た》げまし佐美の山、野の上のうはぎ《嫁菜》すぎにけらずや　（巻二―二二一）

猿をきく人捨子にあきのかぜいかに

いかにぞや、汝ちゝににくまれたるか。母にうとまれたるか。父はなんぢを悪むにあらじ。母は汝をうとむにあらじ。唯是天にして、汝が性《さが》のつたなきをなけ　（甲子吟行）

前者は人麿が讃岐のさみの島の磯で死人を見たときの歌であり、後者は甲子吟行において見る捨子の賦である。前者にはあたたかい現実肯定があり、後者には虚無的な諦観がある。現実否定がある。しかもなお芭蕉は「袂より喰物をなげてとほる」ほどつつみきれない現実肯定を持っていた。

足曳の山河の端〔瀬〕のなるなへに弓月が嶽に雲たちわたる　（巻七―一〇八八）

荒海や佐渡に横たふ天の河　（奥の細道）

一の動、一の静。一の赫灼《かくしゃく》、一の荒寥《こうりょう》。

秋山に散らふもみぢ葉しましくはな散り乱《まが》ひそ妹があたり見む　（巻二―一三七）

深川や芭蕉を富士に預け行　（甲子吟行）

一のなげき、一の酒脱たるや常に閑寂をともなっていた。

てふの羽の幾度《いくたび》こえる塀のやね　（句選拾遺）
春雨や蓬《よもぎ》をのばす草の道　（草の道）
枯芝やや、かげらふの一二寸　（笈の小文）
山路来て何やらゆかしすみれ草　（甲子吟行）
うき我をさびしがらせよ閑子鳥　（嵯峨日記）

この閑寂。洒脱。しかして、

閑さや岩にしみ入る蟬の声　（奥の細道）

に至って、閑寂はその極致に達している。人麿も、赤人も、定家も西行も、およびつくことの出来ない世界。解脱《げだつ》し、大自然に帰依し、深き鍛錬の道を歩み続けてこそ、初めて至り得る世界である。

もともと芭蕉はその性質の中に多分の物静かさと、寂しさを持っていたのであろう。それがまた一つには騒々しい元禄の風潮の外に立たしめたのでもあろう。

が一方、人麿には芭蕉に見られぬ熱情の奔放があった。この熱情の奔放こそは、現実肯定者においてのみ見られるところである。彼の高市皇子の城上《きのへ》の殯宮《あらきのみや》のときの歌〔巻二―一九九〕における、壮重雄勁は到底芭蕉に見ることは出来ない。そしてまた、石見国より妻に別れて上り来るときの歌〔巻二―一三二〕の「……玉藻なす　寄りねし妹を　露霜の　おきてし来れば　この道の　八十隈《やそくま》毎に　萬《よろづ》たび　かへりみすれど　いや遠に　里はさかりぬ　いや高に　山も越え来ぬ　夏草の　思ひしなえて　偲ぶらむ　妹が門見む　なびけこの山」という情熱の爆発、それから来る強い表現、それは到底芭蕉に見ることの出来ないところである。人麿はあくまで現実礼讃者である。赤裸々に言い、自己を対象へぶち込んで行く、当時の思想代表者である。

夏野ゆく小牡鹿《をじか》の角のつかの間も妹が心を忘れて思へや　（巻四―五〇二）

織衣《たまぎぬ》のさゐさゐ鎮《しづ》み家の妹にもの言はず来にて思ひかねつも　（巻四―五〇三）

淡路の野島《のしま》の嵜の濱風に妹が結べる紐吹きかへす　（巻三―二五一）

とその恋心を真っ向からぶちまける人である。が芭蕉は己をつつむ人である。容易にその人間性を見せようとはしない人である。そしてひたすらに自己を放下し、虚しくして、幽遠哀寂の世界に至ろうとした。したがってそこに表れた人間性は、そうした一面を反映している。一例をあぐれば、つんぼである杉風《さんぷう》のために同門へつんぼなる言葉を封じ、また癩《らい》を病む許六にはたえてそのことを言わなかったという。これは彼が如何に苦労人であったかを物語るものである。己を虚しくし得てこそとり得る態度である。しかし、

草の戸も住み替る世ぞひなの家　（奥の細道）

において、彼の本性を見る。が彼はこうしたひそかなる温情を持ちつつ、一方では、

この道や行く人なしに秋の暮　（其便）

と永遠の孤独にたたずみ続けている。

彼は元禄の社会風潮に弓をひいた。近松の温情も、西鶴の怜悧も、その中にかすかなる現実否定を認めはするが、彼等自身は、身を市井の外へ置こうとはしなかった。が芭蕉は元禄の社会を捨てた人である。したがってその門下に集う者も、隠遁的な人間が多かった。だからより人間的な弟子路通《ろつう》のために、彼は

一生を悩まねばならなかった。路通は人間のそなえるすべてのものをそなえていた。虚偽も、へつらいも持っていた。それだけに人間的だった。彼は芭蕉を恐れながら師の偽筆を売り、町人達を相手にして俳諧興行をした。そしてその度に後悔し改悛しつつ、またすぐ邪道へ落ちていったのである。そしてついには出奔した。俗人路通には到底西行能因の真似は出来なかったのである。でもその路通も師の死にあうては、

此度翁遺言の次に余命たのみなしなからん後、路通が怠り努々《ゆめゆめ》うらみなし、かならずしたしみ給へ、その望みおの〳〵聞あへり。今さらくやしさのみぞせんかたなき。やつかれはせめて十四日の法事に参合ぬ。新舗塚の前、樒《しきみ》の花筒あはれに、声もふるひながら、陀羅尼など唱へ、涙おさへて……

と、悲しみかつ悔やんでいる。芭蕉はその路通を他の弟子の手前、一度は勘当した。が、『花屋日記』によれば、その勘当を許して死んでいったのである。かくて芭蕉はおそらく路通に本当の人の姿を見たであろうと思う。その他の弟子はついに彼の忠実なる僕《しもべ》だったにすぎない。そして彼は彼自身の中の複雑なる心を何人にも知られずに死んでいったのであろう。「この道や行く人なしに秋の暮」とは人間芭蕉の嘆きでなくて何であろう。

× × ×

芭蕉も心の中に巣喰う大きな寂しさ。生きとし生ける人間の誰しもがなぐさめてくれない寂しさ。その寂しさを彼は自然に見出した。「こゝにもさびしさが居る」彼は恐らく涙を流してよろこんだに違いない。

よく見れば薺《なづな》花さく垣根かな　（続虚栗《ぞくみなしぐり》）

の「よく見れば」がそれを語っている。

先《ま》たのむ椎の木もあり夏木立　（幻住庵の記）

の「先づたのむ」

くたびれて宿かる頃や藤の花　（卯辰紀行）

の「藤の花」にもそれが見えている。そしてついに「独すむ程面白きはなし」（嵯峨日記）というようになっている。

彼の旅も結局彼の寂しさを主《あるじ》とし、閑けさを主《あるじ》とする心が、彼をそこへ運んだのである。この点から言えば彼は世のすね者である。

その点人麿はそうした自己批判を持つ人ではなかったようである。彼は勇敢なる人生闘争者であった。あるいは宮廷歌人として、あるいは地方官として卑官に甘んじつつ、石見へ、筑紫へその任のまにまに怡々《いい》として旅し、そしてまた、風光乏しき石見をよき妻の住む地なるが故に讃美する彼であった。国家観念の強い、素朴にして明朗な彼であった。

おほ君は神にましませば天雲《あまぐも》のいかつちの上にいほりせるかも　（巻三―二三五）

こうした歌は決して芭蕉に見ることは出来ない。まことに境遇の反映と言い得るであろう。

×　×　×

こうした芭蕉と人麿の詩の本質の相違は、境遇と性格との反映ばかりでなく、なお健康ということも考え合わせてみなければならないであろう。

私の頭に浮かぶ人麿の姿は中背にして、やや痩形の男である。色は黒く、眉は濃い。引き締まった口元。

だがある純情な子供らしさを持った眼。そして健康な人である。それにひきかえて、芭蕉は瘦せがれた病身だった。

髪生《かみはえ》て容顔《ようがん》青し五月雨《さつきあめ》（続虚栗）

これこそ彼の凄惨なる自画像である。彼にはこの鋭い自己解剖がある。そしてまた最もよく彼の姿を物語っているものであろう。私は彼の句の中にこれを発見して驚いたのである。そしてうたれたのである。かくて私は彼の心の奥をホンのチョッピリだけのぞいてきたような気がする。彼は若くから腸を病んでいたようである。その折々の手記にそれが見える。甲子吟行や奥の細道ではそれについての悲壮な言葉がいくつも見出される。「武蔵野出し時、野ざらしを心におもひて旅立ければ——死にもせぬ旅ねの果よあきのくれ」（甲子吟行）と大垣の宿では生きられた事を喜び、飯塚では旅苦のために「持病さへおこりて消入《きえいる》斗《ばかり》になん」（奥の細道）と苦しみつつなお「羈旅辺土の行脚、捨身《しゃしん》無常の観念、道路にしなん是天の命なりと、気力聊とり直し」（奥の細道）て旅を続けている。あるいはまた鼠の関から市振の間九月の旅にも「暑湿の労に神をなやまし」（奥の細道）病をおこしている。

こうした弱い身体を守ることすらが彼には大きな仕事だったであろう。同時にまたこの病身が彼の社会への野心を著しく砕いたのではあるまいか。病と闘うこと、病との戦に勝ち得るものは一世の勇者である。彼はその一人であった。それも髪生えて容顔青き自分をジッと見つめ得ることの出来る端然さがあったからこそこの勝利者たり得たのである。と同時に、常に自己の肉体に絶望を感じていたのであろう。故に私は彼に華々しい恋のあったことを聞かない。もし彼に恋があったとしても強い愛情を努めて内に向け、己の本性を隠そうとする底《てい》の恋であったろう。

一家《ひとつや》に遊女もねたり萩と月　（奥の細道）

まことに淡々たる愛情の発露である。老人が隣家の娘の素直にのびた姿を見た心である。

草まくら旅のやどりに誰が夫《つま》か国忘れたる家待たまくに　（巻三―四二六）

これは人麿が香具山で旅人の死を見てよんだ歌である。「旅で死んだ男よ、お前の帰り忘れた国では、妻が待っているだろうよ」というような意味であろう。私はそこに両者の相違を見る。佐美の島の死人を悲しむ歌とともに人麿のこまやかな愛情のあらわれた歌として私はこれを愛する。

……大津の宮に天《あめ》の下　知ろしめしけむ　すめろぎの　神の尊の　大宮は　此処と聞けども　大殿は　此処と言へども　春草の　茂く生ひたる　霞立つ　春日の霧《き》れる　もゝしきの　大宮処　見れば悲しも　（巻一―二九）

反　歌

さゞなみの志賀の辛崎幸《さき》くあれど、大宮人の船待ちかねつ

さざなみの志賀の大曲淀《おおわだ》むとも昔の人に亦も逢《あは》めやも　（巻一―三〇・三一）

先高舘《まづさかだち》にのぼれば北上川南部より流るゝ大河也。衣川は和泉が城をめぐりて、高舘の下にて大河に落入《おちいる》。康衡《やすひら》等が旧蹟は衣が関を隔《へだて》て、南部国をさして堅め、夷《えぞ》をふせぐと見えたり、偖《さて》も義臣すぐつて此城にこもり功名一時の叢《くさむら》となる。「国破れて山河あり、城春にして草青みたり」と、笠打敷て、時のうつるまで泪を落し侍りぬ。

夏草や兵どもが夢の跡　（奥の細道）

一つは近江旧都懐古の歌であり、一つは藤原三代の栄華の跡をとむらう詞である。前者には若々しさがある。昔を今になす由もがな、といったようななげきがある。後者には諸行の無常を感じた諦観《ていかん》がある。そしてまた老の疲れが見えている。前者はロマンティックであり、後者はセンチメンタルである。前者には動があり、後者には静がある。

芭蕉における静を愛する心も一つにはその病弱が原因しているのではあるまいか。

「古池」の句を吐いてより、「昨日の発句は今日の辞世、今日の発句は明日の辞世、我が生涯言ひ捨てし句々、一句として辞世ならざるはなし」（花屋日記）という気持ちで生きていったのも、また彼の健康がそうさせたのではあるまいか。彼の句が彼以前の人びとの句と全然行き方を異にした真面目さを持ち、いわゆるにおいやさびの境地に至ったのも、生真面目と死に直面せる病弱が彼をして常に裕《たすけ》なき心におらしめたためと思う。したがって彼の句にはユーモア分子が少ない。そのつつしみ深さも、身の犠牲がかくあらしめたのではあるまいか。よし健康が彼の芸術を支配しなくとも、影響したという点においては甚だ大であったろうと思う。

×　×　×

その死んだ年齢は両者とも大した差はなかったようである。がその死にのぞんだ句を見ても両者の相違がはっきり判る。人麿は都へ遠い石見の国で病みついたのである。一人ぼっちだったか、あるいは一人位伴があったろうか。

鴨山の磐根《いはね》し枕《ま》ける吾れをかも知らにと妹が待ちつゝあらむ　〔巻二―二二三〕

人麿は遠くに青い海の見える丘で寝ていた。空を白い雲が都の方へ流れて行く。「もう再びはたてまい」という心が彼の頭の底をかすめた。「妻はこの俺を、こんなになっているとは知らずに、どんなにか待っているだろう」こう思いながら死んで行く人麿は幸福である。彼にはこうした心の故里があった。

芭蕉は大阪の花屋で病みついた。ひどい下痢で著しく彼の身体を衰弱させて、誰の目にももう最後が近かった。そして四方から続々と弟子が集まってきた。其角も、去来も、丈草もいた。が彼の眼はうつろだった。「もの言へば唇寒し秋の風」〔芭蕉庵小文庫〕と自己をつつしみ、韜晦し続けてきた彼には、――世をすね続けてきた彼には初めて人恋しさの心が湧いた。

秋深き隣は何をする人ぞ　〔笈日記〕

と自分に言ってみた。がしかしやっぱり一人だった。多くの弟子にとりかこまれつつも

旅に病んで夢は枯野をかけめぐる　〔笈日記〕

寂寥の中に死んでいった。彼には帰るべき心の故里もなかった。かくてついに人生の放浪者であった。

×　×　×

以上は人麿と芭蕉の相違点のみを見たにすぎない。その相違点の中に諸君はまた多くの共通点を見出して下さるであろう。

人麿は現実主義者であり、志を得た人であった。芭蕉は社会的に傷ついた人である。がさらに単なる隠遁に終わらず、「六尺を越えんと欲するものはまさに七尺を望むべし」〔祖翁口訣〕という強い意志―社会的

野心の名残――があった人である。それが彼を安逸におらしめず、また多くの弟子を得る原因となったのであろう。世をすねつつも、すね得ない何物かがあった。これが彼をして、他の隠遁者の誰よりも偉大ならしめたのであろう。彼はかくきたえられた人である。平凡に言えば一介の苦労人である。だから恐らく、現在の彼の名声を墓の下から見てほろ苦い笑いを洩らしているだろう。

（「丹壺」第二巻二号　重田堅一編集発行　昭和七年一月）

丹壺

第二巻三号（昭和七年四月）

昔話の分布

× × ×

折口信夫先生が「民俗芸術が芸術としての価値を持ってきたとき、もはやそれは民俗芸術ではない」と言われているが、民俗を採る者にとっては、誠に味わうべき言葉であると共に、また誠にさびしい言葉なのである。

すなわち民俗芸術は芸術として認められる以前の芸術であるが故に、とにかく一般人から疎まれがちで、その採集、研究も甚だ困難なのである。

ことに田漢の迷信とのみ一概に見なされ、排撃されてきた民間年中行事の如きは、恐ろしい勢いで古いものが廃れ、新しいものに変わりつつあり、その採集検討に困難と錯誤を伴うようになってきた。

しかしながら、その顧みられない、排除されがちなものの中に一般無智大衆の心が深く裏付けられてある、と気づいたとき、我々はもう一度それを拾い上げてみなければならなくなった。そしてそこに民俗学という一分野が展開されようとするに至った。

日本における民俗学の生みの親は柳田国男先生である。

先生は「日本における民間伝承の学は、まだ学としての体系と結論とを持っていない。体系と結論を得るためには、広く日本に分布する民間伝承の事実を採集調査して、その失われたる鍵を発見しなければならない。そのためには一人の抜け駆け的功名を許さず、また一人のみの努力では到底成功は望まれない。誠に共同の作業である。」と言っておられる。

私たちはこの言葉を奉じて働く一分子にすぎない。が一歩ずつ深く入って行くにつけて、隣が欲しくなり一人の力ではどうにもならないことが判ってくる。ここに「昔話の分布」を書こうとする魂胆も、実は一人でもいい共鳴の士を、共に働こうと志される方を得たいためである。

× × ×

昔話の中で大きな勢力と分野を占めているのは滑稽談である。

日本人には笑いの芸術が少ないと言うが、民間における昔話にはこの笑いを主としたものが一番大きな勢力を占めているようである。いまその分布状態を調べてみると次の如くである。

九州地方

福　岡　吉右ェ門《きっちょん》話　吉五《きちご》話

大　分　キッチョム話　吉五話　津江の小父さん

熊　本　彦一話　キッチョム話　五木の兵衛話

宮　崎　キッチョム話

鹿児島　日当山《ひなたやま》の一寸法師話

中国地方

山　口　　山代《やましろ》の馬鹿話
岡　山　　平ぞろ兵衛話
鳥　取　　佐次谷の馬鹿話

近畿地方

兵　庫　　大屋の横坐の頓狂話
奈　良　　吉五話
和歌山　　沢谷の三十郎話　馬喰話

中部地方

山　梨　　市兵衛話
長　野　　うきさ話　又七話　増隠居話
静　岡　　五兵衛話　嘉兵衛話

関東地方

千　葉　　八兵衛話
神奈川　　七沢の久助話　新八話　馬安話
埼　玉　　佐治兵衛話

奥羽地方

福　島　　甚六話

岩手　もんじゃの吉話

山形　頓兵衛話

右はきわめて有名なもので、大分のキッチョムなどに至っては二〇〇話近くの滑稽談があり、いずれもキッチョムという男を中心にしての話である。しかして大分の中津市へ行くとそこには吉右衛門の邸跡などというものが残っていて、実在の人物だったように伝えられているが、それと少しも変わらない逸話を持った名前も同じキッチョムが福岡にも宮崎にも住んでいたのだから面白い。そればかりではない。遠い東北の果てのもんじゃの吉までが同じような逸話を持っているというのだから、ここに本家争いが起こらずにはいないであろう。

私たちの仕事は、その本家を探し当てることであり、その探し当てたことによって古い時代の社会の姿を見ようというのである。しかしここへ行くまでには長い月日と努力の消費があろう。

×　×　×

さてこれらの話の主人公にはキッチョムのような智者もあれば、甲斐の市兵衛のようなあわて者もおり、山代の馬鹿や佐次谷の馬鹿のような徹底せる馬鹿もおり、あるいはまた少し低能ではあるが素朴純情愛すべきうきさの如きあり、ずるい馬鹿もいて、一口に滑稽談と言ってもそれら主人公の持つ逸話にはかなりな相違がある。しかしてその滑稽談は失敗談と奇智談に大別することが出来よう。

たとえばうきさ話の乾草刈話は、失敗談型であって、奇智談型のキッチョムや馬喰話にはない。

乾草刈話というのは、

うきさが山へ草を刈りに行って鎌を忘れた。そこで嫁は「一体あなたはどこへ忘れたのです」と聞くと、うきさは考えていたが「糞をひった所だ」と答えた。嫁が「その糞をひった所は」と言い正すとうきさはまた考えて「鎌を忘れた所だ」と如何にも仔細げに答えた。
というのである。この話はうきさのいた信濃に最も広く、その他では山梨、茨城、千葉、山口の各地に分布している。

そしてまた「鯛を作って食うとは鯛を土中に埋めておいて食うものだと勘違いして、鯛にわいたうじ虫を食べた」という鯛を埋めける話も失敗談型の一つとして、海に縁遠い地方に多く分布している。その分布地は長野、大分（竹田地方）、山口（山代）、岡山（美作）、群馬、栃木などである。

が一方また全国的に分布した話もずいぶんある。その一つとして屁ひり爺の話をあげよう。これはキッチョムやうきさ型の話ではなく、むしろ花咲爺型の話である。

むかし爺が竹を伐っていると殿様が通りかかった。そして何者かと聞かれた。爺は日本一の屁ひり爺だと答えた。そこで殿様は屁を一つひってみよと命じた。爺は面白い音をたてて屁をひった。殿様は感心して沢山の褒美をくれた。それを聞いた隣の爺が真似をして失敗して尻を切られた。

というのがこの話の概略である。しかしてその屁の音の表現が各地で違っているが、筋はみな同じで次の地方に分布している。

青森、岩手、宮城、福島、千葉、新潟、山梨、岐阜、愛知、滋賀、和歌山、鳥取、岡山、広島、山口。

× × ×

滑稽談ばかりではなく、一般昔話の分布においても動物が人間の婿になった説話などは広く全国に分布し、またシンデレラ物語にそっくりな米ぶく粟ぶくの話は中部地方より東北へかけて行われている代表的な説話である。

いや単に昔話だけではない。民間年中行事も、子供遊びも、伝説もほとんど全国共通なのである。柳田先生の研究「白米城伝説」を見ると、白米城伝説地だけでも全国五〇ヶ所に近い。弘法大師、和泉式部などの伝説に至っては全国的である。和泉式部がその子、小式部を長門の豊浦郡で産み落としたからと言って、笑ってはならないのである。その和泉式部がまた鹿の子であると聞かされても決して吹き出してはならない。そしてまた和泉式部が九州の日向で生まれたと説く者があっても静かに聞くべきである。

我々は古事記や日本書紀や古語拾遺や氏文や祝詞などに対すると同じような気持ちで、これら昔話や伝説に対して研究を進めて行かなければならない。

× × ×

しからばどうしてこれらのものが分布し伝承されたのであろうか。

花から花へ渡り歩いて健やかな実をみのらせる蝶のような役割をした者は誰であったろうか。

その第一人者は、古くは旅僧であったようである。京都や奈良、高野などには多くの僧がおり、それらの僧は旅から旅へ泊を重ねながら、笈《おい》の中に入れてある色々な品物を売って生計を得、かつ布教してきたものである。高野聖とか、売僧《まいす》とか言われる者が即ちそれで、彼らはその生活に適した土地を見つけると、そこに腰を落ち着けて村の百姓を指導しながら一生を終わったようである。こうした僧はしたがって信仰ばかりでなく、経済的手腕もあって頼母子講などを起こして、村の経済にも大きな力を致したようである。やがてこの講は分化発展して民間に大きな勢力を持ち、あるいは民衆宗教の本山、金比羅、出雲、山上（山上ヶ丘・旧金峰山）、稲荷などと結び、あるいは職業別によってそれぞれの講を結んで親睦を計り、それらは年に一回必ず頭家《とうや》をたて、旅をさせ、その見聞談を聞いてお互いの知識を練ったのである。

この講制度が村へもたらした知識も実に大きなものであった。ことにまた民俗運動に立役者として働いたのは、そして決して忘れてはならないものは、伊勢神宮へのお蔭まいりである。お蔭まいりは慶安年間に起こったもので、六〇年目毎に行われ、数百万の群衆が伊勢に集うたのである。これによって伊勢参宮が刺戟されたことは夥しい。

お蔭まいりのくわしい様子は『玉くしげ別本』や『浮世の有様』などによってうかがわれ、ことに『浮世の有様』には大阪の宿屋における宿泊者の国別統計なども出ていて、文政年間のお蔭まいりの様子を偲ぶ最もよいよすがになる。

かくて関西における盆踊のほとんどは伊勢よりもたらされたもので、各地における盆踊は伊勢踊を幹とする枝葉にすぎないと説く学者もある。

こうして運搬された話や行事は、村の記憶のいい人によって保存され伝承されたものらしい。信濃のうきさの邸跡も、中津のキッチョムの邸跡というのも、うさきやキッチョムの話をよく覚え、話していた人の住んでいた邸跡と解したい……と柳田先生は言う。

まだしかしそれだけの事実で失われた鍵が発見せられた訳ではない。すべて仮定の上にあるにすぎない。

　　　×　×　×

我々はさらに一歩を深く踏み込まねばならない。中山太郎氏の講演によって知ったことであるが、広く日本に分布する西行戻り橋の伝説は、さらに興味深いものを我々に与える。

西行戻り橋の伝説は「西行が廻国修行の折、ある川のほとりで女に（あるいは子供に）道を聞いたら、女が歌で答えた。そこで西行は女や子供すら歌をよむくらいだからこの先にはどんなえらい歌人がいるかも判らぬ。これはこれはかなわんと思ってそこから引き返した。」というのが荒筋で、ところによってはかなり変わった説話になっているが、西行が引き返して行ったという一事だけは変わりはない。

この西行戻り橋は裁許橋から来たものである。と柳田先生は言っておられる由、中山太郎氏は語った。裁許橋とは民間においては古く、橋の袂で裁判を行ったものであり、もし犯罪者がその橋を渡るときは足が震うか、あるいは橋が揺れる……それによって犯罪者を見わけるという習俗があった。それから来たところの名である、という。

これが関西では西行伝説が少なく、西行橋ではなく左京ヶ橋という名で残っている由である。ところがこのタブーは現在もなお行われていることを発見した。その行われている所は薩南諸島である。昭和五年の春頃の朝日新聞の記事で見た。それによると、この橋渡のタブーは処女非処女の鑑別であったように記憶する。

　　　×　×　×

西行と裁許橋とがどうして結びついたかは、不幸にして中山氏から聞き得なかった。

かくの如く、私たちの仕事は漸次展開せられてゆく。がしかしまだまだ、現在の材料では不足である。それに民間伝承者ももう多くは残っていない。七十、八十の老人を尋ねて、私たちはその老人の口から何ものかを引き出さねばならない。それが目下の急務である。今だったらまだ徳川時代に生まれた人もかなり生きている。そしてまた古い習俗に生きている村もある。

私たちは出来るだけそれらを集め、検べて庶民の歴史を探りたいと思うのである。素朴な単純な、そして勇敢な（自然に対して）意気地のない（階級に対して）彼らの生活はこうした民間伝承によってのみ最も確実に反省出来るのではあるまいか。

一般人の排斥するものの中から拾い上げるこの作業は、そう容易ではなさそうだ。幾人もの人びとが共同して黙々として空しい努力に甘んじてこそ報いられるように思われる。

そしてまたこの仕事には子供が砂遊びをするような、積木をするような熱心な一面が必要である。

× × ×

終わりに――子供遊び、民間年中行事その他についても言いたい多くを持つが、今それを許さない。

実はこの原稿も「小鳩の群の家」の閑寂なる座敷を一日借りて、記憶をたどりつつ書いたものである。三月上旬、漠然と着の身着のままで上阪した私には、座右に一冊の参考書すらないのである。不備なる一文を丹壺に送ることを恥じつつ筆をおく。（一九三二・三・二一）

（「丹壺」第二巻三号　重田堅一編集発行　昭和七年四月）

丹壺

1

芭蕉覚え書（一）　宮本常一
松尾寺にて（俳句）　泊丹
上野芝雑詠（俳句）　泊舟
雑題（俳句）　壺秋
雑詠（短歌）　吉田久夫
斎村（詩）　芳秋
ダツァオだより　市本太郎
病床日記　吉田久夫
交友録　常一編
後記

「丹壺」第三巻一号〈表紙〉昭和八年一月

芭蕉覚え書

盲人が象をさぐった話がある。

私の見た芭蕉も、この盲人象をさぐる類であると思っている。

なぜなら私は芭蕉を、私に最も近い人間であると見、かつ思っているが故に。

私の目に映じた芭蕉は、実は盲人の探った象の脚の如きものであるかも判らない。だが私にはそれでいいのである。

芭蕉を知るためには、芭蕉を研究した先輩の多くの書物がある。それらの本を一応わたって見ることが必要であろうが、そうすることによって私の頭の中の芭蕉が壊されることを恐れる。

この故に、私は敢えてそうした本を手にしようとしないのである。

今、ここに論じようとする芭蕉は、私のための芭蕉である。されば私の言う芭蕉は、私の姿をした芭蕉かも知れない。

私は芭蕉を研究しようとするものではない。彼を学的に見てゆくことが、私の興味ではないのである。

×　×　×

私が芭蕉を読むに至った動機は、あの奥の細道の一文である。五月朔日〔飯塚〕の項に

夜に入て雷鳴、雨しきりに降て、臥《ふせ》る上よりもり、蚤蚊《のみか》にせゝられて眠らず。持病さへおこりて消入《きえいる》斗《ばかり》になん。短夜の空もやう〳〵明れば、又旅立ぬ。猶夜の余波《なごり》心すゝまず。馬かりて桑折《こおり》の駅に出る。遙なる行末をかゝへて、斯る病覚束なしといへど、羇旅辺土《きりょへんど》の行脚《あんぎゃ》、捨身無常《しゃしんむじょう》の観念、道路にしなん、是天の命《めい》なりと、気力聊《いささか》とり直し、路縦横に踏《ふん》で、伊達の大木戸をこす。

という一節がある。この詞が私の心を強く打ったのである。

当時私は肺を病んで故里に療養していた。医師からは絶対安静を言いつけられ、脱糞放尿のことまでいちいち母の手を煩わし、只管《ひたすら》に健康への道を辿っていたのである。寝返り一つすることさえが問題で、再び起ち得るものであろうかとさえ疑っていた。そうした私の心をなぐさめてくれたのが、ファーブルの昆虫記であり、万葉集であり、奥の細道であった。

昆虫記百頁ずつを、私は一日かけてボツボツ読んだものであった。そうして心を打たれたのであった。しかし心を打たれたのは、あの驚異に値する昆虫の生活ではなかった。その昆虫を見つめたファーブルの姿であった。

万葉を読んで感激したのも、万葉の歌よりもむしろ古代人の真面目な姿に対してであった。芭蕉においてもまたそうであった。病弱でありつつ、その身を虐使《ぎゃくし》してなお旅行を続けた彼の態度と意気に頭が下がったのである。そうして芭蕉に対する強い憧れの心が起ったのである。

そして同病相憐れむとでも言おうか、友を求める心とでも言おうか、病める私は病める芭蕉を慕うよう

になったのである。それは一つには、芭蕉が病める者の歩むべき道を私に指示してくれるだろうと予想したためでもあった。したがって私は芭蕉の文の中から、詩の中から、あるいは彼の足跡から、私に近いものを見つけようとしたのであった。

病者にはこうした心がある。あるいは私だけが特に強いのかも知れない。何某も肺病であった、また某々も肺を病んでいたなどと知名の士が同じように病んだことを新聞や雑誌などの記事で知ると、何となない懐かしさと、喜びを感ずるのであった。そしてそれらの人々の名が頭にこびりついてきて容易に離れなかった。偉大なる外交官であった――というだけで漠然とした尊敬の念を持っていた、陸奥宗光や小村寿太郎が同病で倒れたという事を知るに及んで、私は更にそれに人間的な親しさを覚えたのであった。

まだ健康であった頃には、理知的だ、理屈っぽすぎる、と思って読むのもいやであった子規のものが好きになったのも、そのためであった。長塚節の文はあまりにくどすぎる――と思っていたのが、病気になってからやはり妙に好きになった。

樋口一葉も尾崎紅葉も国木田独歩も、皆そうした気持ちから、病中に読み直してみたのであった。長谷川二葉亭への強い愛着も、病中に内田魯庵の書いた『二葉亭四迷の一生』を読んでからのことであった。技巧に淫したとして、病前には排した藤原定家の歌さえも、彼が咳病を病んだということを知って、妙に親しめるようになった。

こうなってくると、まるで女子供のように感情的である。そしてまた、それらの人々の中に自分の姿を見出したくなるのであった。芭蕉も実にこの一人だったのである。そしてしかも芭蕉は一番私の心を打ったのであった。

だから、私は私の心を打ちあけるのに、芭蕉を連れてくることが度々だったし、また芭蕉を論じている中に、いつかそれが自分自身のことであったりしたことも多々にしてあった。

この一文も結局は芭蕉を語ろうとしつつ、自分の本心を打ちあけるに終わるかも知れないと思っている。

× × ×

芭蕉はもともとあまり頑健な身体ではなかったようであるが、それが特に弱くなったのは、二十九歳の出奔以後にあるらしい。
芭蕉の出奔は絵詞伝によれば、寛文六年秋（二十三歳）となっており、『次郎兵衛物語』には、同年九月（二十四歳）と見えているが、全伝の寛文十二年（二十九歳）が正しいようである。しかして二十三歳（あるいは二十四歳）で出奔したというのは、実は出奔という程のものではなく、京師の修行に出かけたものであると考えられる。〔※伝記：註文末〕
かくて季吟の門にあって学問を修め、また書を北向雲竹に、詩を伊藤坦庵に、漢学を田中桐江に学び、時折は師季吟に従って、俳諧興行の末席をけがしていたようである。また二十九歳の時、故里で貝おほいを編んでいるところを見ると、時々故里へも帰って、俳諧の興行などをしていたであろう、と想像せられてくる。しかして己の学あることを、俳諧をひねくることを、田舎人らに誇りたい気持ちも多分にあったようである。
そうなってくると、絵詞伝や次郎兵衛物語などに見えるように、主君蟬吟《せんぎん》侯の死を悼んで、出奔上洛したとは考えられなくなる。また二十九歳出奔説を正しいとすると、蝉吟侯が死んですでに七年になる。七年も過ぎてようやく無常を感ずるということは、まずあるまい。

では、どんな原因で出奔したか、ということになるが、私はこれについて二つのことを想像するのである。その一は、彼は幼より学を好み、学を以て功名を一世にあげんものと志していたであろうと思うのである。いわゆる青雲の志である。

さらにその二は、彼の恋愛事件を想像する。しかもその恋は失恋に終わったか、あるいは片恋だったか、兎に角彼に不都合なことが起こり、一つにはそこにいたたまらず、一つにはさらに強く学問への欲求となり、倒れても水のこぼれない瓶を作るために、出奔したのではないかと考えるのである。その故に

雲とへだつ友にや雁の生別れ　（芭翁全伝）

というような感傷的な、また劇的な句も生まれたものではないかと思う。そしてそこには当時の芭蕉の句には見られない、悲痛なるものが漂うているのを発見するのである。

なおまた彼が学者として立とうとしたことも、卯辰紀行〔笈の小文〕に

かれ狂句を好こと久し。終《つひ》に生涯のはかりごとゝなす。ある時は倦《うみ》て放擲《ほうてき》せん事をおもひ、ある時はすゝんで人にかたむ事をほこり、是非胸中にたゝかふて、是が爲に身安からず。しばらく身を立《たて》む事をねがへども、これが爲にさへられ、暫學《しばらくまなん》で愚を曉《さとら》ん事を思へども、是が爲に破られ、終に無能無藝にして、たゞ此一筋に繋《つなが》る。

と見えていて、仄かに覗い得るのである。

だがさて、江戸へ出てみると彼の想像したような世の中ではなかったはずである。しかも、彼の東下した寛文十二年という頃は、社会的な組織も一応整い、諸法令も布かれて、キチンとした時代である。

およそ法令などというものは、その実施当時が一番よく守られるものである。そうしたとき、芭蕉は江戸の人となったのであるから、主をはなれて浪人した身としては、誠に生活し難いことであっただろうと想像する。ことに慶安の変を去ること二十年ばかりの頃なので、幕府の浪人に対する態度は甚だ厳重を極めていたであろうと想像される。

そうした世界で、彼は学を志す前に、まず食うために苦しまねばならなかったはずだ。

小石川水道の工事に従事したという伝説も、この頃のことで、この仕事がさらに健康を損ねたものと思う。もしまたかかる仕事はしなかったとしても、杉風の世話になる芭蕉庵に引きうつるまでの十年間は、決して安穏な生活ではなかったことと思う。

いずれにしろ、彼はそこで人の世の生活苦というものを、つぶさになめたはずである。

同時にまた俳諧宗匠の生活にも、失望を感じて来つつあったのではないかと思うのである。月並みにして、怠惰なるその日送りの生活は、芭蕉が故里で脳裡に描いていたような生活では、少なくもなかったであろうし、またおいそれと彼の空想や希望を遂げさせてくれるような江戸でもなかったはずである。そのために彼は、理想の一つ一つを砕きつつ、現実に喘《あえ》いでいたものと考えられる。

この喘ぎが彼をますます弱くし、弱い身体は彼に強い反省と自制とを常に与えたものであると思う。そうして、地位とか名誉とかを願う心も、次第に失われていったのではないかと思う。否、そうした心を次第に抑えていくようになったのではないかと思う。

このことが、俳諧を飯にしなかった一番大きな原因だと、私は信じている。そうして外に向かっていた功名の心は、内へ向かって芸術への強い生命的な欲求に、変わってきたのではないかと思う。彼の句も、この頃ようやく転向してきた。

もと彼が最初に学んだ季吟の俳諧は、単に言葉のあやを喜ぶ手なぐさみ式なものであって、そこには生命的な欲求はなかった。故実をうまくおり込んだり、言葉のあやから来る軽い機智をとばしたり、謎々めいたものを作ったりして、言わば風流ぶったものであった。従って極めて形式的外面的なものであった。これに不満を感じたのが宗因で、宗因の談林調はダダイズティックな、粋だとか、洒落とか、軽口とかいったようなものを以て、おかしみの本義とした。しかして形式の煩わしさから逃れるということが第一義であった。従って明るく、ユーモラスであった。同時にこの中には、小気味よい躍動があった。

貞門風な芭蕉の句は、この宗因が江戸へ下ってから急に一転したようである。これは彼の生命的な欲求以外に、一つには新しいものを追う心が、当時なお強かったためではないかと思われるのである。彼の心が常に新しいものへ向かっていたことは、彼が蕉風を起こしたことによっても伺われる。

さてこの宗因の東下は、ひいては実に彼の蕉風を起こす楔にもなったのである。それは芭蕉自らも

宗因なくんば、我々が俳諧は今以、貞徳の涎《よだれ》をねぶるべし

と言っている（去来抄）。この宗因の東下は芭蕉の三十二の年であり、三十三の時の句にはすでに

けふの今宵寝る時もなき月見哉　（続連珠）

雲を根に富士は杉なりの茂《しげ》哉《りかな》　（続連珠）

などという、談林調のものを作っている。しかして全伝によれば、この年故里への旅をしたことになっている。即ちその年の六月伊勢に帰り、さらに京に上って、旧師季吟に会うている。

だがこの全伝の記事は果たして正しいものであろうか、否かを、一応考えてみる必要がある。この疑は甲子吟行に

秋十《と》とせ却《かえっ》て江戸をさす故郷　（甲子吟行）

とあるによって起こってくる。甲子吟行は実に貞享元年（一六八四）の事で、彼の齢もすでに四十一である。故里を出て十余年を、江戸で貧しく暮らしてきた彼である。「秋十とせ……」の感激の深さから見れば、その間に帰郷はしていないのではないかと思われている。だがしかし、延宝六年（一六七八・三十五歳）の句に

命なり僅かの笠の下涼み（佐夜の中山にて）　（江戸広小路）

見渡せばながむれば見れば須磨の秋　（芝肴）

同じく七年に

夏の月御油より出で丶赤坂や　（向之岡）

などというのがあるのを見ると、時々西上したものであろうとは想像せられる。そして私は、故里近くを旅しつつも、なお故里に入るを得ない事情のために心を痛めていたであろう芭蕉を、思うてみるのである。

世に故里から裏切られ、あるいは故里に弓ひく者ほど悲痛なる者はない。

石をもて追わるる如く出てきた啄木すらが、故里に行きて死なん事を願っている。

帰ってみれば、貧と不遇とのみが待っているにすぎなかった山上憶良すらが、「三津の浜松待ち恋ひぬらむ」（巻一―六三）と急いで唐から帰っている。

東京で子を死なせた赤彦が、「山村の隣人らにいとま告げて来つる道にはかへる事なし」と生きて再び故里に帰り得なかった子のために、慨《なげ》いているのもまたもっともである。

故里近くを旅しつつ、なお故里に足を向けることの出来なかった彼の心の中は、まことに淋しいものであったろう。

同時に、この出奔から甲子吟行の貞享元年に至る十余年は、彼にとっても苦しい反省の月日であった。一方では其角、杉風などの有力な弟子の入門を見つつ、一方では功名を願う心と、実をせめる心とが、身内でせめいで苦しんでいた。古い俳諧への懐疑も、この頃から起こってきたものであろう。天和の頃、去来にあてた消息に

月をわび、身を侘、つたなきを侘びて、わぶとこたへんとすれど、問ふ人もなし　（月侘斎）

と、言い知れぬ孤独を訴えて、友を求めている。

芭蕉にとっては、外への心が内へ向かってくると共に、一方にはそれぞれの職を持った弟子がうらやまれたであろうし、同時に自分の生活力の弱いのを慨かわしく思ったことであろう。俳諧によって飯を食う消費生活者の彼にとっては、人の後顧に頼らねばならぬという事に、多分の不安を感じたであろう。

と言って、彼には月並な宗匠になる勇気はなかったようである。それほどごまかしのきく人間でもなければ、図々しい健康も持ち合わさなかった。彼は弱い一面を持った潔癖な男であった。強き潔癖家は、多

くは頑固にして偏屈と言われる人になる。これに対して、弱き潔癖家は、妙な虚無的な隠遁心を起こすものである。そしてますます孤独を感じ、かつ自らをその感傷の中に置こうとする。ことに年が若ければ若いほど、そうした傾向が強いようである。芭蕉もまた、その一人であった。

その上、当時愛読したと思われる杜詩が影響して、句が著しく孤独的詠嘆的になってきている。

あすは粽《ちまき》難波の枯葉夢なれや　〔六百番俳諧発句合〕
枯枝に烏のとまりたるや秋の暮　〔東日記〕
雪の朝一人乾鮭《からざけ》をかみ得たり　〔東日記〕
夕顔の白く　夜の後架に紙燭《しそく》とりて　〔武蔵曲〕
夜竊《ひそか》に虫は月下の栗を穿《うが》つ　〔東日記〕
芭蕉野分してたらひに雨をきく夜哉　〔武蔵曲〕
貧山《ひんざん》の釜霜に鳴く声さむし　〔虚栗〕
櫓《ろ》の声波を打て　腸《はらわた》氷る夜や涙　〔武蔵曲〕
朝顔に我は飯食ふ男かな　〔虚栗〕
髭《ひげ》風を吹いて暮秋《ぼしゅう》嘆ずるは誰が子ぞ　〔虚栗〕
世にふるもさらに宗祇のやどり哉　〔虚栗〕
霰《あられ》聞くや此身はもとの古柏《ふるがしは》　〔続深川集〕

以上あげたる十数句には、いずれもその漢詩的詠嘆と孤独がよくあらわれている。ことに「雪の朝」「芭蕉野分して」「櫓の声」「朝顔に」などの句の中には、堪え難いような孤独感がにじみ出ている。彼はこの孤独感をジッとしのばねばならなかった。

考えてみれば世は一人一人の世である。しかしてついに人は永遠に孤独なのである。芭蕉はその淋しさにいて、歩いてきた三十年の生涯を深く反省したのであった。同時にまた、元禄文化へ滔々として流れつつあった当時の世相を、静かに見つづけたのであった。そこには自ら彼の行くべき道も判ってくるような気がしたのであった。

草扉《くさのとぼそ》にひとりわびて、秋風さびしきをりをり、竹取のたくみにならひ、妙観が、かたなをかりて、みづから竹をわり、竹をけづりて、笠つくりの翁となのる。心しづかならざれば、日をふるに物うく、巧《たくみ》つたなければ夜をつくしてならず。あしたに紙をかさね、夕にほして、またかさね〳〵て、渋といふ物をもて色をさばし、ます〳〵堅からん事をおもふ。廿日すぐる程にこそや、いできにけれ。（中略）荷葉《かえふ》（蓮の葉）の半ひらくるに似て、中々をかしき姿なり。さらばすみがねのいみじからんより、ゆがみながらに愛しつべし

と「笠張の説」（「笠の記」）において、彼は笠の自製を礼讃しているが、同時にこれは俳句に対する彼の態度でもあったはずだ。模倣は如何に巧みでも、結局模倣にしかすぎない。従って決してそこからは真に新しいものは生まれては来ないであろうということを悟るようになったのも、この笠張の説を書いた頃からではあるまいか。しかして彼は彼の性格、あるいは彼の吐く句の、如何なるものであるかも考えてみたのであった。芭蕉樹を愛するに至ったのも、この植物の中に彼自身の性格に相通ずるものを発見したからで、

決して単なる物好きからではなかった。

その葉ひろうして琴をおほふにたれり。或は半吹き折れて、鳳鳥《ほうてふ》の尾を痛しめ、青扇《せいせん》やぶれて風を悲しむ。たま〳〵花咲も花やかならず。茎太けれども斧にあたらず。彼の山中不材の類木《るいぼく》にたぐへてその性よし。

との「芭蕉を移す辞」の文中の数行は、あたかも彼の性格をそのまま言っているようにさえ思われる。かくしてかくの如く、自我に目覚めてくれば最早今までのような無自覚な模倣にいられないのが当然であった。

芭蕉翁此道に出て三十余年、俳諧初て実を得たり。師の俳諧は名むかしの名にしてむかしの俳諧に非ず。誠の俳諧也。（中略）師も此道に古人なしと云り。（中略）むかしより詩歌に名ある人多し、皆その誠より出て誠をたどるなり。我師は誠なきものに誠を備へ、永く世の先達となる。

と彼の弟子土芳は「しろさうし」において、その師を礼讃しているが、彼の古い俳諧への疑惑は、ついにかくの如く、彼自身の俳諧を生むに至ったのである。しかしてこの悟りへの道も、実は深川のほとりの侘びしい芭蕉庵での、独り身の徒然が縁となったのである。彼が世事に忙しい生活者であったとすれば、彼の俳諧革新の事業は、あるいはその半に達しなかったかも知れない。

定まって後、静かに静かにしてよく慮《おもんばか》り、慮って後初めてよく得るのである。

出奔後十年の生活は、かくして次の偉大なる生活への約束を確固にしたのであった。しかして彼は、俳諧の誠を得るためには「己《おのれ》が心をせめて、物の実《まこと》を知ら」（「贈許六辞」）ねばならぬと考え、「己の心をせめる」縁となるものは、後に笈をかけ、草鞋に足を痛め、破笠に霜露をいとう旅である、と考えた。

そこで彼は、杉風の好意によって営んでいた芭蕉庵を閉じて、野ざらしの旅へ出かけたのであった。

時に年四十一歳。多くの人はすでに髪に白いものを交えはじめて、早や老を感ずる年輩である。彼はそうした老いの身に初めて立ち上がったのである。——未完——


（「丹壺」第三巻一号　宮本常一編集発行　昭和八年一月）


〔編註〕「絵詞伝」『芭蕉翁絵詞伝』のこと。時宗の僧で俳人でもあった蝶夢（享保十七〜寛政七年・一七三二〜九六）が寛政四年（一七九二）に著した伝記絵巻で、絵は狩野正栄が描き、芭蕉百回忌に義仲寺に奉納したもので、絵を縮小して吉田偃武が描いた版画本は翌寛政五年に刊行されている。

『次郎兵衛物語』は去来の弟で長崎奉行書の書物改役であった向井魯町が、芭蕉の身近にいた次郎兵衛という人から聞書したという体裁の芭蕉行状記。次郎兵衛は芭蕉の親族かと言うが、正確な事はわかっていない。芭蕉最後の旅にも支考とともに同行している。

「全伝」とあるのは、伊勢津藩の城代家老藤堂采女の家臣川口竹人（辻維言）が、宝暦十二年（一七六二）に著した『蕉翁全伝（芭蕉翁全伝）』であろうか。他に山崎藤吉による『芭蕉全伝』があり、どちらとも決めかねる。ちなみに『芭蕉全伝』は明治三十六年に初版が刊行され、大正五年に俳書堂から第二版、昭和十年に叢文閣から第三版が出版されている。

ろべり

返照閭巷に入る
憂来りて誰と共にか語らん
古道人の行くことまれに
秋風禾黍を動かす

丹壺改題

2

短歌　吉田久夫
短歌　森本重太郎
詩三篇　芳秋
芭蕉覚え書　宮本常一
丹壺へのことば　重田・芳秋・金子
独居閑語

「ろべり」丹壺改題第三巻二号〈表紙〉昭和八年六月

芭蕉覚え書

——旅——

(1) 旅への途

月日は百代の過客にして、行かふ年も又旅人也。舟の上に生涯をうかべ、馬の口とらえて、老をむかふる物は、日々旅にして、旅を栖《すみか》とす。古人も多く旅に死せるあり。

奥の細道の冒頭において芭蕉はこう言っている。人生旅ならざるはなし、というのが彼の考えであった。彼がこうした考えを持つに至ったについては、そこに色々の因由のあったことを忘れてはならない。その第一の因由は、彼が先天的に放浪者としての資質を持っていたことである。これはその母が伊豫人であったというところからして、すぐ察せられるのである。縁は異なものとはいいながら、何によってか伊豫の女が伊賀人に嫁いだものか。

往時は我々が想像している以上に皆旅をしたものであったが、しかし、常民の女が旅に出るという場合はそう多くはなかったようである。芭蕉の母はその多くない仲間の一人であったようだ。彼の放浪性はこの特異な母を持ったところから出発する。

その第二の因由は旅は日本人にとっての一つの重要な生活であったことである。

花の林を逍遥して花を待つ心持ち、または微風に面して落花の行方を思うような境涯は、昨日も今日も一つ調子の長閑な春の日の久しく続く国に住む人だけには十分に感じられた。……嵐も雲もない昼の日影の中に坐して、何をしようかと思うような寂寞が、いつとなくいわゆる春愁の詩となった。女性にあってはこれを春怨とも名付けていたが、必ずしも単純な人恋しさではなかった。(『雪国の春』)

この言葉は我々が旅を好むに至った一つの理由をもっとも暗示的に語っている。春の旅は気遠《けどお》いような寂寞が我々を野に導き、それから遠い道の果てへとつないで行ったのであった。

春ばかりではない。秋もまた我々の旅心をそそらずにはおかないものを持っていた。

それは——秋空の下にくっきりとそそる山が、我々に与える幸福への暗示であった。由来日本ほど山岳重畳の国は少ない。どこへ行っても山が我々の生活を限っていた。そして我々の祖先は山のこちらの生活にせまい一生を送りつつ、澄み通った空の下なる山の彼方の幸福へ夢を馳せても見たのである。

古い日本に山から山へ渡り歩いた行者の群の多かったことも、こうして幸福を山の彼方へ求めようとしたのが原因の一つであった。かくて山の彼方の幸福を恋うたのは、一人泰西の詩人のみではなかった。

我々の祖先が南の国から北の国へ、山を越え渚をつたって漸次開拓の足を伸ばしていったのも、経済的な原因からばかりではなく、山の彼方への幻想、岬の果ての魅惑が与えた旅心も甚だ手伝っていると私は考える。芭蕉の旅も大体こうした風物が与えた旅心が手伝っていた。

奥の細道のはじめに

春立る霞の空に白川の関こえんと、そゞろ神の物につきて心をくるはせ、道祖神のまねきにあひて取るもの手につかず

と彼自身もそのことをあからさまに訴えている。

かくてこの心は国民共通の感情であっただけに、彼の放浪文学が現代に至るもなお支持され、尊まれている所以である。

第三の因由は、彼が求むる心の強かったことである。

社会的な窮屈さに喘ぎかねて、そこから求むるものを失った彼の心が何ら遠慮気兼ねのない世界——即ち自然に向かったこともまた必然であったのである。しかして自然こそもっとも大きな所与の世界である。かくて彼はそこから求むべきものを求めんとしたのである。ともすれば、妙にいじけようとしていた心は、こうしたはけ口を見つけて昂然と伸びた。「六尺を越えんと欲するものは、まさに七尺をのぞむべし」（『祖《そ》翁《おう》口訣《くけつ》』）の意気は、ついにその過去の芸術を精算せしめて新しい俳諧への旅立ちの第一歩を踏み出さしめたのでもあった。

こうした熾烈なる芸術的欲求は、また彼一人の気持ちのみではなく、当時澎湃《ほうはい》として起こりつつあった庶民の感情でもあった。近松、西鶴が期せずして彼と時を同じうして芸術界に登場したことも、この情勢を物語る一つの証左になると思う。

さらに第四の因由として、彼の感傷性をあげよう。悲痛なる感激の蕩酔《とうすい》は彼において特に甚だしかった

ようである。

野ざらしを心に風のしむ身哉　〔野ざらし紀行〕

旅人と我名よばれん初時雨　〔笈の小文〕

行春や鳥啼魚の目は泪　〔おくのほそ道〕

三つの紀行の首途《かどで》の句を見てもかくの如く、悲痛かまたは悲痛を誇張したものであった。彼の文章中我々の心を打つものの一つはこの悲痛なるものであった。しかして悲痛なる感激は旅においてもっとも強く味わわれたものであった。なぜなら病弱なる彼にとって、旅はもっとも大きな苦痛であったに違いないから。

次に第五の因由として、先人の心を打つ言葉——即ち西行能因の文学の影響を上げなければなるまい。これら隠遁者の文学が国民感情を支配したこともまた大であった。芭蕉もまたその継承者の一人であり、大きな存在であった。

(2) 求むる心

芭蕉ほど求むる心の強かった人もまた少ないであろう。彼の一生は求むる心とせむる心の強さのために、身を弱くしたとも言い得ると思う。目覚めた求むる心は、心の故里を探す心である。目覚めたるせむる心は己を掘り下げる心である。後に笈をかけ、草鞋に足を痛め、破笠に霜露をいとう旅こそ、その実践の真なる道であると彼は考えていた(「贈許六辞」)。

かくて旅することによって彼は自然に帰っていったのである。今の多くの俳人たちが得意がっている、粋とか通だとか風雅だとかいうものと、彼における風雅とはおよそ縁遠いものであり、その道は淋しくかつはるかなるものであった。

「前途三千里のおもひ胸にふさがりて、幻のちまたに離別の泪をそそぐ」（奥の細道）首途の行く手には「たゞ一日のねがひ二つのみ。こよひ能宿《よきやど》からん。草鞋《わらじ》のわが足によろしきを求ん」（卯辰紀行〔笈の小文〕）というような味気ない痛苦多き日々がありつつ、なお彼は一つでも多くを見んとし、一歩でも深く歩まんとしている。

一とせ大和の法隆寺に太子の開帳有。その頃太子の冠見おとし侍るとて後の開帳に又趣かれし也〔くろさうし〕

こうした細やかな心遣い、観察眼は彼の文の至るところに見える。あるいはこれを彼の悪趣味、あるいは道草と見る人もあるであろうが、この細かな心遣いはその詩作の上において一字一句をおろそかにしない精神となってあらわれている。

奥羽の旅五月三日の頃にも「五月雨《さみだれ》に道いとあしく、身つかれ侍れば、よそながら眺めやりて過ぐるに」とて

笠島やいづこ五月《さつき》のぬかり道

と、一つの古蹟を見おとして行くことに深いなげきを見せている。またかの立石寺では尾花沢より七里をとって返し、身体甚だ疲れているにもかかわらず、日未だ暮れざるにより、梺《ふもと》の坊に宿をかりつつ、お岸をめぐり岩を這うて松柏《しょうはく》年ふりたる山上の堂を拝している。それはまことに涙ぐましい努力である。

この心があったればこそ、飯坂の宿に持病の癪《しゃく》をおこして、消え入るばかりに苦しみつつ「羇旅辺土《きりょへんど》の行脚《あんぎゃ》、捨身無常《しゃしんむじょう》の観念。道路にしなん是天の命なりと、気力聊《いささか》とり直し、路縦横に踏んで」旅を続け得たのである。

彼の文学における高き香気と迫力とは、この精進において見る生命《いのち》の叫びの凝《こ》りしによるものである。

かつて私は彼の文学における感傷性をのみ見て、彼を単なるセンチメンタリストと断じたことがある。が彼は決してそんな単純さにいたのではなかった。

無論その底には感傷性の強いものを認めはするが、彼の偉大さはその感傷に甘えてばかりいなかったことである。この点、旅人としての彼が他の先輩の誰よりもすぐれていたことを物語るものである。しかして「腰間《ようかん》に寸鉄を帯びず、襟に一嚢《いちのう》を懸て、手に十八の珠を携《たずさ》ふ。僧に似て塵《ちり》あり。俗に似て髪なし」（野ざらし紀行）隠遁が物語る如く、彼は単なる逃僻生活に甘えていたものではなく、未だ社会への未練も少々はあったのである。

彼が多くの追従者を持ち得た所以も一つにはひたぶるな心、そしてまた一脈、社会的であった結果によるものである。

（3）旅のまなび

彼が旅において求めんとしたものは二つあったようである。その一は古い跡を探ることであり、他の一は自然の深いいぶきを聞いて風雅の資にせんとしたことであった。しかし古いことを探るという、そのことも単なる尚古趣味からではなく、そこに先人の涙ぐましい足跡を探ろうとするにあった。それがやがて心の糧にもなり、彼の行くべき道への示唆ともなった。

若葉して御目《おんめ》の雫《しづく》ぬぐはばや　〔笈の小文〕
うきふしや竹の子となる人の果《はて》　〔嵯峨日記〕
あらたふと青葉若葉の日の光　〔おくのほそ道〕
笈も太刀も五月にかざれ紙幟　〔おくのほそ道〕
夏草やつはものどもが夢の跡　〔おくのほそ道〕
むざんやな甲《かぶと》の下のきりぎりす　〔猿蓑〕

これら歴史的回顧の句およびその前書を見れば、彼が先人の歩いた道に深い歴史の教訓を感じていたことを知り得るであろう。彼の見た昔は、化石化せられ骨董化せられた昔ではなく、生々しく現実的な昔――即ち化石化せられたる背後における人生行路の跡であったのである。さればこそ詠史的回顧の句に長息《ナゲキ》の声を聞くのである。これらの句に今仮に蕪村を対比してみよう。

蚊帳を出て奈良を立ち行く若葉哉　〔不二煙集〕
玉人《たますり》の座右《ざいう》に開く椿哉　〔句集〕
富士一つ埋み残して若葉哉　〔明烏〕
実方《さねかた》の長櫃《ながひつ》通る夏野哉　〔新五子稿〕
絶頂の城たのもしき若葉哉　〔句集〕

日は斜《ななめ》関屋の鎗に蜻蛉哉　〔句集〕

蕪村における回顧はどこまでも客観的であり、そこに低徊趣味的な詩を見出すことであった。芭蕉にあってはとってもってそれを自己の生きて行く道の導きの星にしなければ止まなかったのである。自然を探るということもまた、風光に酔うことが最後の目的ではなかった。人を酔わしむる風光の背後にひそむ自然運行の理を知り、人間の真に生きる道を発見しようとするにあった。

一笑あての消息に

はつかりの声、水鶏《くいな》たゝくなど、歌にも発句にも作る人の、さし竿にてとり、網にかけなどいたし候は、口と心と相違にて、名句吐《はき》候とも、うそつきというものに候へばまことの風人から見れば、あはれなる事にて、たとへころさずとても雲に飛地にはしり候鳥を、ちひさき籠に入れたのしみとなすは、牢番も同じ事にて候を心付ず。籠をならべ、これは二両の駒鳥也、これは五両の鶯なりといひて、摺餌に小袖の肌おしぬぎ、高祿の人にもあさましきさまする人、武林連中にはあるものに候……武士は殺生するものなりと云人御座候へ共、魚鳥を捕候が腕がためにも成申まじく候。只心のいやしき故に候。

という教訓が見えているが、これこそ彼がその旅の長途に得た自然観であったと言えよう。しかして彼においては自然ならざるものは、心いやしきものであると考えられた。またかかる人間に限って、よし俳句を作るとしても「点取に昼夜を尽し、勝負をあらそひ、道を見ずして走り廻る」〔曲水宛書簡〕有様でこれを「風雅のうろたへもの」だと喝破している。かくて彼の自然観は直ちにその詩作の根本的精神であり、同時に人生観でもあった。

（4）とこしへの漂流《さすらい》

こうして彼は旅することによって一歩ずつ人生の深みへ歩みを続けていった。

そうして老が次第に身につきまとうてくるのを感ずるようになった。ひしひしと身にしむ寂しさを、ジッと堪えながら、東し、西して、所詮人生も孤独にしてはるかなる旅である以外に何物でもないことをハッキリと感ずるようになった。思えば彼の生涯は淋しく長息《ためいき》多き一本の道であったのである。

此の道や行く人なしに秋の暮　〔其便〕

彼は自らの歩き続けた道に対して、こう嘆いている。こうした句を作るようになった頃には彼もまた疲れていた。歩いても歩いても涯のない道は、時々彼をして回顧的瞑想へ追いやるようになった。

ひやひやと壁をふまへて昼寝哉　〔笈日記〕

の孤をたのしむ心はやがて

この秋は何で年よる雲に鳥　〔笈日記〕

白髪抜く枕の下やきりぎりす　〔泊船集〕

薬のむさらでも霜の枕かな　〔如行集〕

秋深き隣は何をする人ぞ　〔笈日記〕

の孤を嘆じ、友を求むる心にかわっている。老を侘びしむ心にかわっている。それだけにまたあせる心も強くなった。

奥羽の旅の後では、ひどい腸出血で再びたつあたわずやに見えたが、ひたすらに身を守り続けて、やや健康の恢復するにあい、遊志また動き「乾坤無住、水上の泡沫、稲妻之境界に候故行先野山草木之間にて土を枕として此生終り可申覚悟に候」の決心を以て薩摩潟の月を見るため、元禄七年（一六九四）九月伊賀をたって難波へ出で、まさにその第一歩を起こそうとした。だがそこには予測せざる、しかして再び帰ることなき旅が待っていたのであった。

（「ろべり」丹壺改題第三巻二号　宮本常一編集発行　昭和八年六月）

〔編註〕「乾坤無住……」の文は、元禄七年九月十六日付の去来宛書簡としたものもあるが、『芭蕉書簡集』（萩原恭男校注、岩波文庫）には収録されていない。また一笑宛の消息として引用している文も前記の『芭蕉書簡集』には見当たらない。

夜光珠

第二巻第四號

七月號

「夜行珠」第二巻四号〈表紙〉昭和三年七月

定家卿小論

鎌倉初期を代表する歌人中その技巧方面にかけてもっともすばらしい才能を持っていたのは定家卿であった。定家には西行の素朴も鎌倉右府〔源実朝〕の熱情も見ることは出来ないが、彼独特の嬌飾的な表現法は他の追随を許さぬところである。彼は決して天才ではなかった。最後までその続く限りの努力で押していった。その表現の艶麗を字句の飾《あや》に求めた。そして新古今調を確立せしめたのである。

定家卿は人も知る三位俊成の息である。俊成は千載集の撰者として令名を馳せ、その妻〔定家の母〕も加賀といって和歌をよくした。この父この母を得て初めてこの子あるはまた当然と言うべく、彼また十五歳の折から父の指導で和歌を作り始めた。しかして彼が真に歌道に没頭し始めたのは二十四歳以後で、その年、宮中での過失から殿上を除籍されたのに動機を発する〔幸いにしてこの事は父俊成の請で許されたのではあるが〕。しかも彼は常に歌人としての野心があった。一時も早く一つでも多く、佳作を発表して他人に自己を認めさせようと努力した。それはさきの殿上除籍に対する当然の反動であり、反抗であり、憤懣からであった。しかし彼の歌材となるものは京都盆地を出なかった。詠みつくされてしまった歌材をむしかえすのが当時の京における和歌であった。そこには淫靡と倦怠の粕が鼻持ちならぬ程うずくまっていた。その中にあってある新し味を創めようとする定家の努力は、涙ぐましく、痛ましいものであった。常套的な作法から新しい作法への転換は、見聞が限られ歌材が限られていては、それを字句に見出すより他に道がなかった。

ここに彼の特異な歌風が現出されていったのである。これはたしかに当時の京都にあっては一つの驚異であったに違いない。と同時に新しい事を省《かえり》みまいとする京人士がこの作法に対して排斥運動を起こしたのは当然であった。この排斥運動が彼を練磨し、その作法の新し味を助長させた。その間常に父の優しい庇護があり、指導があったことは言うまでもない。かかる中、左大将良経《よしつね》を知り、その交を深くし、また啓発せられるところが多かった。しかも彼の習作時代は長かった。彼が真にその位置を確立したのは四十に達してからであった。

如何に彼の苦難の日が長かったか……。しかもようやく巍然《きぜん》たる地位を築いたときには老が目の前へせまっていたのである。建仁二年（一二〇二）歳四十二にしてついに左近衛権中将に任ぜられ、入爵の上からもようやく高きにつくを得た。

それから死に至る八十まで、彼の歌人としての生活が続いた。彼の歌に一種幽思的魅力のあるのも、その字句が洗練されているのも、多くは四十から六十五までの思想のもっとも円熟したときに詠じたのがその大部分であるからである。こうして彼は新しい境地を開いて歌壇のために努め振るわなかった当時の歌壇に一段の光彩をはなった。

後年鎌倉時代の和歌を論ずる者、西行、実朝に称讃の辞を惜しまず、定家において毀誉褒貶《きよほうへん》半ばし、比較的その功を称せられないのは残念である。そもそも既往の和歌を誦する者は、その時代の社会状態、作家の境遇、年齢、思想、態度等をも頭において然る後誦してもらいたい。これらを考慮するとき、自ら定家の歌の佳さも判ってくると思う。終わりに彼の歌一首を。

しろたへの袖の別れに露おちて身にしむ色の秋風ぞ吹く　（『新古今集』巻五）

（「夜行珠」第二巻四号　夜光珠短歌会　昭和三年七月）

夜光珠

第二巻第五號

八月號

「夜行珠」第二巻五号〈表紙〉昭和三年八月

朝の窓

徳川初期における和歌革新運動

殺風景な戦国時代は狂人のようなおたけびと血に飢えた狼のような残忍さの物凄い乱舞であった。妖気満つるところ必ず干戈《かんか》が踊った。誰もが血に飢えて叫ぶそこには詩も歌も生まれなかった。がしかし一陽来春、暗黒のみがいつまでも自然を包んではいなかった。信長秀吉が野心、家康が辣腕《らつわん》はやがて花咲く春の恵に逢う過程であった。しかして一度「国破れて山河あり、城春にして草青む」の詩境が人の心の奥底に秘められた生命のリズムに哀愁と悠久を与うるや、すばらしい跳躍を以て、惨忍と怨嗟《えんさ》からのがれ、室町の陰靡《いんび》な歌風を破って、新しい色彩と目覚ましい進歩に燃えようとする、うずかゆいような欲望が勃然《ぼつぜん》として起こってきた。

慶長十九年（一六一四）堂上歌人冷泉為満《れいぜいためみつ》の陳腐な歌論が幕府の儒者林羅山によって一蹴されるや、これに対して揺るがざる姿を見せたのは細川幽斎である。幽斎は丹後田辺の城主、後陽成天皇の寵遇を 辱《かたじけな》く思い、公卿のために歌学を授けた。

その歌風は旧套を脱せぬ 嫌《きらい》がないではなかったが、当時の偉才であることは疑いなく、彼の門下にも秀才が多かった。その主たる者には中院通勝《なかのいんみちかつ》、烏丸光広《からすまるみつひろ》、および俳諧の偉才たりし松永貞徳《まつながていとく》などがあった。貞徳の門下には北村季吟《きぎん》あり、歌学に功を修め、訓詁《くんこ》に努めた。

かくして歌壇再び隆盛ならんとするとき、和歌革新の大旗をかざし、これら堂上歌風に敢然として弓を引いた者があった。誰ぞ？　曰く長嘯子《ちょうしょうし》木下勝俊。彼は秀吉の甥、然るに柔懦《じゅうだ》にして関ヶ原戦の折失脚し、ついに剃髪して、長嘯と号し歌道に入った。しかしその過去が過去であったため、彼の長嘯も世人の嘲笑を以て迎えられたにすぎなかった。彼は堂上歌風を痛撃して

　敷島の道すぐにしも踏み分けん人はよもぎのあさましの世や

とまで叫んだが結局反響なくして終わった。

この彼に次いで立ったのが下河辺《しもこうべ》長流《ちょうりゅう》《ながる》であった。彼は和歌は万葉の古に帰るべきを悟り、万葉古今を片言だに間違えず暗誦するにまで至ったが、惜しい哉、その天稟《てんぴん》がなかったためかその和歌は堂に入ることを得ずして終わった。がその識見においては遙かに時流に卓越したものあり、和歌に対する評論は識者を動かすところ頗《すこぶ》る大であった。

当時朝廷にあっても後陽成天皇、後水尾天皇ともに英明に在《おわ》し、深く和歌に心をとどめさせられ、殊に後水尾天皇は幕府の圧迫に対する御憤を和歌にもらし給い、その御製に肺腑《はいふ》をつき涕涙《ているい》を止め得ないものがある。当時幕府が朝廷を圧迫し奉った事実は猪熊事件として現れ、禁中御法度の制を設け、紫衣事件となり、ついに譲位問題とまでなった。天皇の御憤如何許《いかばかり》にや。

　葦原や茂らば茂れ天が下とても道ある世にあればこそ

思ふ事なきだにやすくそむく世にあはれ捨てゝも惜からぬ身を

と詠じ給うた天皇の叡慮拝察するだに悲憤の情を禁じ得ないものがある。

かく幕府が朝廷に対し圧迫を加え奉る一面、世はいよいよ平和にして、和歌革新運動もようやく機が熟してくるのを覚えた。長流の志を嗣いだ契沖《けいちゅう》は同じく万葉により、万葉によって和歌を革新せんとしたが、彼にもまた天稟なくすばらしい効果を見ずして逝いた。が彼は訓詁に長じ、水戸公のために『万葉代匠記《まんようだいしょうき》』を書き、また『古今余材抄《こきんよざいしょう》』を書いた。かくして一歩一歩革新運動は成功しつつあった。

一方江戸においても戸田茂睡《とだもすい》あり、和歌革新の狼煙をあげ、歌学伝授の陋習《ろうしゅう》を痛快にやっつけ、歌人の覚醒を促した。かくして暁の鐘は新しい曙光とともに次の歌人の上に韻々として鳴り響いた。目覚めざるを得ず、歌わざるを得ぬ、清新な元気に充ち満ちた暁が今黎明の広野に黄金の征矢を放った。起こった。熟した。清新な光とともに巍然として中空にそそり立つ。それは誰あろう。稲荷の神官荷田春満《かだのあずままろ》であった。

（「夜行珠」第二巻五号　夜光珠短歌会　昭和三年八月）

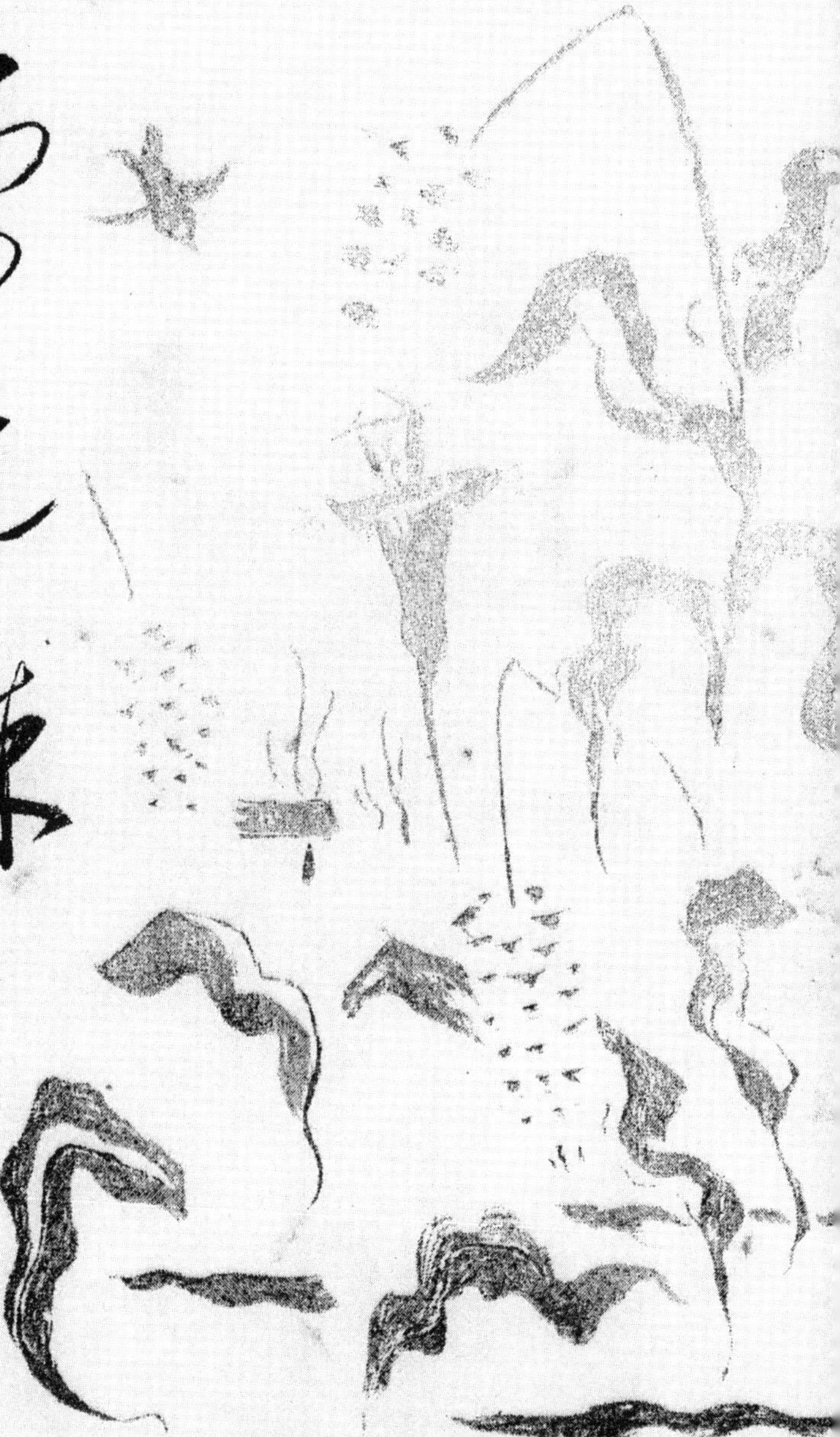

一月特別號

第三卷第一號

「夜行珠」第三巻一号〈表紙〉昭和四年一月

偶言

1

センチメンタルやロマンチックということを無暗に卑下する人があるが、文学や詩歌においてはある程度までは必要であると思う。

人間の本当の姿は喜びの部分よりも悲しみの方が大きいように思われる。けれども、センチメンタルやロマンチックなことは誇張してはならない。どんなことについてみてでもあるが、誇張ということは鼻につくものである。現在の映画で同じものを二度見る気になれぬのは、やはりそうしたところに起因しているのではあるまいか。

2

何度見ても、また何度読んでも本当に気持ちよいものがある。否ますます味が出てくるものがある。そうしたものに限って、どことない枯れたような感じが多い。しかもそれらからは不自然というものが少しも感じられない。こうした人たちは物を見るにも非常に客観的であるから。

3　感化

私が今ここで言うまでもなく、また言い古されたことでもあるが、自分の接している、自分より地位の高い人からの感化というものは実に大きいものである。その人の真似をしようと意識しなくても、いつの間にかその人の癖がうつっていることがある。しかもその人が偉大であればあるほど、その感化も広く及ぶものである。また見知らぬ人であっても、その人の癖が他と違った特徴でも持っていると、真似たい気持ちになる。ことにこれは青年に多いようである。流行などが起こってくるのも多くはこの奇を真似るとか、感化とかによるもので、青年にそれが多いのは、青年が感化力に富み、同時に進取的な気性を多分に持っているのを語っているものであろう。

さてこの感化ということは実に微妙なもので、自我の確立がないときには、崇拝するその人に自己を没してしまうことがある。少なくも形の上においては。

がしかし、内容が伴わない。言語動作ではその人そっくりになっても、その深い思想なり、人格なりには及びもつかない。もし、そこまで行こうとすれば修行が必要になり困難を伴う。……やがてその人から離れて行く。そしていつか他に崇拝すべき、あるいは私淑すべき人を持っている。こうしたことを繰り返して、思想的にも一人前になって行くのである。

これは多くの人がとる道ではあるが、さらにもう一つの道がある。それは自分の崇拝している人に真に私淑することである。単に表面的でなく、その思想人格までも……。

これは研究したり、また修行したりする上に大切なことであろうと思う。和歌などについてもそういうことが言われているようである。

私は小さいときから歌を作った（ただし本当の意味での作歌はごく最近であるが）。けれども私は歌集でも何でも手当たり次第読んだ。読んでいれば上手になると思った。ところが、晶子《あきこ》〔与謝野〕の歌をよんでいるときは晶子のような歌（少なくも形の上においては）が出来、薫園《くんえん》〔金子〕の歌集を繙いているときには薫園式の歌が出来る。そして今ではどうやらその風はうすらいできたが、夜店などで売っている一枚十銭の石版刷の絵のような歌になってしまった。

少なくも和歌に入る者は、行くべき方向と私淑すべき人、あるいは歌集を定めることであろう。そしてその感銘の大きなものは、暗記することが大切であろう。古来名歌人、名文家といわれた者は多くこうした道をとっている。

鎌倉右府〔源実朝〕は万葉集に徹し、芭蕉は常に山家集を懐にしていたと聞く。西鶴の能文は源氏物語に因り、尾崎紅葉はまた西鶴に倣《なら》う。啄木〔石川〕の詩は上田敏により、赤彦〔島木〕は万葉に帰依す。

偉大な人物は多くはそれ以前の偉人の感化によるものである。無論、時代と環境と素質が伴いはするが……。しかし、ただその形式をのみ倣ってはならない。その名に囚われてはならない。ところが我々には名に囚われやすい短所がある。

定家卿以後における和歌の行詰まりも、徳川時代における万葉調の破綻もそのためであった。我々はその実を倣い、その精神を学ばねばならない。

アラヽギは赤彦によって大成せられたもの。しかもそれは明らかに赤彦の偉大を語っている。偉大なるが故に崇拝せられた。崇拝せられてその作風が必然に一つの型を作った。それがアラ、ギ派といわれる歌風である。しかもその歌風は真にアラ、ギの精神をくむ者によって生命を持つ。がもし、作風をのみ楯とするならばおそらくは忽ちに行き詰まってしまうであろう。行き詰まるのは形のみをとるからであるとは前述の通りである。これでは真の感化とは言えない。
さて修行あるいは精進によって徹すれば、人は初めて前人の衣鉢を継ぐを得るのである。

4 故里

私たちは私たちの生まれた土地を故里と呼ぶ。故里は単に生まれた所と言うのみでなく、帰り行くべき所でもあろう。家を持たない者が痛切な孤独感に襲われるように、故里を持たない人があるとすれば同様な淋しさを感ずるであろう。故里はその人から永遠に童心を失わない機縁となるものである。つまり心の故里でもある。故里を懐かしむ心は、父祖を慕う心である。故に純であり敬虔《けいけん》である。真の芸術の境地はここにあるのではあるまいか。

小説などでも自分の郷里を背景にしたものは純で引きつけられる。これは小説に限らない。良寛の歌のよさも、赤彦の歌のよさも、ともにその故里にあって詠まれたところに因るのではあるまいか。

啄木などでも故里を歌ったものにいいものが多い。その人の本当の姿、それは故里を思うときである。つまり故里を思うことは人をして真の己に帰らしめる。真の己に帰ったときになされたすべては美しい。そしてそれが反省され、誇張されていった心が愛国の念である今秋の御大典は国民をして万々歳を叫ばしめた。皆国を想うに厚いからであって、鹵簿《かんぼ》を拝観した者が等しく涙ぐましい気持ちになった。涙がこぼれたと述懐するのも、皆そのとき国を想う心がもっとも強く働いたからで、つまり、至情至理に立ち返って、己の核心に触れたからである。国を想うことは同時に忠である。

ところで、故里が我々に如何なる意味を持つかは前述せる通りであるが、その故里を思う心は、ただ盲目的であってはならない。洗練されていてこそ故里を思うことが己を純ならしめる縁ともなるのである。洗練とは反省を伴うことである。

かくすればかくなるものと知りつつも
　やむにやまれぬ大和魂

を持って、秋霜烈日の如く、忠君愛国に一徹した吉田松陰にある懐かしみが感ぜられるのは

親想ふ心にまさる親心
　今日のおとづれ何と聞くらん

の反面があったからではあるまいか。松蔭が野山の獄を出て田園生活を始めた当時に誰へだったか宛てた農生活讃美の手紙がある。読んでいると思わず頰笑まれる。

「男児志を立てて郷関を出づ」とうたった海防僧月性も子弟に守られて故里で死んで行った。月性は故里を思うに厚かった。それは同時に国を思う心であった。故に彼は故里人を国のために奮起せしめた。幕末の内憂外患を目して、

「この事に当たり得るものは独り長州人のみ」

と喝破したほど、彼は故里を思い、これを信頼していた。理知的な歌人と言われた山上憶良をして

いざ子ども早く大和へ大伴の
　三津の浜松待ち恋ひぬらむ　〔巻一―六三〕

と歌わしめたのも懐郷の一念からであった。故里を思う心、それはただそのままにとめておいてはならない。さらにそれを縁として内への発展をはからねばならない。私が出郷するときに私の父が言った。

「悲しいときにも、嬉しいときにも、故里に父母があることを思え。困り、窮し、病めば、家へ帰って憩え。父母はお前がどんな姿をして帰っても手を広げて待っている」

父の語はただそれだけであった。故里はまた心の故里でもある。

（「夜行珠」第三巻一号　夜光珠短歌会　昭和四年一月）

その他

（大正十五年～昭和十二年）

源実朝の和歌

一

保元平治の頃、即ち武家隆興の当時は平安朝文学にひびが入って、最早見る影なしとさえ思われていたが、意外にも鎌倉に入って和歌は旧以上の隆盛を見、かつ軍記物の如き勇壮なる物語の文学が起こるに至った。私は今鎌倉時代の和歌なるものを考察し、右大臣実朝の和歌について少し研究してみたいと思う。

二

質樸にして強い表現を持つ万葉調が平安時代に入って華麗な古今調を起こし、その古今調は京都を出でず、朝廷における放蕩者の恋歌となり、漸次淫靡に化してきたのが平安朝末の戦争から殆ど見る影もなくなっていたが、三位藤原俊成卿の努力によってこの淫靡千篇一律な調子を破って詞巧みな詞華無比といわれる新古今調を実現せしめた。これに属する家隆、定家などあり、京都を中心として活躍するところがあった。しかしながらその歌は詞のみ巧みで真に強い表現を見ることは出来なかった。がしかしこれら新古今調に対して鼎座する二者があった。一は天涯放浪の乞食僧西行、一は鎌倉の主征夷大将軍源実朝であった。中にも西行は旅における見分が恐ろしく彼の語彙を豊富ならしめ、当時稀に見る強い表現の和歌を唄い続けた。しかも彼は僧であるが故にこれが影響を受けて幾分厭世的な解脱した彼特有の運命観を歌って、当時の人心を引いた。がしかし実朝にあっては狭い鎌倉を中心として北條時政の監視を受けて滅多に遊びに行ける身ではなく、それは京都の公家以上に窮屈な生活をしていたが、よく右の二者に対抗し得たのは彼が万葉調を高唱したからではあるまいか。彼の雄々しき姿はその和歌によって見ることが出来る。

三

実朝は建久三年（一一九二）八月九日、浜御所において誕生した。その時父頼朝は四十六歳、母政子は三十六歳であった。八歳の時に父を失い、十二歳の時は北條時政の政策によって兄頼家籠居《ろうきょ》せられ、彼に変わって征夷大将軍となった。この時から死に至る一七年、彼は殆ど北條家の人々のために左右せられた哀れな京人形のような将軍であった。劇的な彼の一生は政権争奪の痛ましい犠牲だったのだ。十三歳の時兄頼家は修善寺で時政のために痛ましい最期を遂げた。しかして十四歳となるや坊門前大納言の女を室に迎えて早くも家の主たる運命におかれた。非常に悠長に出来ていた彼の先天的素質にこうした彼の境遇が彼をして幾分因循ならしめ、しかも彼は武士であるが故に剛健なる半面も持っていた。彼の歌はかかる彼の性格ももっとも明確にそれを語っている。

その一は、

いとほしや見るに涙もとゞまらず

親もなき子の母を尋ぬる

かくてのみ有りてはかなき世の中を

憂とや云はん哀れとや云はん

これを見ても彼の無常観がどの程度のものであったかが知れよう。

その第二、

今朝見れば山もかすみて久方の

天の原より春は来にけり

おほかたに春の来ぬれば春霞

四方の山辺に立ち満ちにけり

これなどは如何にも丈の長い歌である。

その第三、

武士の矢なみつくらふ小手の上に

霰たばしる那須の篠原

これを見ればまた武士としての彼の一面が思われるではないか。これは単に一例に過ぎないが、彼の性格はこうした三つの特長を持っていたようである。

ところで彼はその年（十四歳）三月初めて和歌一二首を詠じ、九月には定家卿の弟子内藤兵衛尉知親が撰進の新古今集を携えて鎌倉に来たり幕府に献上した。この中には頼朝の歌も入っていた。

これより彼の詩的生活は起こされたのである。

十七歳の時には彼の室の侍である兵衛尉清綱が京師から下向し相伝の古今和歌集を献じた。十八歳、彼は右近衛中将に進んだがこの頃から彼は兄同様北條家の手管にまかれて武を捨て、文弱に流れ、管絃歌会の遊楽やら蹴鞠やらにその生涯を送ったといってよい程で、虚弱ではあったが彼の兄頼家の方が遙かに勝っていた。歴史などによれば頼家は甚だ暗愚のように見えるが決して彼が暗愚でなかったことは彼を遇した北條義時の態度を見ても判る。がしかし当時の実朝は義時には人形にすぎなかった。しかして彼を遊蕩児たらしめんとしたが詩歌のすさびある彼はかえって風流文弱の士となったのである。長沼五郎宗政が彼を罵詈讒謗《ばりざんぼう》したのは彼のみの感情ではなく、当時鎌倉武士の一般が彼に対する感情ではなかったろうか。

しかし彼は段々和歌への道を奥深く踏み入り、その年の七月詠草三〇首を選んで内藤知親に命じ、京師なる藤原定家の點を乞うた。かくして彼は定家の門に入ったのである。それから二十二歳頃までの多くの歌は皆新古今の影響を受けたものばかりであった。

△眺むれば淋しくもあり煙立つ
　室《むろ》の八島の雪の下もえ
△はらへたゞ雪分衣ぬきをうすみ
　積れば寒し山おろしの風
△小夜ふくるまゝに外山の木の間より

さそふか月をひとり鳴く鹿

△露ふかみまがきの菊のほしもあへず
晴るれば曇る村雨の空

△ぬれて折る袖の月影ふけにけり
籬《まがき》の菊の花の上の露

△眺めつゝ思ふも悲し歸へる雁
行くらん方の夕暮の空

これらはその一端にすぎないが、皆二十歳前後の詠であろう。がしかしこれらの中から未だ天才的な天分を見出すことは出来ない。

二十歳の頃には頻に歌会を催し、また三浦三崎方面に遊び管絃の遊に耽り、また小笠懸などに興じた。二十歳をすぎてからの彼の歌は漸く万葉の模倣を見るに至った。「吾妻鏡」によると彼の遊興振などがハッキリ判るが、この頃では大抵月一回くらいずつ歌会を開いていたようであり、またその風流ぶりもうかがわれる。たとえば小泉小次郎親平などに連坐して死刑と決した渋河刑部六郎兼守が荏柄神社へ述懐の歌を奉納せるを聞いてその罪を許したるが如き幾分軽率のようにも思われるがまた奥ゆかしい彼の心が思いやられる。彼が初めて万葉集を手にしたのは二十二歳の十一月であった。十一月二十三日二条中将雅経に万葉の事を問うや京極侍従三位が相伝の万葉集を献じたによる。当時の実朝を書いた「吾妻鏡」によれば、

就レ之。去七日。羽林請取之送進。今日到着之間。廣元朝臣持二參御所一。御賞翫無他。重寶何物過レ

之乎之由。有レ仰。云々……彼卿家領伊勢國小河射賀御厨地頭澁谷善左衛門尉致二非法新儀一之間。領家之所務如レ無。三品雖レ爲二年來之愁訴一。本自依レ不レ染二世事一。不レ弁二營此事一。思而渉二旬月一計也。而去比。以二廣元朝臣消息一。有二愁訴一歟之由。至下被二觸遣一之時上。爲レ休二土民之歎一。始發言之間。有二其沙汰一。被二停止件非儀一云々……是併被レ賞二哥道一之故也。

これを見てもまた彼のみやびな心が判る。

この頃から彼は漸くその文弱から目覚めかけ、殊に和田義盛等誅伏後は北條家の勢力に対抗せんとする勢を示すに至った。それにはすべからく高位高官に立ってこれにより義時に対すべしと考え陞進《しょうしん》にのみ腐心するようになった。如何にも痛ましい気がするではないか。弱い人間らしい、しかも青年に見る態度を彼は完全に暴露している。彼はまた多感な青年であったからである。この頃から万葉調の歌を彼の歌集から見出すことが出来るようになった。

△時によりすぐれば民の歎なり
八大龍王雨やめ給へ

その代表的なものはこの歌である。その題には「建暦元年七月洪水漫レ天民愁歎せむことをおもひ一人奉レ向二本尊一聊致二祈念一」とあるが「吾妻鏡」には七月に洪水のあった事は見えていないが、その翌年即ち建暦二年五月にあった事が書いてある。また建保二年八月にも洪水があったが、建暦元年（一二一一）ならば彼は二十歳であるし、建保二年（一二一四）なら二十三歳であるから、あるいはいつの事であるか計り知れず、もしたしかに建暦元年の作とすれば万葉集の影響とはいえないが、いずれにしてもこの歌は明らかに万葉古調らしい強い表現を見ることが出来る。しかし彼の万葉模倣時代にはずいぶん乱暴なものがあった。一読してそれがいかなるものであるかを知ることが出来るほどのひどい模倣、否、模倣というより剽窃といいたいものさえあった。

奥山のいはねに生ふる管の根の
根もころ〳〵に降れる白雪

は一読して万葉集二〇に出ている

高山のいはねに生ふる管の根の
ねもころ〳〵に降り置く白雪

の焼き直しである事を知り得る。これぱかりではない。次に掲げる数種も同じような模倣歌である。

△まきもくの桧原のあらしさえ〳〵て
弓月が嶽に雪降りにけり

△さゝの葉はみ山もよそに霰降り
寒き霜夜をひとりかもねん

△みさご居る磯部に立てるむろの木の
枝もとほゝに雪ぞ積れる

△吉野山もみぢ葉流る瀧の上の
三船の山に嵐吹くらし

△武庫の浦の入江の洲鳥朝な〳〵
　常に見まくのほしき君かな
△奥山の岩垣沼に木の葉落ちて
　沈める心人知るらめや

これらの歌はその上句かあるいは下句が大抵万葉集に出ているもので、完全な模倣歌である。殊に彼は鎌倉から西へ来ると言えば駿河三島へ二所詣の時顔をのぞけるだけで、それ以西へ足を向けない彼に吉野山や武庫の浦の歌のような実感的な（憶測や概念の分子を含まない）歌が作れるはずもあるまい。が、こうした模倣歌から漸次彼は立派なものを創作し得るようになって、彼の若々しい姿をそこに見出し得るようになった。

四

現在の彼の敵は誰でもない義時だった。その義時は執権として勢力実に絶大、飛ぶ鳥をも落とす勢いだったので、彼は余程腐心した。

がしかし、地位のみはグングン高くなっていって二十五歳の六月には参議を経ずして権中納言に任ぜられ、同年七月には左近中将に進んだ。次いでこの月の二十九日には小河法印忠快六字阿臨法を相模川に修するや、供奉者一万騎を随えこれを見た。実に天下無双の壮観だったという事である。これを見た義時は歪んだ笑にある一種の不安さえ感ずるに至り、大江広元をして幕府に諫《いさ》めしめた。「当官を辞して唯征夷大将軍となり高年に及んで大将をかねらるべし」というのがその言うところであったが、これに対して実朝は、「諫諍《かんそう》の趣最甘心すとは雖、源氏の正統はこの時に縮め畢《おわ》り、子孫敢えて之を相継ぐべからず。然者飽まで官職を帯び家名をあげんと欲す」と答えて肯《がえ》んじなかった。これ実に立派な挑戦的な態度ではないか。

如何に文弱に流れ、猫に対する鼠だったとはいえ、若い希望に燃えた彼は鎌倉の主としての自覚を持っていた。かくして彼は義時に対して次第に挑戦的な態度をとってきた。これがまたひどく義時を狼狽せしめた。

かかる中に彼の和歌は万葉模倣時代より本当の彼の境地に進んで一段の輝きを見せてきた。その当時の作には、

△うちなびき春さりくればひさぎ生ふる
　片山かげに鶯ぞ啼く
△松の葉の白きを見れば春日山
　この芽も春の雪ぞ降りける
△さ蕨のもえ出づる春になりぬれば
　野辺の霞もたなびきにけり
△み冬つき春しきぬれば青柳の
　葛城山にかすみたなびく

△水たまる池の坡《つつみ》のさしやなぎ
　この春雨に燃え出でにけり
△古寺の朽木の梅も春雨に
　そぼちて花ぞ綻びにける
△我が宿の梅はなさけり春雨は
　いたくな降りそ散らまくも惜し
△ながむれば衣手かすむ久方の
　月のみやこの春の夜の空
△櫻花散らまく惜しみ打日さす
　宮路の人ぞまどゐせりける
△山風の櫻吹きまく音すなり
　吉野の滝の岩もとゞろに

などがある。無論これは春の歌にすぎないがこれらの歌を見ると言い知れぬ丈の長さ、奥の深さ、そして素直さがある。殊に「さ蕨」の歌や「水たまる」の歌の丈の長さ「ながむれば」や「うちなびき」の歌の素直さを見よ。幾分気取ったのもあるが、これらは皆そのすらすらした当時に見られない気持ちのよい歌ではないか。尚、夏のものを見れば第一に、

△春すぎて幾日もあらねど我宿の

池の藤波うつろひにけり

がある。実にのんびりした素直な歌である。しかもその間に季節の移りゆくさまが、またそれに対する感情が丈長く歌い込まれてある。

△夕暮のたど〳〵しきに郭公《ほととぎす》
　声うら悲し道やまどへる

△五月まつ小田のますらをいとまなみ
　せき入る水に蛙なくなり

これなども本当に非難のない歌であろう。殊に後の歌は西行の、

△眞菅生ふる山田に水をまかすれば
　嬉し顔にも蛙啼くかな

と好一対ではないか。野趣愛すべくこの歌誦すべし。

△五月雨に水まきるらし菖蒲草
　うれ葉かくれて刈る人ぞなき

△五月山木だかき峰のほと丶ぎす
　たそがれ時の空に啼くなり

これらは皆、万葉のそれに比肩すべき傑作たる事は一誦してこれを知り、三嘆して声を惜しまないほどのものであろう。

△ほと、ぎすきけどもあかず橘《たちばな》の
　花ちる里の五月雨の頃
△五月闇おぼつかなきに郭公
　ふかき峰よりなきて出づなり
△秋近くなるしるしにや玉だれの
　こすの間通し風ぞすゞしさ
これらの歌は万葉と古今と新古今の間を行く彼独特の歌で、私の想像によれば少なくとも二十五歳以後の作と思われる。やがて季は推移して秋となる。
△天の河みなわさかまき行く水の
　早くも秋のたちにけるかな
△久方の天の河原を打ちながめ
　いつかと待ちし秋も来にけり
かくして秋は来、月は中空に皎々として輝く。悠長な半面を持った彼は、その頃の一夜を次のように歌っている。
△秋風に夜のふけ行けば久方の
　天の河原に月かたぶきぬ
いかにも悠揚せまらざる実朝の姿を思わせるではないか。さてその月は勝長寿院の坊の軒にかかった。

△ながめやる軒のしのぶの露のまに
　　いたくな更けそ秋の夜の月
院の楼によって落ち行く月を見る関東の風流人実朝の姿ここに至っていよいよ神秘になる。
△たそがれに物思ひ居れば我宿の
　　萩の葉そよぎ秋風ぞ吹く
この歌は彼の万葉の額田女王の
△君待つと吾が想ひ居れば我が宿の
　　すだれ動かし秋の風吹く
の歌に似て、これに劣らぬものであろう。秋の歌にはまだまだたくさん傑作を見、かつ彼独特の歌い方をしているが、もうここに掲げる必要はなかろう。続いて冬の歌を鑑賞しよう。
△東路の道の冬草かれにけり
　　夜な〳〵霜やおきまさるらん
△蘆の葉は澤辺もさやにおく霜の
　　寒き夜な〳〵氷しにけり
これらは実にあっさりして率直である。新古今調全盛の折にこの歌を唄い得たところに彼の偉大さがありはすまいか。殊に、
△冬ごもりそれとも見えず三輪の山

杉の葉白く雪のふれゝば

の歌の如きはその前書が「屛風に三輪の山に雪の降れる所」とあるが、実際屛風の絵以上に傑作である。しかもこの歌は絵を見て歌ったよりも山を見て歌ったものと見るほどのものである。

△ちりをだにすゑじと想ふ行く年の

跡なき庭をはらふ松風

かくして年は暮れ行く。そして再び春は来る。

五

年をとるにつれて彼は次第に厭世的になってきた。義時と争うのにももう慊《あ》きた。幕政に携わるのも厭《いと》わしくなった。心弱い半面を持つ彼は、また武士らしい一面と空想で一杯な頭から、西海放浪を思い立った。それはまた彼の性格、彼の境遇を思う時、当然のことだったろうと思われる。殊に彼は兄頼家ほどの雄々しい血と武骨を持っていなかった。柔軟に育った彼、早く父を失い、幼少にして結婚した彼は、父の血を受けながらも覇気がなかった。雄々しき鎌倉の主たらんとして成り得ざる煩悶は僧西行の如き放浪を憧れしめた。折もよし、彼が二十五歳の六月、陳和卿《ちんわけい》が関東に下向してきた。陳和卿は南宋の人、有名な仏師にして当時南部東大寺の仏工をしていた。彼関東に下り、実朝に逢うや実朝に説くに支那の事を以てした。当時厭世的な思想と煩悶とに悩み、放浪を憧れていた彼は卒然として支那に赴かん事を思い立った。朝夕に見る相模灘の浩濤の彼方数百里、彼の日の落ち行く所に四百余州有する支那がある⁉ 彼の頭の中はそれで一杯だった。「狭い日本に住みあきた……海の彼方に支那がある。支那には四億の民が待つ」近頃流る俗謡のようなものでなく、彼は解脱光明を求めたかったのである。この年、即ち建保四年（一二一六）十一月、ついに陳和卿に命じて唐船を作らしめ渡支を声明し、扈従の人六十幾人を定めた。その声明によれば「宋の醫王山を拝す」を目的としているが、実は永遠に故国へ帰らない考えだった。かくと知った義時、しかも猫をかぶっている義時は如何にも忠義ぶって大江広元に命じ、頻りに諫諍《かんそう》せしめたが、彼は頑として聞かなかった。しかして年内に出発する気で工事を急がせたが、斯くと知った義時はある種の手段を講じた。十二月に入るや諸人の愁訴相次いで山をなすに至り、意外にも事多くて本意なきながら建保五年を迎えた。そうして例年の如く二所へ進発した。彼は十六歳の折から毎年一月二所（函根・三島）詣をする事にしていた。さて船工事も意外に捗らず、やっと四月十六日完成を見るに至った。しかしてこれを由比の浜に浮かべんとして諸人を励まして進水せしめんとしたが、どうしても動かなかった。「これは唐船を浮かべるほどの大きな浦でないし、また船が大きすぎる」と諸人は言ったがその態を見て皮肉気に笑っている武士があった。それは義時であった。実朝は腕をこまぬいて驚嘆した。なぜなら彼の望みは達することが出来なかったからである。やがてその船は由比の浜に朽損していってしまった。

六

かくして彼の二十六歳は失望の中に去った。ところで少時また彼の和歌に立ち返ってみよう。四季歌についで恋歌に入る。早く結婚し、早熟であった彼には叔父義経やまた従弟の木曾義仲のような美しい恋のロマンスを持っていない。かつ彼は義仲や義経のような自然児でもなかったし、その恋も華々しくなかった。したがってその歌も火の出るような華々しさ、狂せしめるような狂おしさ、そして蜜のような甘さ、夢のようなはかなさを歌ったものは一つもなく、平凡なものであった。殊に中にはなかなかませた歌もあるが、大体でうるおいのないものばかりであった。が、しかし傑作もないではなかった。今その二、三をあげてみよう。まず、

△秋の野に朝霧がくれなく鹿の
　ほのかにのみやなき渡るらん

の歌を見る前書に「寄鹿恋」とあるが、なるほどその風致賞すべくも実感は出ていない。

△とよ国のきくの長はま夢にだに
　まだみぬ人に恋やわたらん

豊国は豊前豊後である。彼は行ったことのない国だから、万葉集の、

△豊国の企救の長浜行きくらし
　日のくれぬれば妹をしぞ思ふ（巻一二―三二一九）

△豊国の企救の長浜高々に
　君まつ夜らはさ夜更けにけり（巻一二―三二二〇）

などからとって読んだものと見るべく、歌としては成功していても本当の感じが万葉ほど出ていない。

△三島江や玉江のまこも水隠《みがく》れて

目にし見えねば刈る人もなし
△物おもはぬ野辺の草木の葉にだにも
秋の夕は露ぞおきける

これらも傑作には違いないが本当に恋する者の心を歌ったとは言えない。殊に彼の恋歌は万葉集からとったものが多いので、万葉調以上の強い表現を見ることは出来ない。

△心をし忍ぶの里におきたらば
阿武隈川は見まくちかけん

は万葉集の、

△心おし無何有《むがう》の郷におきてあらば
はこやの山を見まく近けむ（巻一六―三八五一）

の焼き直しと見るべくさきの「とよ国の」の歌と同じく彼の恋歌には万葉からきたのが頗る多い。一々あげてもよいがその必要はなかろう。

さて彼の恋歌は皆かくの如きであったかと言うに決してそうではない。次の「まつ恋の心を読める」の歌は実に立派なものであろう。

△こぬ人をかならず待つとなけれども
暁方になりやしぬらん

この中に含まれた女性的な匂い、柔らかさ、細さ、そして魅力に富んだ優艶さは深く我らの心を引く。

次の二首もまた恋歌中の傑作と見ることが出来よう。前者は結句の巧妙さにおいて、後者はその素直さにおいて、また実ある歌として。

△風を待つ今はたおなじ宮城野の
　もとあらの萩の花の上の露

△おきつ鳥うのすむ石による波の
　まなく物思ふ我ぞかなしき

七

彼の傑作は四季の歌や恋歌になくて多く雑の中に見受けられる。旅と言えば二所詣か三浦三崎の別業に遊んだくらいのもので、旅の歌にも傑作はない。がしかし雑のものを見るとその所懐や憧憬が巧みに歌われてある秀歌が多い。

△春雨にうちそぼちつゝ足曳の
　山路行くらん山人やたれ

△我が宿のませのはたてに這ふ瓜の
　なりもならずも二人ねまほし

△磯の松幾久さにかなりぬらん
　いたく木高き風の音かな

△山遠み雲井にかりの越えて去なば
われのみ一人ねにや鳴かなん
△濱辺なる前の川瀬を行く水の
はやくも今日の暮れにけるかな
△雲や空波や空とも之ぞわかぬ
かすみも浪も立ち満ちにつゝ

これらは皆推奨するに足る秀歌だと思う。殊にその率直さと簡潔さ、それは彼の歌にのみに見るものであって、関東の若武者の面影がうかがわれるのではないか。殊に次の、

△ふりにけり朱《あけ》の玉がき神きびて
破れたるみすに松風ぞ吹く

の歌は非常に新しい歌で、とても当時の歌とは思われない。この新しい表現法はちょっと落合直丈や佐々木信綱の歌のような感じを持たせる。この歌を歌い得る彼は当時の歌調や文飾《あや》ということに如何に無頓着であったかが判る。また、

△山はきけ海はあせなん世なりとも
君に二心我あらめやも

は人口に噲炙せられたるところであって、人もこれにより彼の所懐が奈辺にあったかを察して、この歌によって彼の武士道精神を認めている。しかしてこの歌は大伴家持の「海ゆかばみづく屍、山ゆかば草むす

屍、大君のへにこそ死なめ、かへり見はせじ」（巻一八―四〇九四）及び、

△我大君ものな思ほし事しあれば
　火にも水にも我なけなくに

の歌と共に我が国民の信念及び武将としての信仰を歌ったものとして、彼の心中を知ると共にその価値を認めるのである。

尚一本及び印本に所載する二、三をあげてみよう。

△このねぬる朝けの風にかほるなり
　軒端の梅の春の初花

△やらの崎月かげ寒し沖つ鳥
　かもと云ふ舟うきねすらしも

右の後者はやらの崎とあるから筑前早良《さわら》郡の荒崎であろう。そうすると彼は筑前などへ行ったことはないから、当然万葉集の

△奥つ鳥鴨とふ船のかへり来ば
　也良の崎守はやく告げこそ（巻一六―三八六六）

△奥つ鳥鴨とふ船は也良の崎
　廻《た》みて漕ぎ来と聞こえこぬかも（巻一六―三八六七）

などから感を得て作ったものと見て差し支えなかろう。

八

かく見返れば、彼の万葉習作時代からここに至る間約五年間、ほとんど万葉調のみによったように見えるが、彼はまた一方において盛んに八代集を読んでいたらしく、古今調と万葉調と新古今調の間を行くようなものもかなり歌っている。がしかし、これらには傑作と見るべきものが少ない。ただし第四節に述べた「ほとゝぎす」「さつきやみ」「秋近く」の三首の如き傑作がないではない。本当に少ないのである。

△ほとゝぎす鳴く聲あやな五月闇
　きく人なしに雨は降りつゝ
△夏涼みおもひもかけぬうたゝねの
　夜の衣に秋風ぞ吹く
△昨日こそ夏は暮れしか朝戸出の
　衣手寒し秋の初風
△吹く風の涼しくもあるかおのづから
　山の蟬鳴きて秋は来にけり
△萩の花くれ〴〵までも有りつるが
　月出でゝ見るになきがはかなき

これらは技巧の上から見て古今調と見て差し支えなかろう。しかも言い回しに成功せずして古今調ともならず、万葉調にもなりきっていないところを見ると、万葉習作時代のものではあるまいか。

△ゆかしくは行きても見ませゆきしまの
岩ほに生ふる撫子の花

この歌は万葉調に出ている「雪島のいはほに生ふる」や「なでしこは秋咲くものを」の歌から得たものとも見られるが、しかしどうもフラフラしているところを見て、古今調のくずれかけた後撰集時代のような趣がある。

△たのめこしへだにとはぬ古郷に
誰松虫の夜半に鳴くらん

△春と云ひ夏とすごして秋風の
吹き上の濱に冬は来にけり

これらは純古今調と見て可であろう。それは技巧からいっても思想上からいっても。

△世の中は常にもがもな渚こぐ
海士の小舟の綱手かなしも

△澤辺より雲居にかよふ蘆田鶴《あしたづ》も
憂きことあれや音のみなくらん

△聞きてしも驚くべきにあらねども
はかなき夢の世にこそありけれ

△かもめ居る沖つ白洲に降る雪の

はれ行く空の月のさやけさ

彼はまた右のような新古今の歌も読んでいる。新古今調に属するものにはまだまだ沢山ある。

△われ故に濡るゝにはあらじ唐衣
山路の苔の露にぞありけん

△ゆひそめて馴れしたぶさの濃紫
おもはず今にあさかりきとは

△夕月夜さすや川瀬の水馴棹《みなれざお》
なれてもうとき波の音かな

△わだつ海の中に向ひて出づる湯の
いづのを山とうべも云ひけり

△思ひ出よみしよは餘所になりぬとも
ありし名残の有明の月

△なよ竹のななの百そぢ老いぬれど
八十《やそ》の千節は色も変らず

△弱竹《なよたけ》のちゝのさ枝のはゝ枝の
そのふし〳〵に世々はこもれり

いずれもかなり気取った歌である。私の目から見るとどうしても新古今式の実のない、詞ばかり巧みな歌のように思われる。

九

私は第三節に彼の歌の三方面について少し書いた。がしかし、まだもう少し書く必要を感じた。何故なら、今まで鑑賞してきた和歌以外に彼はその人生観、その性格の表現である歌を沢山誦んでいる。私はその無常的な半面についてまず論じてみたい。彼は武士であり、かつ臨済宗の開祖栄西上人に接しておりながら、割合に大悟徹底していなかったことは疑う余地を持たない。がまたこれを然りと言い切るほどのものでもない。何故なら鎌倉の主たる時は幾分雄々しく、信念あるらしい姿を見せたから。さてそのいわゆる彼の人生観及び内面的な立場から歌ったものには、

△おのづから哀れとも見よ春ふかみ
　散り残る岸の山吹の花

△風をまつ草の葉におく露よりも
　あだなるものは朝顔の花

△物いはぬ四方の獣すらだにも
　哀なるかなや親の子を思ふ

△うつゝとも夢とも知らぬ世にしあれば
　ありとてありと頼むべき身が

△とに角にあればありける世にしあれば
　なしとてもなき世をもふるかも
△世の中にかしこきこともはかなきも
　思ひしとけば夢にぞありける
△よの中は鏡にうつる影にあれや
　有るにもあらずなきにもあらず
△とにかくにあなさだめなの世の中や
　喜ぶものあらばわぶるものあり

などがある。これらはその前書まで書くと一層よく歌の裏がはっきりするが、これだけでもまんざら判らぬ事もあるまい。

ついで丈長い歌については第三節以下かなり沢山書いたが、さらに残りの三、四の秀逸をあげると、

△春すぎて幾日もあらねど我宿の
　池の藤波うつろひにけり〔前出〕
△天の原ふりさけ見れば月清み
　秋の夜いたく更けにけるかな
△わくらはに行きても見しかさめが井の
　古き清水にやどる月かげ

であろう。これらは皆賀茂真淵や正岡子規の推奨するところで、人口にも相当膾炙《かいしゃ》せられている。かく多情多感にして多面な彼は誦い続けつつ、その境遇の展開をはかったのであった。

さて、彼の武士らしい他面を誦ったものに次のようなのがある。

△紅のちしほのまぶれ山の端に
　日の入る時の空にぞありける
△玉篋箱根の水海けゝれ《心の意》あれや
　ふた國かけて中にたゆたふ
△箱根路をわが越えて来れば伊豆の海や
　沖の小島に波のよる見ゆ
△大海の岩もとゞろによる浪の
　われてくだけてさけて散るかも

これ皆彼の代表歌である。『金塊集』の名を知る者にして、この歌を知らぬ者はあるまい。これ実に傑作中の傑作にして、真淵はのどを鳴らして褒めている。私もまたこれを賞揚するに言を惜しまないもので、気取ったり、もじったり、時には焼き直したり、悲観したりする彼はこの歌を詠じて初めてその面目を一新し、彼の生命に一新を加えてきた。これらは皆、死の前二、三年のものと見られるべく、悲観的な中に、強からんとする彼はかく伸びつつあったのである。

十

義時に対する己の立場をはっきり見つめた彼は、どうしても強くならなければならなかった。次第に自覚してくる彼の目にはどうしても義時を葬らなくてはならないように見え始めた。「煩悶は向上である」と早大教授の稲毛詛風《そふう》〔金七〕氏は言っているが、事実そうであろう。その性格、その境遇の束縛からのがれて新天地に進まんとする努力に伴う大なる煩悶は次第に彼を進展せしめたが、また地位も漸次高まっては行った。二十七歳の正月十三日（建保六年・一二一八）には権大納言に進み、同年三月六日にはさらに左近大将に昇り、左馬寮御監を兼ねた。しかしてこれが拝賀式は六月二十七日鶴丘八幡宮において行われた。やはり義時への挑戦からその式は盛大を極め、連なる人々には勅使として内蔵頭忠綱、その他京師よりこれと共に下向せる、一條中将信能、伊豫少将実雅、花山院侍従能氏、池前兵衛佐為盛、右馬権頭頼茂、大條大夫頼氏など、鎌倉一党の主達あり、実に堂々たるもので、あっぱれ、関東の主《あるじ》ぶりを見せた。これら雲上人は十月、彼が内大臣に任ぜられるまで鎌倉にいて、九月十三日の名月の歌会には各出席したのである。この年の十二月二日、ついに右大臣に進んだ。彼の得意はここが絶頂であった。位さえ高まれば義時は十分征服できるとのみ信じて徒《いたずら》に昇進を計った彼には、やはり武士として、鎌倉の主としての実力がなかった。如何に彼が義時に挑戦的に出かけても、実力の養成を閑却した事は一大失敗であった。そしていたましくも意外に早くその破綻を見、兄頼家の轍を踏まなくてはならなくなった。建保七（一二一九）年正月二十七日在右大臣の拝賀式をあぐる朝、

△宮ばしら太しき立て丶萬代に

今ぞさかへん鎌倉の里

とそのその大抱負を述べて己が胸中を詠じたが、その夜はかなくも甥別当阿闍利公暁の為に「父の敵天誅せん」の声もろとも鶴丘の露と消え、あわれ「宮ばしら」の歌は絶歌となってしまった。その夜、珍しくも降雪二尺、その雪の中に実朝の若々しい赤い血が流れた。それから三年、彼が「山はさけ海はあせなん世なりとも」と詠じた鎌倉の里から朝廷に弓ひく幾万の兵が喊声をつくりつつ京師へ登って行った。定めなの世や。いつわり多き現実や。鎌倉の里の浦波はそれでも静かだったか。世の人はこの戦を承久の乱と言った。実に極悪無道な戦であった事は世人周知の事、敢えて喋々たるの必要はなかろう。

十一

実朝はどちらかというとかなり不遇な方で、弱さが持つ煩悶がこれに伴うて常に彼を苦しめていた。その境遇と性格が彼の歌となって現れたのであろう。逆遇によった天才詩人の中には遠く山上憶良あり、平安に入って在原業平あり、近く木下長嘯あり、現代に至って北村透谷、石川啄木、伊藤白蓮がある。その中でも最も多感なりしは源実朝なりと言い得るべく、他の人たちには彼の多き多面な歌を見る事は出来ない。殊に伊藤白蓮の如きにあっては、その不遇な地位から脱するやその詠ずるところ忽ち平凡化して、ついに誦する価値なきに至ったが如きは、甚しく悲哀を感ずるところである。啄木にしろ、長嘯にしろ、業平にしろ、皆一面的なところのみなるに、憶良と実朝は実に多くの面角を持っていた。しかも実朝にあっては新古今調全盛中にあって万葉調を高唱している事が後世人をして異常に引きつけた。殊に〝Return to

Manyo〃を叫んだ加茂翁や正岡子規には非常に偉大に見えた。

△人丸ののちの歌よみは誰かあらん
　征夷大将軍源の実朝
△大山のあふりの神を叱りけむ
　将軍の歌を読めばかしこし
△路になくみなし子を見て君は詠めり
　親もなき子の母を尋ぬると
△世の中に妙なる君の歌をおきて
　あだし歌人よき歌はあらず

などと子規がほめちぎるのも無理はない。

子規は写生主義の高唱者であるだけに叙景的な万葉調を最もよく愛したのである。

青二才ながら実朝は斯く秀歌を詠じ続けた。そして徒らに詞華にのみとらわれ、京師を出でざる新古今調に対してよく対立し得た。それはたしかに一つの驚異である。かくて彼は西行と共に和歌の墜落を救うた。私たちはその恩に感ずる。たとえ彼が万葉集の模倣歌ばかり作ったとしても、十分にその努力に感ずるものである。不幸にして彼は若くして倒れた。彼の歌は最高潮に達するか達せずかで絶えた。が、かえってその中に意義がある。長嘯の如く長生きするとどうしても晩年のものは自嘲的な皮肉なものばかりになって、歌も晦渋になる。が彼は若くして死んだだけに幾分気取ったものはあるとしても皆はつらつたるものばかりだ。そこにまたチャームするところがある。和歌の巧拙は第二として芸術価値の大小はその美的チャーミング?の大小によるものであるから、彼の和歌は明らかに成功し得ていると思う。

まとまらぬままに書き去った三〇枚、これは本当の私の研究でないだけに残念だ。がしかし近き日、実朝の和歌についてはもっと用意周到な研究をして発表したいと思う。（一九二六・一〇・一九）

〈参考書および歌集〉

金塊集（七一九首）　右大臣源実朝
△鎌倉右大臣歌集　佐々木信綱校訂
△万葉集講義　窪田空穂
吾妻鏡
△鎌倉右大臣風流日記及覚書　尾山篤次郎
古今集遠鏡　本居宣長
八代集講義抄　尾上八郎

但シ終ノ二書カラハヒントヲ得タニスギヌ。

（大正十五年八月、天王寺師範リポート。要約を校友会雑誌に掲載）

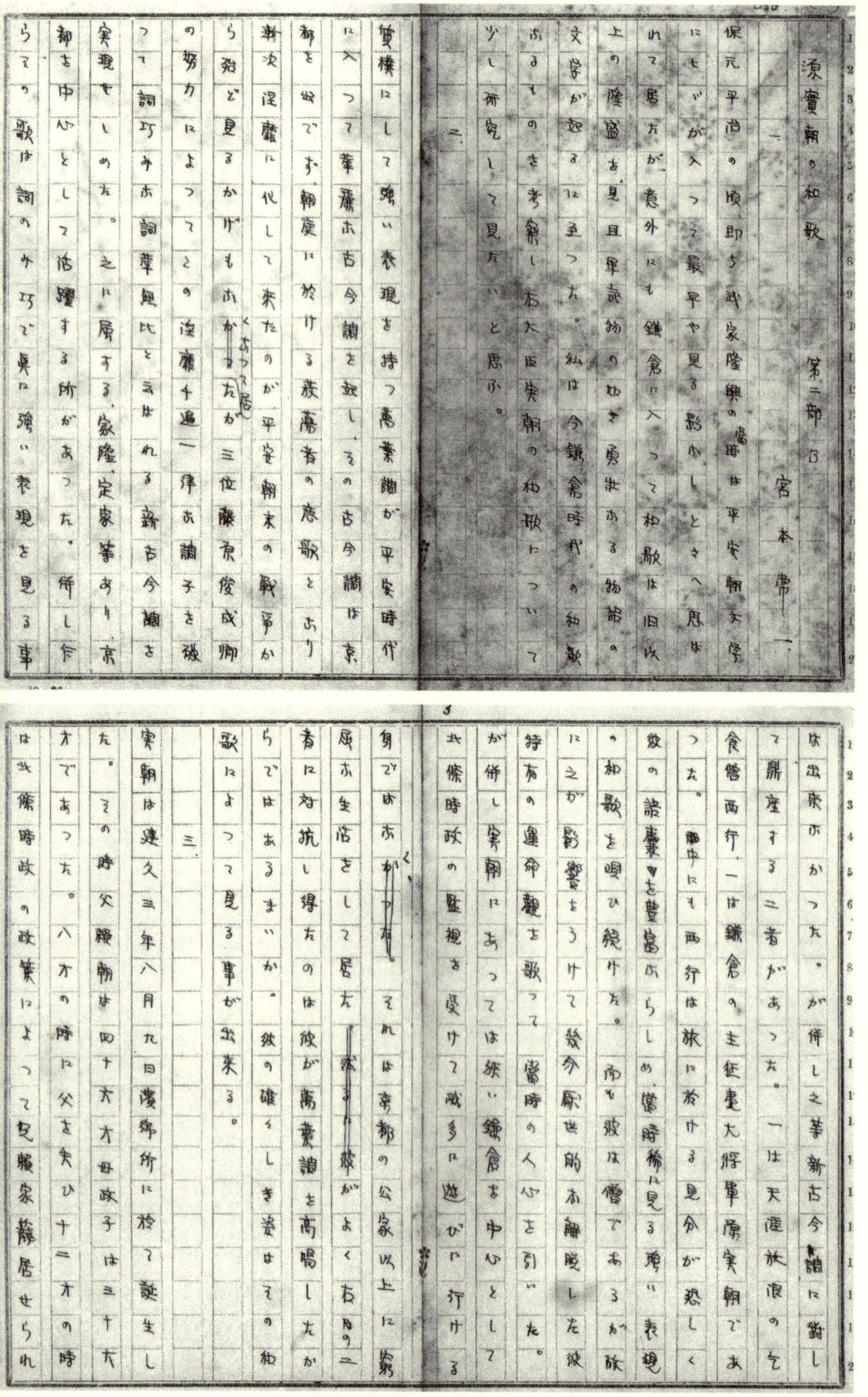

源實朝の和歌　第二部 B　宮本常一

一、

保元平治の頃、即ち武家隆興の當時は平安朝文学にもひびが入って最早や見る影なしとさへ思はれて居たが、意外にも鎌倉に入って和歌は旧以上の隆盛を見且軍記物の如き勇壮なる物語の文学が起るに至った。私は今鎌倉時代の和歌なるものを考察し右大臣実朝の和歌について少し研究して見たいと思ふ。

二、

質樸にして強い表現を持つ萬葉調が平安時代に入って華麗な古今調を起し、その古今調は京都を出でず朝庭に於ける殿上人の恋歌となり漸次淫靡に化して来たのが平安朝末の戦争から殆ど見るかげもなかった（あったが居）が三位藤原俊成卿の努力によってその従来千遍一律な調子を破って詞巧みな詞華無比とされる新古今調を実現せしめた。之に属する、家隆、定家等あり京都を中心として活躍する所があった。併し今らその歌は詞のみ巧で真に強い表現を見る事は出来なかった。が併し之等新古今調に對して鼎座する二者があった。一は天涯放浪の乞食僧西行、一は鎌倉の主征夷大将軍源実朝であった。就中にも西行は旅に於ける見分が恐しく彼の詩嚢を豊富ならしめ、當時稀に見る強い表現の和歌を唄ひ残けた。而も彼は僧であるが故に之が影響をうけて我今厭世的な離脱した彼特有の運命観を歌って當時の人心を引いた。が併し実朝にあっては狭い鎌倉を中心として北條時政の監視を受けて滅多に遊びに行ける身ではなかった。それは京都の公家以上に窮屈な生活をして居た。然るに彼がよく右の二者に対抗し得たのは彼が萬葉調を高唱したからではあるまいか。彼の雄々しき姿はその和歌によって見る事が出来る。

三、

実朝は建久三年八月九日濱御所に於て誕生した。その時父頼朝は四十六才母政子は三十六才であった。八才の時に父を失ひ十二才の時は北條時政の政策によって兄頼家藤居せられ

「源実朝の和歌」原稿１〜２

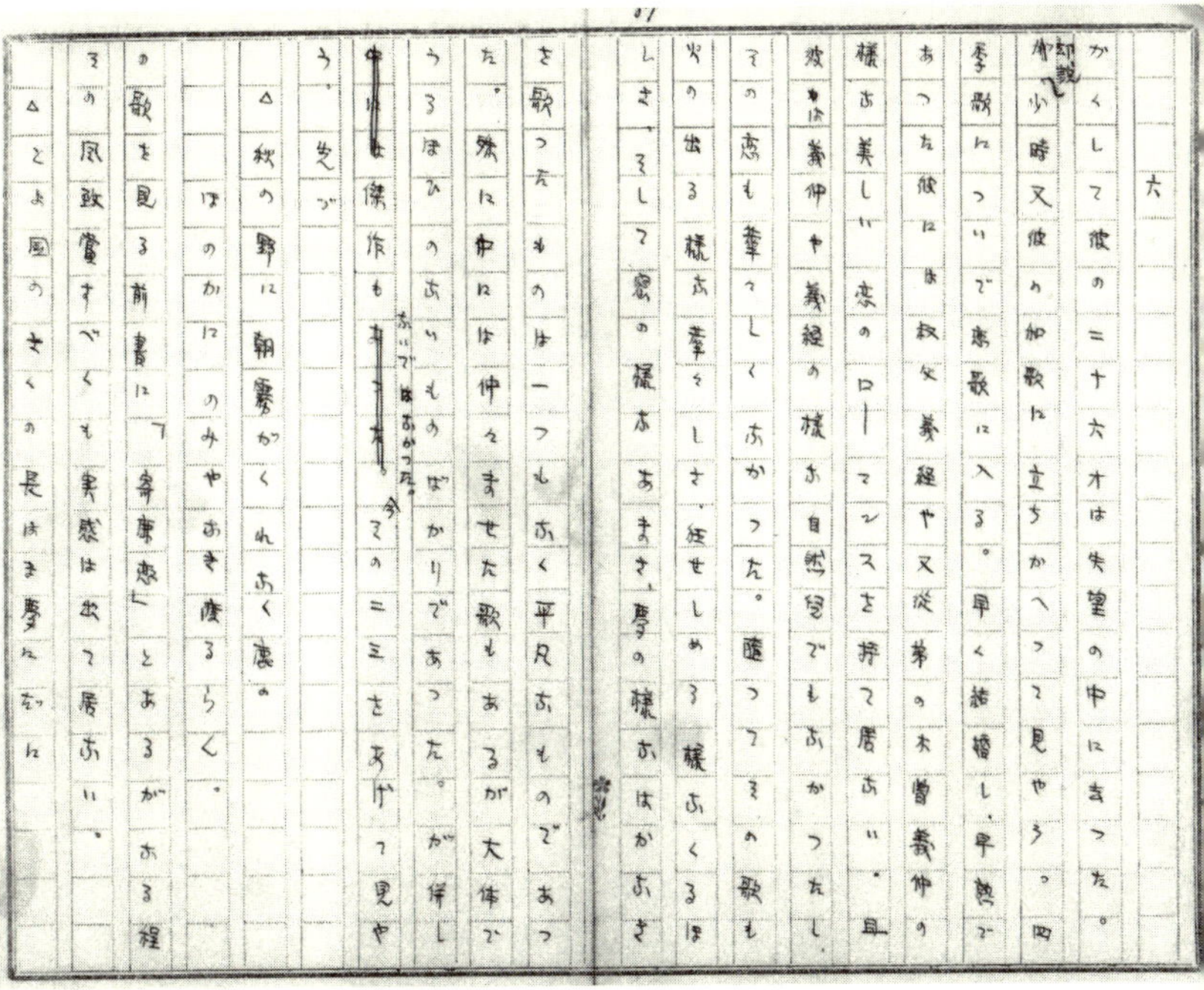

六

かくして彼の二十六才は失望の中に去つた。

少時又彼の和歌に立ちかへつて見やう。四季歌についで恋歌に入る。早く結婚し、早熟であつた彼には叔父義経や又従弟の木曽義仲の様な美しい恋のローマンスを持て居ない。且彼には義仲や義経の様な自然児でもなかつたし、その恋も華々しくなかつた。随つてその歌も火の出る様な華々しさ、狂せしめる様なくるほしさ、そして恋の純な、あまさ、夢の様なはかなさを歌つたものは一つもなく平凡なものであつた。然し中には仲々ませた歌もあるが大体でうるほひのないものばかりであつた。が併し中には傑作もあつた。ないではなかつた。今その二三をあげて見やう。先づ

△秋の野に朝霧がくれなく鹿の
ほのかにのみやきき渡るらく。

の歌を見る前書に「寄鹿恋」とあるが或る程その風致賞すべくも実感は出て居ない。

△とよ国のきくの長はま夢ならに

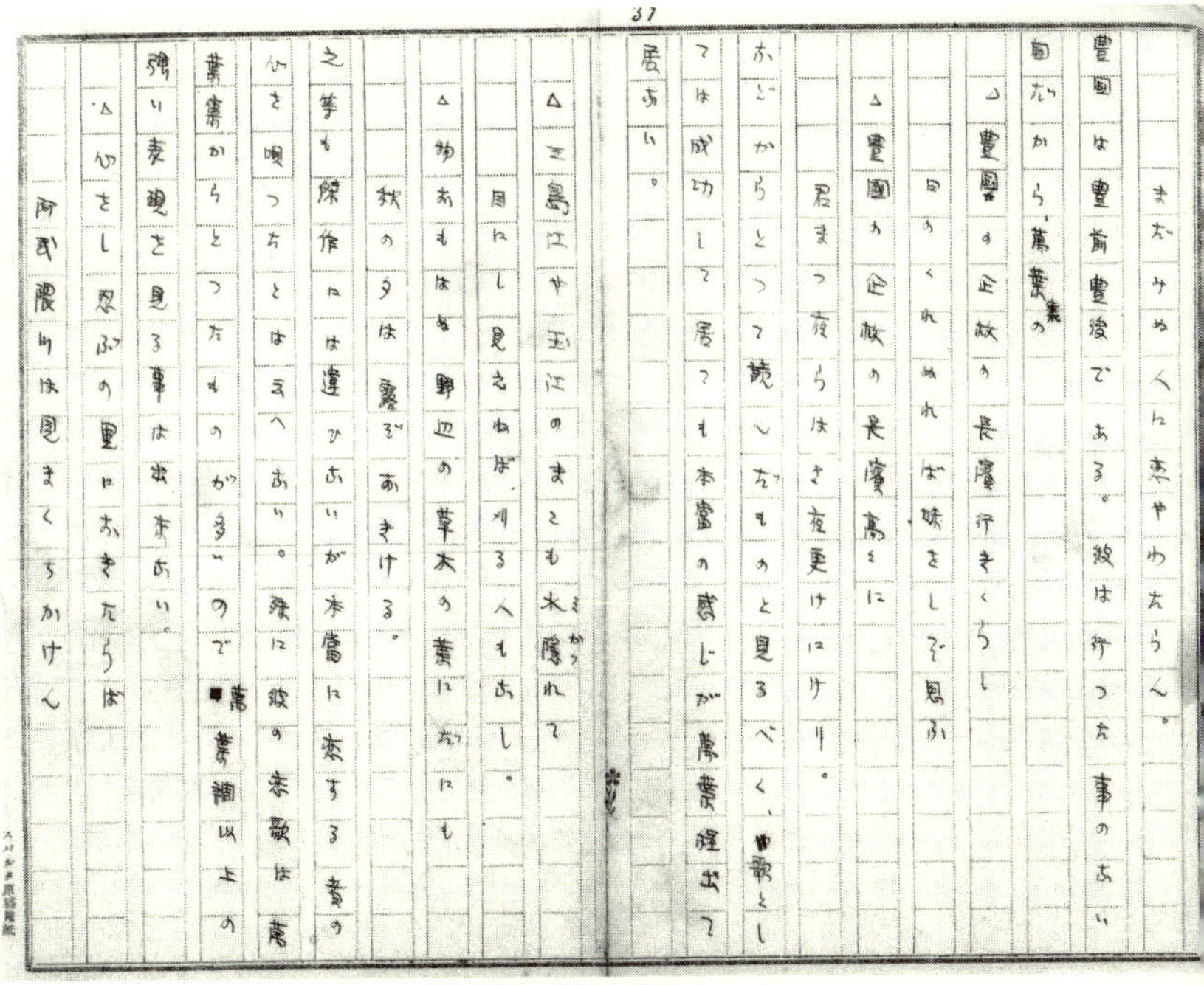

まだみぬ人に恋やわたらん。

豊国は豊前豊後である。彼は行つた事のない国だから、万葉集の

△豊国の企救の長濱行きくらし
日もくれぬれば妹をしぞ思ふ

△豊国の企救の長濱高々に
君まつ夜らはさ夜更けにけり。

などからとつて読んだものと見るべく、歌としては成功して居ても本当の感じが万葉程出て居ない。

△三島江や玉江のまこもみかくれて
目にし見えねば刈る人もなし。

△物おもはぬ野辺の草木の葉にだにも
秋の夕は露ぞおきける。

之等も傑作には違ひないが本当に恋する者の心を唄つたとはいへない。殊に彼の恋歌は万葉集からとつたものが多いので万葉調以上の強い表現を見る事は出来ない。

△心をし忍ぶの里におきたらば
阿武隈川は見まくちかけん

「源実朝の和歌」原稿 19 〜 20

月の童謡覚書

何歳の時であったか、それが春であったか夏であったか、もう私の記憶から消えてしまっているが、ただ一つ頭の奥底に残された印象。――私は日が暮れてもまだ山から帰ってくれない母を恋うて、しゃくりあげながら泣いていた。泣きぬれた瞳にうつったのは、まだまるくない月が宮の森の松の上にのっかって、誰かが「あとうさまなんぼ、十三九つ」とうたっていた。

これが私の最も幼い記憶である。月を見るたびに思い出すのは、しゃくりあげては泣き、泣いては月を見た私の姿である。そして、子守りがうたっていたあの子守歌である。

あとうさまなんぼ
十三九つ
そりゃまだ若いよ
若い子もうけて
だれにだかしよ
おまんにだかしよ
おまんどこへいた

あぶら買ひに茶買ひに
油屋のかどに
氷がはって
すべってころんで
油一升こぼした
その油どうした
太郎どの犬と
次郎どの犬が
みんななめて候《ソーロ》
その犬どうした
ぶちころして候
ぶちころしてどうした
太鼓にはって候
太鼓にはってどうした
あっちいってドンドコドン
こっちいってドンドコドン

子守りの口から、あるいは他の子供たちの口からいつとはなしに覚えたこの歌が、七つ八つの頃、月のある夕を、またなくうれしいものにしてくれた。近所の子供たちと手をつないで歩きながら、この歌をうたったものである。

月によびかけた「あとうさまなんぼ」から「ドンドコドン」までには今一連の思想の連なりを見ることは出来ないまでになっている。だが不完全ながら脚韻をふんだこの歌が持つ素朴なる感情は、意味を絶した芸術的香気を持つ。

恐らくこの歌ももとは月を祀った言葉の断片ではないかと私は疑いを持っているのであるが、それが単なる子守歌として現在に至るまでには長い月日と流転とがあった。

それはこの歌の分布と言葉の多岐から考えられてくるのである。

つい近頃まで、この歌は私の生まれた村にだけ行なわれていたように思っていたのであるが、四囲を見まわすと、実は山陰の村にも、白砂はるかに連なる海辺の村にも、月を仰いで童子たちがこの歌をうたっていたのである。

そうして口から耳への漂泊は、その言葉を幾分かずつ変えて行き、また新しいものをも混入していったのである。私たちが幼少の頃うたったものとほぼ同じような歌は、関西、瀬戸内海、東京付近に分布しているが、それが山国の信濃に入ると、

ののさんいくつ
十三七つ
まだ年若いな

茨の蔭で赤ん坊生んで
誰に抱かしよ
おちょぼに抱かせて
油買ひにやったれば
油屋の前で
すべって転んで
赤いべべ汚して
洗屋で洗って
絞屋で絞って
干屋で干して
のし屋でのして
畳屋でたたんで
こんこん手箱に詰め込んだ
詰め込んだ

となっており、甲斐では、
お月さま　かみさま
かみをけばりけばって

おどこへござる
信濃へござる
信濃の道で
くだ一つ拾って
かっ砕いて見たらば
白い切れが三尺
赤い切れが三尺
太郎にくれうば次郎が恨みる
次郎にくれうば太郎が恨みる
向ふを通るけさつこにくれて
ちようらまつことやらかいて
むじなの穴へ飛び込んで
むじな一匹つかまへた
手で殺すもうひ〳〵し
足で殺すもうひ〳〵し
向ふを通るお坊さんに
じゅずの緒を借りて

じゅずの緒をくゝいて
東の寺へ一しゃくし
西の寺へ一しゃくし

となっている。ここまでくると漸く著しい変化を見る。そして伊勢の、

お月さまいくつ
十三七つ
まだ年若いな
七織きせて
おんどきよへのぼしよ
おんどきよの道で
尾のない鳥と
尾のある鳥と
ちいつちやあらきいようとないたとさ

に近くなる。そうしてこの型の歌はまた、私の故郷などにも残っていて、「おんどきよへのぼしよ」が「出雲へまいた」になっている。

一方、信濃の歌はさらに越後に入っては、

ののさん　どっち

茨の蔭で
ねんねを抱いて
花摘んでござれ

と、ごく簡単なものになっている。

簡単なものといえば、同じく私の故郷などにも、

あとうさまなんぼ
十三九つ
そりゃまだ若いよ
べにかねつけて
おしろいつけて
そりゃまだ若いよ

というのがある。この歌の分布も相当に広く、関西地方にわたっている。

こうして地方地方の童謡の例をいちいちあげてゆけば、実に果てもきりもなくなるのであるが、どうしてこれほどまで、月に関する童謡が同じような型で広く日本全国に漂い、定着していったのであろうか?

これはちょっと前述した如く、月を祀る行事と関連して私は考えたいのである。

その一つの鍵として、アトーサマという言葉とノノサンという言葉を取り上げてみた。

アトーサンもノノサンも中央ではすでにほろびて、京、大阪、東京を中心にしてのこの童謡は「お月さ

まいくつ十三七つ」で始まっている。これが京、大坂を遠ざかるにつれて消えて、「アトーサマ」「ノノサン」あるいは「ノンノサン」で始まっているのである。そうして今、童謡として僅かに子供によって保たれている有様である。

この事から考えあわせて、アトーサマ、ノンノサマという古くは大きな勢力を持っていた言葉を、中央の言葉であり、また大人の言葉であった「お月さま」が漸次蚕食していったものと思推するのである。

しかして、アトーサマもノンノサンも月を神として呼びかけた言葉である。即ち、柳田先生によれば、アトーサマのアトーは「あな尊と」であり、ノンノサンの「ノンノ」は「南無南無」であろうと言っておられる。「あな尊と」にしても「南無」にしても神に敬意を表した言葉で、私の祖父などは死ぬるまで朝々「南無天照皇大神宮」「南無八百万の神」と言って拝んでいた。南無は唯仏に呼びかけた言葉だけではなかったのである。

我々が月を祀るにあたって、「あな尊と」と言い「南無南無」と言った言葉がそのまま、月の名詞になってしまったのである。つまり、こういう唱え言が月の名詞になるほど月は庶民から尊ばれたのである。唱え言が名詞になった例は多い。例えば上蒲刈島では月をナンボサンと言っているが、これは「あとうさまなんぼ」のナンボが月の名詞になったものである。

さて、月を祀った事について私は私の説をすすめる。

月を祀ったのはただ単に八月十五日の名月の夜だけではなかったのである。月の満ち欠けは科学を持たざる人々に大きな神秘であり、信仰の対象とされるに十分であったと思われる。そして満月を祀る行事は古くから民間に行われていたものと思う。月の満ち欠けは単に神秘であったばかりではなく、我々が時間を計る目印にもなった。満月は時の正しい節《ふし》であり、折り目であった。

今手元にある『北安曇郡郷土誌稿　年中行事篇』〔信濃教育会北安曇部会、郷土研究社、昭和六年〕を開いて見ても、正月十五日が正月一日同様の大事な日であった事が知られ、二月十五日に、やしょうまの行事がある。六月十五日には疫病神の祭といい殿様祭という行事がある。七月十五日は盆であり、八月十五日は名月である。十一月十五日を帯結びといって子供たちの将来をことほぐ日になっている。そのほかの月にも望の夜には何らかの行事があったであろうと思われる節がいくらでもある。

かくの如く望月の日に何らかの行事が伴われると共に、若月もまた尊ばれて、三夜待ち、二十三夜待ちなどという月待講が広く全国に分布した。そうして地方によっては月待ちに「月待踊」があったであろう事は、和泉葛城の雨乞踊の中にもその歌詞が残っていることで想像される。かくて月は、太陽以上に尊ばれたものである。

私たち幼少の頃は、子供は望月の夜は外へ出て遊ぶものとされ、子供の事を「月夜若い衆《シ》」と言ったものである。

一般の若い衆は夜々娘の家へ遊びに出た。子供は十五夜の夜だけ外へ出る事が許され、特に名月の夜は田畑のものを盗んでもよいとされていた。

今そうした事はすでに忘れられてしまったが、一方この「月夜若い衆」にも月を祀る行事があったのではないかと思う。で、その折の歌がこれらの童謡だったのではあるまいかとも疑ってみる訳である。

あるいはまた、月を祀る歌を、子供たちが大人の忘れてしまった今日まで、片言まじりに持ち続けたとも考えられる。

――細かなる考察は後日にゆずる――

（掲載誌・執筆年不明）

〔編註〕原稿として残されていたもので、執筆年月も執筆の目的もわからない。「口承文学」の第一号に掲載されている「夕暮れのひととき」と共通するものがあり、同じ頃に「口承文学」のために書かれたものではないかと推測して本書に加えた。

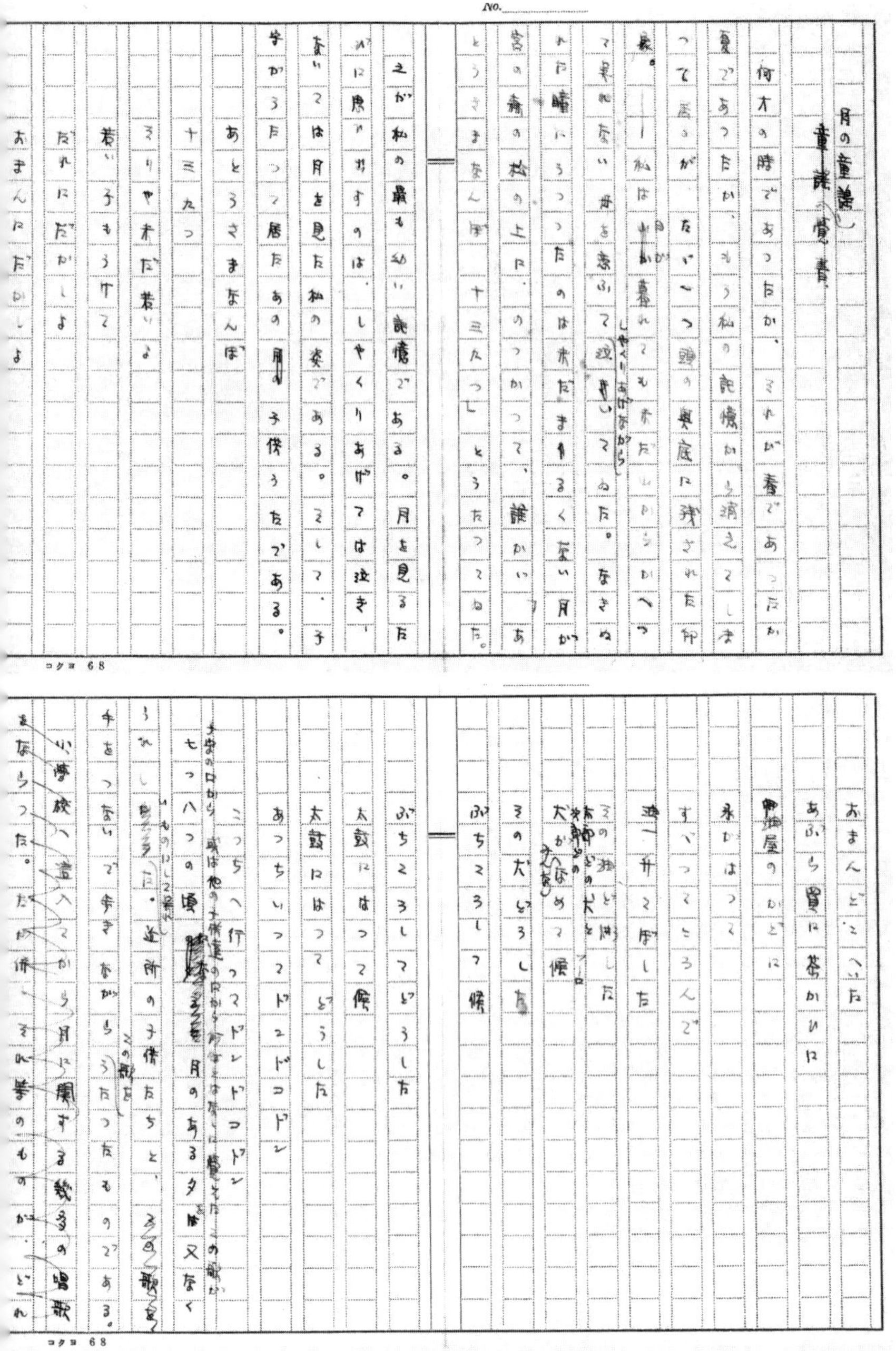

月の童謡覚書
何才の時であつたか、それが春であつたか
夏であつたか、もう私の記憶から消えてしま
つて居るが、たゞ一つ頭の奥底に残された印
象。――私は日が暮れても未だ山から帰へつ
て来ない母を慕ふて泣いてゐた。なきぬ
れた瞳にうつつたのは未だまんまるくない月が
宮の森の松の上に、のつかつて、誰かいつてあ
とうさまなんぼ十三九つとうたつてゐた。
之が私の最も幼い記憶である。月を見るた
びに思ひ出すのは、しやくりあげては泣き
ないては月を見た私の姿である。そして、子
守がうたつて居たあの月の子供うたである。
あとうさまなんぼ
十三九つ
そりやまだ若いよ
若い子もうけて
だれにだかしよ
おまんにだかしよ
おまんどこへいた
あぶら買に茶かひに
油屋のかどに
氷がはつて
すべつてころんで
油一升こぼした
その犬どうした
ぶちころして候
ぶちころしてどうした
太鼓にはつて候
太鼓にはつてどうした
あつちいつてドンドコドン
こつちへ行つてドンドコドン
手をつないで歩きながらうたつたものである。
小学校へ這入つてから月に関する幾多の唱歌

「月の童謡」原稿１～２

しめる。

月を祀ったのは単に八月十五日の名月の夜だけではなかったのである。月のみちかけは、耕農と持たざる人々に大きな神秘であり、信仰の対称とされるに十分であったと思はれる。満月をまつる事は古くから民間に行はれてゐたものと思ふ。月のみちかけは、単に神秘であったばかりでなく、我々の時間を計るものであり、時を示す目であった。

今手元にある安藤[illegible]年中行事篇を開いて見ても、正月十五日が正月一日同様の大事な日であった事が知られ、二月十五日にはやしようさまの行事がある。六月十五日には天満神の祭りと言ひ農穣祭と言ふ行事がある。七月十五日は盆があり、八月十五日は名月である。十一月十五日を帯結びと言って子供たちの将来をことほぐ日になってゐる。その外の月にも望の夜に何らかの行事があったであらうと思はれる事がいくらもある。

[illegible]く望月の日に何等かの行事が伴はれることに、名月も又尊ばれて、三夜待ち、二十三夜待ちなどと言ふ月待講が広く全国に[illegible]今布し[redacted]へ湯殿山に尊まれたものである。

私達が子供の頃は月夜が来ると良く遊んだ、子供は十五夜は外へ出てあそぶものとされ、子供の事を月夜子と言ったものである。一般の若い衆は夜々娘の家へあそびに出た。[redacted]子供は十五夜の夜だけは外へ出る事が許され、名月の夜は、子供らが畑のものを盗んでもよいとされてゐた。

今そうした事はすでに忘れられてしまったが、[redacted]月夜者の家に集も月を祭る行事があったのではないかと思ふ。[redacted]か[redacted]童謡だったのではあるまいかとも疑って見る訳である。

――細かなる考察は後日にゆづる――

「月の童謡」原稿10～11

なき仏　―和泉における

なき仏の例はきわめて多いものと思う。和泉の村々を歩いている間にいくつかの話を拾った。私はこの話に興味を感じると共に、広く日本における分布を知りたいものと思っている。

なき仏については、すでに南方先生の『南方随筆』に見えている。その他の先輩によっても取扱われているかと思うが、浅学にしてその事を知らない。問うは一時の恥と申すから、盲蛇に怖じずの意気をもって、まず私の持っている材料をならべ、御教示を仰ぐ事にしよう。

（1）

まず盡恵寺《じんゑじ》のなき仏の例を申そう。『和泉名所図会』や『泉州志』には書恵寺となし、または海會寺《かいえじ》と誌している。だが板橋氏の『日本霊異記校訳』にも『南方随筆』にも盡恵寺となっている。煩瑣だが文をひいて見よう。

和泉国日根郡の部内に一の盗人あり。道路《みち》の辺《ほとり》に住す。姓名いまだ詳《あきらか》ならず。天来《ひととなり》心曲みて殺盗を業《わざ》となし因果を信ぜず。常に寺の銅像を盗みて帯に作りて衒《てう》ひ売る。聖武天皇の御世その部の盡恵寺の仏像盗人に取らる。時に路往く人あり。寺の北路より馬に乗りて往く。聞くに声ありて叫び哭《な》きて曰ふ。「痛き哉《かな》、痛き哉」と。路人聞きて諌《いさ》めて打たざらしめむと思ひ馬を趁《わしら》せて疾《と》く前《すす》む。近づくに随《したが》ひて叫び音《こえ》漸《やや》く失せて叫ばず。馬を留《とど》めて聞くに唯鍛《かち》する音あり。所以《そゑ》に馬を前めて過往く。却《しりぞ》くに随ひて、先の如く復伺《さけ》び呻《によ》ふ。忍び過ぐるを得ず。故に更に還《かへ》り来れば叫ぶ音復《また》止みて鍛する音あり。疑ふらくはもし人を殺すか必ず異心《けしき》あらむと。や丶久しく徘徊《たちもとは》ひ窃《ひそか》に従者を入れて屋内を窺《うかがひ》看《み》れば仏の像を仰《の》け奉《まつ》り、手足を剔《き》り欠き錠《たがに》を以て頸《くび》を鍗《き》る。即ち捕へて何寺の仏像ぞと打ち問ふ。答ふ。「盡恵寺の仏像なり」と。使を遣して問ふに実《まこと》に盗まる。

これは仏がなき声をあげて助けを求めたものである。この話とそっくりの葛木尼寺《かづらきのあまでら》の話が同じ『霊異記』のすぐ次に出ている。

因《ちなみ》に言うが、この盡恵寺が海會宮寺であるとすれば、まことに興味ある話で、海會宮寺遺跡は昨年十月大阪府の池田谷久吉氏によって発掘され、新聞を賑わしたものである。大阪府泉南郡信達《しんだち》村大苗代にあり、南海電車、吉見里駅下車、東方約十町、または阪和電車によれば新家駅西方五丁の所にあり、一丘《いちおかの》神社《じんじゃ》、通称ぎおんさんの境内である。

発掘されたる礎石は二〇個たらずであるが、その配置から見て天平時代のものであろうと池田谷氏は語っておられる。だがこれには一つの疑点がある。私もこの遺跡には早く気づいており、いつか手を下して見たいと思っていた矢先、池田谷氏の発掘を見たのであった。

（2）

仏が痛哉々々と言って泣いた例は和泉では右一つであるが、「かへりたい」と言って泣いた話は二つある。その一つは泉北郡南横山村大野の子安阿弥陀で、他の一つは鉢ケ峰法道寺《ほうどうじ》の仁王である。

大野の子安阿弥陀は伝説によれば、昔大洪水があって、紀州境からこの里へ流れて来たものであるという。それを拾った男が、おく所がないものであるから、同郡北池田村の明王院へあずけた。ところが夜になると、その阿弥陀像が「大野へかへりたい」と言って泣くのだそうである。そこでまことにもったいない事に思い、大野へ持って帰って庵を建て、そこに祀ったものであるという。和泉の山手、河内南部の信仰をかきあつめ、仲々参詣者の多い阿弥陀である。だが一説には次のようにもいう。光明皇后が御産のなやみのために、行基《ぎょうぎ》をして槇尾山《まきおさん》の清津の瀧に祈らしめた。そこで行基は三七日《みなぬか》間易産の秘法を修すると、天平十一年（七三九）二月十五日満願の暁に、山川震動して、光明の赫々《かっかく》たる中に阿弥陀仏の出現するを見た。これを奏するために山を下ろうとすると安産を告ぐる勅使にあった。そこでその地を逢野とよんだ。今の大野である。と。

この方が伝説としては古いようである。それがどうして泣き仏の伝説を附會するようになったかについては明王院の事から説かねばならぬ。明王院は池田寺といって行基開基の伝説を有するが、事実はそれよりも古く、推古の古瓦を多数に出土しているところから見て、飛鳥時代からあったものであらう。この寺の南の山地に建治三年（一二七七）、一軸の阿弥陀像が飛来し、当山の住持快尊の感得する所となって、寺へ祀った。ところが、この阿弥陀像は安産の霊験があり、かつよほど庶民からありがたがられたものと見えて、明徳三年（一三九二）から、近村を廻仏することになった。（これには遊行念仏の影響があるようにも思われるが）それが仲々流行して、一時は河内の大念仏寺と並称されたものであると言う。

現にこの寺に残る文書によれば元文年間（一七三六—四一）において六三ケ村を廻仏している。この仏像の名声と、この仏像の伝説を盗んだのが、大野の阿弥陀である。

鉢ケ峰法道寺は泉北郡上神谷《にわだに》村にある。この寺に残るこをどりが本年の郷土舞踊大会へ出た。多くの方は記憶新であろうと思う。

この寺の山門には二対の仁王がある。その内側の仁王は、もと南池田村浦田なる智海寺にあったものであるという。それが、智海寺が廃寺になったため、ここに移されたのである。ところが夜になると浦田へかえりたいかえりたいと言って泣く。だが帰るべき寺は今なくなったので、その足を鎖でくくっておいたと言う。

智海寺は智海上人のたてたもので、智海上人の小便を鹿がなめて孕み、生れた子が光明皇后であり、足の先が二つに分れていたので足袋を奉ったという話が残っている。

前記大野阿弥陀に、（その伝承の底に）つながりがあるようである。それが槇尾山を守る麓の尼の仕事ではなかったかと思っている。

つまり、大野の話も智海寺の話も、両地の真中にある浄福寺の尼によって伝承されたのではないかと思われる節がある。

（3）

その古巣へかえりたいため泣いた仏もあったが、同時にまた直接行動をとろうとした仏もあった。

泉南郡北中通村大字湊は古くずいぶん栄えた港で、この地の代官庄屋だった新川氏は湊の沖で、一つの阿弥陀像を得た。しかして同家はこの仏像を大事に祀っていたが、ある時家の修繕をするために、仏像を寺へ預けた。すると、夜のうちに仏は寺の縁まで歩いて出ていたという。ここまで来ると怪談になる。

（4）

なき仏に似た話に、夜泣き石がある。泉南郡土生郷《はぶごう》村作才に立派な石橋があった。これを殿様の阿部様が通りかかって御覧になり、気に入ったものだから城内へ運ばせる事にした。さて運ぶ段になってみると石が馬鹿に重い。それを無理して、やっと城中へ運び、玄関の踏石にした。するとその夜から石が「作才のう」と言って泣くのである。そこであまり無気味なものだから、殿様はこれをもとの所へかえす事にした。すると石は以前の半分の重さもなくて、やすやすと運び返す事が出来た。今子供の夜泣封じに効ありとして祀られている。

これに似た話が堺市の妙国寺にもある。妙国寺は幕末の妙国寺事件であまりにも有名であるが、同時にまた、蘇鉄でも名高い。今蘇鉄は天然記念物になっており、これを見るには十銭の拝観料をとられる。この蘇鉄を織田信長が見て欲しがり、人夫を使って安土城へ運ばせた。すると夜になって「かへらう〳〵」と言って泣くのである。信長は怒ってこれを伐らしめようとした。然るに家来の者が斧をふりあげて近づくと何れも、バタバタ血を吐いて死んだ。これは蘇鉄の祟りだろうというので早速妙国寺へかえす事にした。

この妙国寺をたてた男が三好実休《みよしじつきゅう》である。実休は久米田の戦で戦死した。一世の茶人だったというが、茶道で戦争には勝てなかった。

しかし戦死はしても一世の粋人であったから彼を知る者が、戦死の地（泉南郡八木村小田）へ五輪塔をたてた。時に永禄五年（一五六二）である。ところがこの墓がまた、夜になると和気へかえりたいと言って泣くのである。しかも墓は夜々火を吐いて慨《なげ》くのである。里人が行って見ると、空風火水地の水の部（即ち球をなした所、この墓では妙法蓮華経の華の字の書いてある所）が縦に真二つにわれている。人々は驚いて早速泉北郡国府村和気の妙泉寺にこれを移した。因《ちなみ》に言う妙国寺も妙泉寺も共に法華宗である。

（5）

和泉の郷土史家小谷方明《みちあきら》君は野中寺の夜泣瓦というのを持っている。日本では珍しい朝鮮式模様の瓦で、野中寺創立当時のものであろう。どうして手に入れたかは語ってくれなかった。

（6）

夜なき石で思い出すのは小夜の中山の夜泣石であり、それから思い及ぼして行くものが孕婦の死と、墓中誕生である。

昔九州長崎の飴屋へ夜々女が一文ずつもって飴を買いに来る。六日まで一文もって来たが七日目には金を持って来なかった。その翌晩も金は持って来なかった。だが飴屋では快く飴を貸してやった。するとある晩女はお礼にあなたの家の願の一つをきいてあげようと言った。その家では水の不便を感じていたから、出来る事ならいい水があったらと思うと愚痴のように言った。だがしかし女の様子がどうも怪しいので番頭にそっとつけさせた。すると女はさびしい町をぬけて、ある寺の中へ消えた。不審に思って、その夜はそのまま帰り、翌日寺へ行って、今までの事を話し女の事をきいた。すると僧はそんな女はいないと言う。「では今夜も飴を渡しますから、あなたもよく気をつけておいてくれ」と番頭は僧にたのんでおいて帰った。さてその夜、僧が耳をすましていると、たしかに墓場の方で赤児のなき声がする。それがしばらくしてバタリと止んだ。そこへ番頭が来た。さては墓場があやしいと言うので、墓場へ行って見たが何の事もない。僧が色々思いめぐらして見ると十日ほど前に一人の妊婦の葬式があった。その妊婦が墓の中で、子を生んだものではあるまいかと思いついて、お経をよんで掘りかえして見ると、果して考えた通りであり、子は墓の中にすこやかに生きていた。そして妊婦が死ぬる時箱に入れた六文銭がなくなっていた。

早速この子を拾いあげ、僧がこれを育てる事にした。飴屋にはその後よい清水が湧いて店が繁昌した。というのが話の大意で、幼少の折、祖父から昔話としてきいたものである。幕末の頃偉大なる学僧として、瀬戸内海地方で重ぜられた伊豫の学信上人も死んだ妊婦の墓中出産による子であると言われている。

こうした話は、火葬をする地方では昔話として、土葬をする地方では伝説として、まだまだ広く分布しているのではないかと思われる。そしてここまで来ると話は余程ロマンチックに現実化して来る。同時に偉人の異常誕生伝説と手をつなぐ。

もう一つ。

五万分の一（参謀本部）柳井津図幅を見ると、山口県熊毛郡の余田村と平生町の境に赤児山というのがある。平生町堅ケ濱の人にきいたら昔あの山で赤児のなき声がしたから赤児山と言うのだと話してくれたが、もとはこんな断片的な口碑ではなかったろう。

いつの間にやら泣き仏の話が夜泣き石に夜泣き石は赤児のなき声に変わり、和泉から周防まで出歩いて来たが、もとこの話は一つの根で、（根底に共通なものを有し）それが少しずつ変わっていったものではあるまいか。

多くの例が示され、分布の状態が明らかになって来ると、運搬の跡、変化の跡が辿られて来るのではないかと思われるのである。狭い和泉でさえ、妙泉寺と妙国寺、大野阿弥陀と智海寺、智海寺と法道寺、大野阿弥陀と明王院に一脈のつながりのあるのを見る。

風が吹くと桶屋が喜ぶという話があるが、それ程縁遠いようなものにさえ、一脈通ずるものがある。この話にはもっと近いものがあろう。神に仕えた女がやがて現在の女郎になりさがるまでには長い年月があった。仏のなき言が赤児のなき声に変わるまでにはまた信仰喪失への長い時日が流れたであろうと思われる。

（「ドルメン」昭和八年八月号　岡書院　昭和八年八月）

葛の葉伝説の発展

こひしくばたづね来て見よ和泉なる信太の森のうらみ葛の葉

女に化けた狐が、唐紙へさらさらと書いて行く文句、幼な日の眼にうつった芝居の印象は未だに消えないで、私の頭の中にほのかな夢を残している。

伝説の地、葛の葉の森は、今、大阪の南郊阪和沿線葛の葉駅のすぐ西にあるが、正しくは駅の東南方、聖神社を中心にして起った物語であると思っている。

しかして『枕草紙』に見えたる「森は」の條の「信太の森」は葛の葉神社の森ではなく、やはり聖神社の森であろう。

聖神社は信太山の北端台上にあって、段丘崖を西へ下るとすぐそこを小栗街道が通っている。小栗街道は、和泉の山の手幹線。古い時代の熊野への道は、この山の手を通ったものらしい。この線上には国府もあったのである。かつこの街道に沿うては北王子、王子、南王子などの地名もあり、ずっと南の方、紀州境に近いあたりに信達《しんだち》などと言う一里に近い程な街村も発達している。こういう重要な街道に沿う聖の森は、古くから多くの狐の棲息した丘で、狐に関する伝承は相当に多く、丘の上には、すでに発掘されて、わずかに形骸をとどめるにすぎなくなってはいるが、狐塚という円墳もあるのである。

しかして彼の有名な『芦屋道満大内鑑《あしやどうまんおおうちかがみ》』のお芝居も、たまたまここに伝承されていた狐談の一つが、脚色されたものであると思う。

このお芝居が作られるまで、ここに伝えられていた代表的な狐談は、次の様な話であった。

狐が女に化けて太《たい》村のせんそく川の石橋の下へかくれやうとしたのを、通りかかつた三人の順礼が見つけ、怪しく思ひ引出して訊ねて見ると「私はこの村の者である。お嫁に行つてゐたが夫の気に入らぬから逃け出して来た。そしてあなた達を追手かと思つてかくれたのである。見れば順礼の様である。どうぞお通り下さい」と答へた。「さう言ふ事情なら何処へ行つてもい丶のだらう」ときくと、化狐は「如何にも左様である。何処へなりともかくして下さい」と言ふ。美人ではあるし、気も好ささうなので「さらば召連れて行かう」と信濃国まで行き、三人の中妻のない一人が、迎へて妻にした。この男は美しい上に利根才覚な女を妻にしたものであるから甚だ幸福で、三人も子が出来、九年の月日が夢の様にたのしく消えた。この男は信州更科《さらしな》郡の者で高梨と言つた。或る日、妻は三歳になる末子に添乳して、うつら〳〵うた丶ねをしてゐた。乳をのんで居た子供は、ふと、母の腰の所に尻尾の出て居るのを見つけて之を父につげた。母は遂に見あらはされた事をなげき、其の夜一枚の短冊を残して去つた。その歌が

恋しくば尋ね来て見よ和泉なる
　信太の森のうらみ葛の葉

と言ふのであつた。

この三人兄弟の中、二人の兄は高梨を名乗り弟は信田と言つた。信田は、自分の浅慮が、母を去らしめたものである事を、成長するにつれて強く心に感ずる様になり、母の後を慕ふて、はる〴〵信濃からやつて来た。そしてこの村まで来て委細《いさい》をきくと、里の女の一人が「先年私はふしぎな夢を見ました。その夢に一匹の狐が私は若の御前（信太明神末杜）のけんぞくで、信濃へ下り子を三人儲けて幸福に暮してゐたが、事情あつて逃げて来た。今夜自害しやうと思ふ。併し若の御前をけがす事はすまぬ。だから土生《はぶ》村宮の前で死ぬると言つて消えたのです。翌朝夫に語り、共に宮の前まで行つて見ますと舌をかみ切つて死んでゐる狐があります。さてはあの夢は本当の事であつたのかと、そこに埋めてやつたのであります」としみ〴〵語つて呉れた。信田は之をきいてさめ〴〵と涙を流して歎いた。さうして里の女を案内にして土生村宮の前に到り、弔をなし、村人にたのんで堂をたて、田地を買ふて、僧を一人おいて、自分は信濃へかへつた。この信田の子孫が寛永の頃松平伊豆守の家老をしてゐた篠田九郎右衛門である。

こうした話が、例のお芝居を生むに到った道すじを調べて見ると、そこにまたいろいろの事柄が絡んでいるのを知る。

同じこいいしくばの伝説にこんなのがある。

昔大和国葛城山の麓に住むさる猟師が、和泉国の信太森を通りかゝると、一匹の牝狐が牡狐の死骸に取りすがつて、さめ〴〵と泣いてゐた。見れば牡狐は背を射貫かれてゐる。猟師は何だか可愛さうになつたので傍に穴を掘つて懇《ねんごろ》に死骸を葬つてやつた。

それから二三日後、見知らぬ美しい女が来て、馴れ〳〵しく話しかける。身寄も何もない哀れな者だから、どうぞお側に置いて、針仕事や水仕事をさせて呉れと言ふ。猟師もまだ独り身であつたから、女の言ふ通りにしてやつた。さうして幸福な日が二三年続いた。ところが或日女はふと姿を隠した。猟師は悲しんで、毎日山や野を駈け廻つて、その所在を探して歩いた。が、何の手がかりもない。外を尋ね廻つても駄目だと言ふので今度は家の中を探し求めた。さうすると針箱の中から書置きの様なものが出た。そこに一首の歌が認めてあるので、お寺へ持つて行つて読んでもらふと

恋しくば尋ね来て見よ和泉なる
　信太の森のうらみ葛の葉

と言ふのである。漁師は早速信太の森へ飛んで行つた。そして牡狐を葬つてやつた所へ行つて見ると、其処に一匹の牝狐が、舌を噛み切つて死んでゐた。」(『大阪を中心にした我等の郷土を語る』)

この話は飯塚氏の『歌舞伎細見』(飯塚友一郎、第一書房、大正十五年)に見えている由であるが、飯塚氏は何から抽き出して来られたものか。

次にこの伝説と安倍晴明《あべのせいめい》との関係だが、『泉州志』(元禄十三年刊)を見ると「簠簋《ほき》鈔《しょう》ニ曰ク、安倍晴明之母ハ信太森ノ狐也ト、酷《はなは》ダ奇怪之説也。」とあるから、すでに徳川初期の項には、晴明とこの地とをつなぐささやかな伝説が発生していたものと思われる。しかして『泉州志』以下の諸書はすでに信太森を、今の葛の葉神社にあてているようである。

しからば、どうしてこの地に、安倍晴明の話が流れて来ていたものであろうか。これについての解決の

鍵となるべき「聖神社と舞暦」なる記事を小谷方明氏が『郷土和泉』誌上に載せておられる。それによれば、もと聖神社を中心にして、舞暦あるいは岸和田暦なる物が出されていたという。しかして聖《ひじり》は「日知り」より来たであろうとの柳田先生の説をあげられ、この地に陰陽家のいた事をも明かにせられた。

現にここには舞という字がある（現和泉市舞町）。舞太夫即ち春をことぶれて歩いた人々の住める村だったのである。『別本泉州記』にも「越前国八郎九郎カウワカ（幸若）大夫弟子松壽太夫と中舞太夫二人有、信太明神祭礼毎に出勤、依之諸役御免、土御門二位殿家来陰陽師四人、内三人暦を出す」と見えている。

これから考えて、丁度彼の高野聖が弘法大師の伝説を持ち歩き、誠心院の尼が和泉式部の伝説を持ち歩いたように、この地の陰陽師、舞太夫が、安倍晴明をかつぎまわった事も容易に想像出来る。そうして舞太夫の群が持って歩いた、舞の台本をもとにして、説経節「信太妻」なども生れ、紀海音の「信太森女占」へと発展し、ついに「芦屋道満大内鑑」の中へ織り込まれるに到ったのではないかとも思われる。いずれにしても、この地にあった狐談へ、安倍晴明を結びつけて、舞太夫の群が持って歩いたのが事の起こりである事だけは間違いのない事実であろう。しかして出雲によって脚色せられるや伝説はここに完全に固定化していったのである。現在聖神社由緒書に見える保名伝説も、葛の葉神社の由緒書も、皆大内鑑を霊験化した物と見ていい。

今手許にある聖神社の「保名《やすな》信仰由来」の大略をあげて見ると次の様である。

朱雀天皇の御代摂津住吉の里に阿部保名と言ふ人が居た。その妻を葛の葉姫と言つたが、身体が弱いので、保名は日夜心をなやまし神明の助をかりて一日も早くなほして、立派な子を得たいものと、信太明神へ祈願した。三七日おこもりした所白玉を得た。池のほとりにたゝずんで居ると水面に白狐の影がうつつて居る。顧ると一匹の鼠が走つて来る。之は猟師に追はれた白狐が化けたものであつた。保名は之を山中に放つて助けてやつた。今でもそこを鼠阪と言ひ、池を鏡池と言ふ。さて結願の夜、ウト〳〵して居ると白髪の老人があらはれて妻も全快させてやらう俊児も与へてやらうと言つて消えた。保名は目がさめて大いに喜び家へ帰て来た。家では妻も元気になつてをり、やがて立派な男児をあげた。夫妻は大喜びで暮してゐたが、ある日妻が突然白狐神に化し、我こそは信太明神がお前の信心にめでて、稲荷大神とはかつて仮にお前の妻になつたものである。今神旨をうけてかへらねばならぬ。その子供を大事に育てよ、と言つて消えた。夜があけて見ると例のこひしくばの歌が障子に書いてある。その後正妻も病気がよくなり、狐の児も立旅に成長して晴明になつた。爾来児なき人、産婦の信仰が益々深い

しかし実際は参拝者がそう多くなく、葛の葉神社の方が俗信が厚い。そうしてこの話ではもうあのロマンチックな夢は消えてしまって単に神社の宣伝になっている。今聖神社の森には保名の修験場などというのが残っているが、これも実は円墳の石槨《せっかく》であって、殆ど崩れかけている。

この伝説についての言いたい事はまだまだ多くあるが、それは折口博士の「信太妻の話」（『古代研究』）に尽されている。この一篇は先生のお説へ付け足すような意味で書いて見た。

なお舞暦については今後くわしくしらべて見たいと思っている。（一九三三、一〇・三）

（「旅と伝説」七巻六号　三元社　昭和九年六月）

芭蕉の鳥

うき我を淋しがらせよかんこ鳥　（嵯峨日記）

淋しがり屋の芭蕉が、嵯峨の落柿舎《らくししゃ》で、雨の一日を、つれづれなるままにこんな句をものしている。この句がこの時作ったものでないことは「或寺に獨居て云し句也」とあるから察せられるが、しかしこの日こそ、一番この句がぴったりと来た日ではなかったかと思う。

田舎生まれの芭蕉は、江戸で暮していても、田舎ばかり思うている様な人であった。そして旅を熱愛し、さびしさに甘えた。

あれ程自然を愛した人だから、恐らく鳥獣の句も多かろうと、調べて見ると、これはまた案外少なかった。芭蕉の句になった鳥は、鶯《うぐいす》、雲雀《ひばり》、燕《つばめ》、雉子《きじ》、雁《かり》、雀《すずめ》、ほととぎす、かんこどり、よしきり、くいな、うずら、しぎ、きつつき、四十から、たか、かも、ちどり、つる位のもので、いずれも何人にも親しみのあるものだった。

いったい俳句は符牒の様なもので、色々の約束があり物珍しい鳥の名などよんだのでは通用し難いためだったかも判らないが、自然を愛したといわれる人の句としては物足らなさを感じさせられるのである。

そして、その句も、細かなる観察の句ではなく詠嘆の多いものが主である。

さかづきに泥な落しそ飛燕《とぶつばめ》　〔砂燕〕
すすぼりてごみ焼家に啼燕《たくなく》　〔芭蕉句選拾遺・誤伝の部にあり〕
父母のしきりに恋し雉子の声　〔曠野〕
清く聞《きが》ン耳に香焼《こうたい》て郭公《ほととぎす》　〔虚栗〕
時鳥《ほととぎす》啼や五尺のあやめ草　〔葛の松原〕
うぐひすや竹の子藪に老を鳴く　〔別座舗〕
能なしの寝《ねむ》たし我をぎやう〳〵し　〔嵯峨日記〕
関守の宿を水鶏《くひな》にとはふもの　〔伊達衣〕
此宿は水鶏もしらぬ扉《とぼそ》かな　〔笈日記〕
病雁《びょうがん》の夜寒《よさむ》に落て旅ね哉　〔猿蓑〕
老の名のありともしらで四十から　〔許六宛書簡〕
星崎の闇を見よとや鳴千鳥　〔笈の小文〕

など、その例で、こういう句は大したものではない。しかし、それにふと心ひかれて耳をかたむけ、目を向けた様な句は、さすがにそこに、さびしくニッコリ笑った芭蕉の姿の見えるようなほほえましいものが多い。

鶯や餅に糞《ふん》する縁《えん》の先　〔葛の松原〕
原中や物にもつかず鳴雲雀《ひばり》　〔続虚栗〕

雀子と声啼《なき》かはす鼡《ねずみ》の巣　〔韻塞〕
杜鵑鳴音《ほととぎすなくね》や古き硯ばこ　〔陸奥衛〕
桐の木にうづら鳴なる堀の内　〔猿蓑〕
刈あとや早稲《わせ》かた〱の鴫《しぎ》の声　〔笈日記〕
木啄のはしらをたたく住居かな　〔芭蕉句選拾遺・誤伝の部にあり〕
稲雀《いなすずめ》茶の木畠や逃げどころ　〔西の雲〕

こういう句に深いものを発見する事は出来ないが親しみを持って読む事が出来る。しかし芭蕉にはどこかツンとして行ないすましたようなところがあった。一茶の様に

雀の子、そこのけ〱お馬が通る　〔おらが春〕

とあのコクリ〱頭をうごかす雀坊主に対して、満腔の愛情を示したような句はない。

芭蕉の句にはどこにも「自分は」とか「自分が」とか言ったようなものが、そこに出ている。そうした気持が、こまかな観察の障害になりはしなかったか。一つにはまた自然々々と言いつつ、名もなきものへの愛情よりも古典に見えたるものへの囚れの心が強かったのではあるまいか。

鷹一つ見つけてうれしいらこ崎　〔笈の小文〕

この句などは、自然愛惜の情のよく出た句だと思っていたが、越人の伊良胡紀行によると、その前書に

八日、けふ秋の尽る日也。一天晴わたりて、手のひらほどの雲なし。けふこそ鷹の渡るならんと、里人走りつどふ。師の曰、此里は、鷹の初てわたる事、萬葉に伊良虞の鷹などよめれば、猶哀なる折

ふし也。あれよそれよといふにぞ、ふりさけ見れば、雲井はるかに、塵の如くに見えしが、須臾《しゅゆ》の間に、
吉田田原の方をさして渡り行けり。雲霞のあなたなれば、はきとは見定めかたし

とあり、越人が書いたものだから聞きちがいもあるかもしれないが、萬葉に伊良虞の鷹のうたはないはずである。まさか芭蕉がそこまで半可通ぶるとも思えないが、兎に角、晴れたる大空に鷹の渡るを見ようとする、やさしい心根の人としては、物足らない事である。そしてむしろ、鷹を見るためにさわぐ里人に同感する。

我々にして見れば、因縁づけず、理窟づけず、見る人としての芭蕉が想像したかった。事実彼はそういう抱負を持った人であったのである。一笑宛の書簡によれば

はつかりの声、水鶏たたくなど、歌にも発句にも作る人の、さし竿にてとり、網にかけなどいたし候は、口と心と相違にて、名句吐候とも、うそつきといふものに候へば、まことの風人からみれば、あはれなる事にて、たとへころさずとても、雲に飛地にはしり候鳥を、ちひさき籠に入れたのしみとなすは、牢番も同じ事にて候を心付ず、籠をならべ、これは二両の駒鳥也、これは五両の鶯なりといひて、摺餌に小袖の肌おしぬぎ、高祿の人にもあさましきさまする人、武林連中には有ものに候。かの開籠放白鷴の詩意など教訓可被成候。（中略）武士は殺生するものなりと云人御座候へ共、魚鳥を捕候が腕がためにも成申まじく候。

この一言まことにヒヤリとする。我々に反省を促す語である。しかし、最後まで、彼はこの自然主義者ではあり得なかった。この文の底にひそむ人道主義的な気持ちが、彼に鳥の賦をかかせ「汝がごとき心貪

欲にして、かたちを墨に染たる、人に有て賣僧《まいす》といふ。……嗚呼汝よくつつしめ」と言わしめている。これでは可憐なる鳥の観察も出来なかったであろう。従って長い奥羽の旅にも

野を横に馬ひきむけよほととぎす　〔おくのほそ道〕
汐越《しほごし》や鶴はぎぬれて海涼し　〔おくのほそ道〕

の二句があるだけである。後者は象潟《さきがた》での句であるが、今田圃になって昔の面影はすっかりなくなっていると言うが、当時は

南に鳥海天をささへ、其影うつりて江《え》にあり。西はむやむやの関路をかぎり、東に堤を築《きづき》て、秋田にかよふ道遙に海北にかまへて、浪打入る所を汐こしと云《いふ》。江の縦横一里ばかり俤《おもかげ》松島にかよひて又異なり。松島は笑ふが如く、象潟はうらむが如し。

と言う勝景の地であった。渺々たる日本海の紺碧を背景にした、真白な鶴の一群の水の中に黙念として立ち、あるいはかろやかにとぶ、鮮やかな色は、芭蕉ならずとも心をうたれる事であろう。かく彼の足跡を見るとき、如何に自然をこまかに、正しく見るかが第一義ではなく、自然を如何に句にするかが主要な問題であった。

日にかかる雲や少時《しばし》のわたり鳥　〔渡鳥集〕

の悲痛、

ほととぎす大竹籔をもる月夜　〔嵯峨日記〕

の荘重、

海暮れて鴨の声仄かに白し　〔野ざらし紀行〕

ほととぎす消行く方や島一つ　〔笈の小文〕

の寂然には、言い知れぬ技巧の苦心がひそんでいる。更に

郭公《ほととぎす》声横たふや水の上　〔藤の実〕

にいたっては、彼の言う頭よりすらすらとよみ下した句とは言い難い。ただ彼が俳諧道に徹していたことは

うぐひすも海むいてなけ須磨の浦

という卯七の句を野坡は「うぐひすよ」となおし、去来は「も」がいい、と主張したに対して、芭蕉は「け」を「く」に「浦」を「里」にせば、人の心に徹するであろうと言った一事を以てしても窺われる。即ち

うぐひすも海むいてなく須磨の里

となる。（この話は去来抄にも見えているが、内容がややかわっている）

かくて、芭蕉の自然主義が如何なるものであったか想像されるのである。しかして芭蕉紀行文を、紀行文の随一のように思っていた私は、柳田先生の『海南小記』、『雪国の春』などをよんでまたひとつの旅の仕方のあることを知っておどろいたのである。文中いたるところに草花の美、鳥のうららかな合唱が見えている。先生の文には光、色、音がふんだんに取り入れてある。

芭蕉はそれに対して、あまりに淋しい旅をした。「東海道の一筋もしらぬ人風雅に覚束なし」と言った彼の言葉に合点の出来ぬ都会人（上田秋成）のあったのも、所詮田舎人らしい修業の旅であったためで、そ

れが芭蕉の大をなさしめたであろうが、角度をかえて見れば一脈の物足らなさを覚える所以でもある。

そうして芭蕉の鳥はさえづりつつも淋しいかげをやどしている。

芭蕉病篤き日、その弟子ら住吉に祈って奉納した句の中に鳥の句が四つあるが、それもまた師の病の憂いをうちにひそめてか、物淋しい。〔以下の句は宝井其角「芭蕉翁終焉記」の「賀会祈禱の句」中にあり〕

峠越す鴨のさなりや諸きほひ　丈草
すえあげて勇《いさみ》つきけり鷹の顔　伽香
足かろに竹のはやしやみそさざい　惟然
こがらしの空見なほすや鶴の声　去来

（「野鳥」二巻六号　日本野鳥の会編　梓書房　昭和十年六月）

昔話の型

私の家へは、古くよく旅人がとまって行った。備後のたたみ屋だとか、また薬屋だとか……。そういうものがかなり多くの旅の話をおいて行ってくれたものと思われる節がある。そうしてまた、祖父が立派な伝承者型の人であった。

若い時に萩の方へ行ったことがあるというが、それ以外になくなる少し前までほとんど島から出た事のない人で、出稼の多い島では、珍しい方の人であった。

幼少の折、寺小屋へ行った事があって、字はいろは位書けたが、いたって勉強が嫌いで、寺へ行く風をして家を出てはダイリョー（女郎蜘蛛）をとりに行ったものだという。この蜘蛛は実によく喧嘩をし、夜蜘蛛のように、ずるくないので、遊び相手にするにはよかったのである。

早く言えば当世の不良少年なのであろうが、実に善良な人で、何でも正直に信じ、それを後生大事に守る人であった。そこに伝承者としての天稟《てんぴん》もあったと信ぜられる。その上うたがすきで、よく覚えており、死ぬる十日ほど前、盆踊の夜には、八十二の老齢で口説《くどき》にも行ったのであった。

こういう祖父を持った私は昔話を誰よりもよく聞かされて成長した。しかしそれは寝物語であって、特別に昔話をする日というものは私の幼少時にはもうなかった。

「昔ある所に侍が居て山へ猟に行つたが、獲物はとれず、道には迷ひ、困じ果て、暗夜の山をソークリ歩いていると（ソークリは探りの意か）向ふの方に火がチンガリチンガリ見えた。之はありがたいと思つて、その火の所まで行つて見ると、中に一人の老人が居てたくさんの御馳走をこしらへて誰かを待つて居るらしかつた。侍が案内を乞ふと快く座に迎へて、老人はその御馳走を人々にすゝめた。侍が不思議に思つてその理由をきくと、実は私は庚申の神で、お前たちが来るのが判つていた。そこで御馳走をこしらへて話でもきかうと思つて待つてゐたのだといふ。之は有難い事だと、一同は早速御馳走になつたが、昼間のくたびれで、腹が太るとねぶたうなつて皆ねてしまつた。

庚申様は話しずきの神様で折角話をきかうと思つて待つて居たのがこんな事になつた。そこで、怒つて侍たちをみんな唖にしてしまつた。だから庚申講の晩には話をしなければならぬ。」

こういう昔話を幼時きいた事があるがその庚申講の晩にさえ儀式めいて話をきいたことはなかった。ただ一度「今夜は庚申講だから話をしてやらう」と祖父が言ったのを覚えている。

しかし、もとは話をきく日というものがあったと思われる。桜田勝徳氏の話では、南島の黒島だったかには、正月の適当な日に、子供が頭からドンザをかぶって老人の所へ話をききに行く行事が残っているとの事だったが、昔話のかたり口から考えて、そういう行事が各地にもあったはずである。

『安芸国昔話集』（礒貝勇、岡書院、昭和九年）は話の型をよく記録した、まことに有難い本で、文野氏※1の『加無波良夜譚《かんばらよばなし》』（玄久社、昭和七年）と共に学界に寄与する事まことに大きい書と思うが、昔話の語られた場所、行事などに筆を向けられなかったのは我々の憾《うらみ》とするところである。その一点が明らかにせられると、この文芸の発達から衰亡への過程が更に判然とし、同一系の話の広く日本に分布する理由をも、明かにし得るのではないかと思う。

いずれも炉辺で語られたものであるには違いないとしてもその炉辺さえが、ただワヤク※2にすわる座でなかったことを思うと、昔話を興味一片から成長したものとは考えられぬ。

しかして興味本位の世間話が登場したとしても、そこに厳密な境があって、彼を容易に昔話の仲間へ入れなかったのではないかと、私は思っている、祖父の語った昔話には、大体三つの型があった。それは物語風な童謡、「とんとん昔があつたんといや」で始まる話、「もとーに」で始まる話であった。童謡風なものの例をあげれば

若い衆《シ》〳〵
えゝこと言うて聞かせうの
廿日鼠をつかまへて
頭をそつて髪ゆつて
忠兵衛さんと名をつけて
ぼた餅ついて賣んにたら
雷なつて雨降つて
がにのあなごへ這ひ込うで
がーにせなごをつめきられ

やれいたちうちう又ちうちう

などが、それである。これを決してうたといわぬ。昔話とよんでいるのである。この型の話は、三、四歳から六、七歳までにきかされたものである。

「とんとん昔があつたんといや」で始まる話にもやや口拍子というようなものがあった。地名などはなくて、山を表現するような時には「まあ白木の山の様な所に」と村の山をもって来て簡単に片づけた。こういう話法は喜界島にもあって、岩倉氏の『喜界島昔話』[※3]にも「たとへれば浦原の様な所に」という表現法が諸所に見られる。これがやがて昔話へ地名混入の緒となるかとも考える。

さらにこの種の昔話では聴手が相槌をうつ。我々の島では「ソーデエ」であり「ソーオ」であった。一区切話す毎に、こう応えたのである。『加無波良夜譚』を見ると、越後でも山の手では「ハーイ」と言い、海岸では「サーンスケー」と言っている。多くの人に向かって昔話がなされた時、この答がその聴手の一人によって行なわれたか、また全員が異口同音に言ったかも興味ある問題である。そうして私は聴手の立場も昔話などでは大切な見逃すべからざる問題であると思う。

ところで聴手がぼんやりしていると話手は「申すばつかり、さるのつべはきつかり」と突きはなすのが常であった。

これに対して、「もとに」で始まる話はそういうむずかしい型はなかった。「もーとーに」「もとにものう」とどちらかで話し出せば、地名や固有名詞などもそのまま入った。これは輸入話に多かったようである。しかしてまた、この話が分量も一番多かったのである。

「もとに」で思い出すことは伊豫の砥部《とべ》あたりの昔話が、「もと〳〵にもとに」で始まっている事であった。伊豫と周防大島の関係は、ある時代においては周防〈周防の地方《じかた》〉とよりも更に緊密であった。「もとに」系が炉辺で話された記憶はある。これには口拍子もなければ、「サルのつべはきっかり」もなかった。時には実話もあれば、伝説も出た。そうして十年前を話すのも「もと」であったのである。

島での昔話の没落は炉の消滅に伴うた。我々幼少の折はまだ炉のある家があった。ユルイと方言で言っていた。正月のカンシなどは、このユルイガマチでなされたもので、膝をあぶりながら、親類の者が酒をくみかわしたのであった。

しかしてユルイがなくなると昔話は忽ちに影をひそめたのである。幼少に私のきいた話だけでも一二〇を下らなかった事をたしかめ得たから、よく数百話の流行を見たと思うが、今殆ど忘れたそれらの話を、もう一度たしかめる術さえなくなっている。そうして、「とん〳〵」型と「もとに」型の区別さえ分りかねるまでになって来つつある。

こういう話の区別が他地方にもあるとすれば承りたいものである。そうして、私の地方では——柳田先生の言われる昔話の第四期に入っている地方では、「とん〳〵」型が「もとに」型に堕落した例はあっても「もとに」型が「とん〳〵型」に混入した例はまずないと言ってよかった。これは口拍子も一定の型もない「もとに」話に、一定の型を与えることが困難だったためではないかと思う。つまりそれだけ昔話製作の熱意が各人に欠けていた結果と考える。そうしてそれ等こわれ行く話が、世俗的な興味をつなぐものである場合には、実話らしく語り直されて、何物かの端々にはかない宿を借りる事があった。

例えば柳田先生の『日本昔話集』（アルス社、昭和五年）に豆をまいているのを鳩に知られまいために、何をしているかと聞いた男に対して、小声で答える話が採録せられているのを見るが、これが澤田博士の『五倍子雑筆』（澤田四郎作、昭和九年）一の二八頁には明治七、八年頃の伊勢白塚村での実話になっている。こういう行き方で、落語や小咄の興ある一節が実話化せられた例は多い。そうしてそれがまた座を賑やかにするいい材料でもあった。

もう一つ例を拾うと『聴耳草紙』（佐々木喜善、三元社、昭和六年）四一〇頁に尾長鳥の話が出ている。尾長鳥（これは青灰色な鳩ほどの、体の割合いに尾が女の裳のように長い鳥である）は雨模様の日に、山から群をなして下りて来て、彼方此方へ飛び、ギイギイと鋭い声で鳴いている。

その訳は、明日は雨が降るべ。雨が降ると親の墓が流れると言って、そう鳴き騒ぐのだという（何故といえば親の墓が川岸にあるからだ）。

この話は、遠く、はるばるの海を越えた喜界島に、もっと完全な形で保存されている。

昔あまやくは、少しも親の言ひ付けを聞かない子であった、親が水持《ム》っち来《ク》うと言へば海水を持つて行き、海水を持つち来うと言へば水を持つて行くといふ塩梅に、反封ばつかいしてゐた。それで親は死ぬ時になつて、此の子は今迄親の言ふ事を聞かないで、反封ばつかりしてゐたが、自分の寺場所（墓場）も、良い場所を好《クヌ》みば（好むは要求するまたは建設する）、きつと又反対に悪い場所を好むに違ひ無い、と思つて遺言には、我死なば川《ハーラ》の端に骨を埋めて呉りヨと言って、わざと悪い場所を好んだ。親が死んだ処が、子供は初めて親ちゆう者の有難ヱ事がわかつて、今迄親に反対したのは自分の間違ぢやつた、せめて親のイヤネ（言遺り、遺言）でも其の通りにして上げらんばならん——とて寺（墓tira）を川の傍に建てた。処が雨の降る度に水が溢んびて、寺が流れそうになるので、子は其事ばかり心配しているうちに、あまやくになって雨の降る前には必ず鳴くのであると言ふ事である。（「島」一巻五号七三頁）

しかして、この二話をつないで、『小縣郡民譚集』（小山真夫、郷土研究社、昭和八年）一七八頁に「一生一度正直」として録され（この話では墓は流される）、また『旅と伝説』第二昔話号に能登の例がのせられている。この語り口は主人公がてっぽっぽ（鳩）になっているが、喜界島のものとほとんど同じと言っていい程である。誠に驚くべき類似であった。

しかしてかかる口調のものであれば、我々の故郷では明かに「とんとん」型に属するものであったが、それが昔話のはりも口調も失って伝説化して残存しているのである。

昔、親不幸者があつてどうしても親の言ふ事をきかぬ。そのうちに老病になつて長い事はないと思つたから息子をよんで、この世の思ひ出に宮島へまいりたいとたのんだ。息子も親の最後の願ひかと思ふと気の毒になつて船をしたてた。船が宮島近くなると親は息子がいつも言ふことに反対するから、宮島へ行かぬと困ると思つて、宮島の西にある可部の島を指して、あの島へ行けと言つた。息子は親父は宮島へまいりたいのであらうが、今度こそは親の言ひつけにそむくまいと思つて、その島へ舟をつけた。親はそのために宮島へもよう参らず、そこで死んだ。

海らしい哀愁を含んだ物語で櫓船で、宮島へまいった時代には、この島のほとりを過る程の者は大抵船員からきかされた話であった。そうしてこの話し方は「もとに」で始まったのである。島を宿にしたこの話も、機船や汽船の発達でまさに消えようとしている。そうしてこうまでみすぼらしくなるにはやはり筋みちがあったと思う。たとえば豊後のキッチョムの類話はてていぽいぽとこの伝説の中間に位する昔話の本格を捨てかけた型ではなかったかと思う。

そうして私の知りたい事は、世間話にまで成り下る前の、はりのある、すぐれたる農民詩としてのリズムを持つ昔話の型であった。

幸いにして本誌（「昔話研究」）の刊行はその希望を充して下さるようである。

（「昔話研究」三号　三元社　昭和十年七月）

〔編註1〕文野氏―文野白駒。岩倉市郎氏のペンネーム

〔編註2〕ワヤクーいたずらをする、悪ふざけをする、という意味だが、ここでは「炉辺は坐る場が決まっており、勝手にどこに坐ってもよいというものではなかった」ということ。

〔編註3〕「喜界島昔話」は『喜界島昔話集』であろう。『喜界島昔話集』は全国昔話記録（柳田国男編）の一冊として昭和十八年に三省堂から刊行されるが、その元版の発行所、発行年は未確認。

口承文芸に於ける越後の位置

(一)

文野さん(『加無波良夜譚』の著者　本名岩倉市郎氏)から本誌に何か書いて見ぬか、との話だったので、承知しました、と引き受けて見はしたのであるが、実は甚だ早計でありました。越後という所へは未だ一度も行った事もなし、越後の国については何一つ知ってもいないのであります。

で、あれこれと頭の中で思いうかべていますと、ふと一つの手がかりを得ました。と申しますのは、私の故里の、しかも私の家の前に白木山と申す山がありまして、その山の麓に通夜堂があり、この通夜堂の堂守——村人はオショーサンと言っている——が越後の者であります。私の故郷は周防の大島で、瀬戸内海にある島です。この島へどうして、この人が来たかは判りませんが、島に来た時は瀕死の病人でした。そうして白木山へ村人がかついで連れて行ってやったのであります。

山の中の一軒屋で、看病してくれる人もなかったが、病気はいつかなおって、ミコをうつこと——当地方でミコをうつというのは占をすることです。——が上手なものだから、たくさんの人が見てもらいにまいり、そのあがりもので結構生活が出来るようになりました。

この坊さんが、越後は雪の深い所で、雪が軒まで積む、又米がよく出来て、坊さんの家でも五百俵もとれる、というようなことを度々はなしていました。

こういう事を考えていると、案外、越後と大島は関係があったのであります。これもやはり私の家の近くの丘でありますが南無阿弥陀仏の大きな石碑がたっており、その傍書に「佐渡国念仏行者」とあります。幕末寛政の頃に来た人のようです。安住の地を求めて、雪深い故里を捨てて、この地に逝いた魂をおもい、佐渡の国を夢想した事がよくありましたが、世間は思ったより狭かったのであります。

そうして更に思いをめぐらしていると、佐渡あたりから念仏行者も来ていいような事情がいくつもあったのであります。

大島の人にして佐渡の島影を見、越後の土地を踏んだ者は、幕末の頃少なくも百人や二百人はあったはずであり、越後人にして大島の水をのんだ人もやはり相当の数にのぼっていたようであります。

現に大島の小松町鹽竈神社には、越後の者のあげた玉垣が残っており、また大島の日前《ひくま》港は北前船のたくさんいた所であります。

これらの船は越後へ向かって塩を積み、越後からは米を積んで帰ったようであります。小松は塩の産地であり、その塩が越後に運ばれた話も残っています。

残念なことに越後の地を踏んでいませんので、越後と大島とに文化の上でどんな相似があるかは判りませんが、恐らくは沢山の共通点がある事と存じます。昨年隠岐へまいって初めてドッサリ節をきき、帰って故里の盆踊りを見て、その節に多分に似た所のあるのを知って驚きましたが、実は驚かなくていい程の条件があったのであります。

海はこうして相距たる二つの島を結んでくれているのであります。そういう目で物を見ると、世の中はまた面白くなってまいります。

（二）

文野さんの『加無波良夜譚』は昔話採集に速記術を応用した最初のもので、斯界の書としては実に立派な学的価値を持ったものでありますが、この本をよんで見ると、私の故郷にも行なわれている話が二八話ほどある。

これは驚いてもいい事であります。

どういう話が私の島でも行なわれているかと申しますと今『加無波良夜譚』が手もとにないから手控で見ますに左のようであります。

一七〇頁・猫の話　一九六頁・炭焼長者　一四五頁・山寺の小僧（何でもひろう話）　一五三頁・食わず女房　一五頁・猿婿入　一三〇頁・念仏の当り（旅僧がねずみののぞくのをお経のかわりに言い、後々婆がこれを真似して泥棒を知らぬ間に追い払う話）　二七頁・山寺の小僧（甘酒をのんで金仏につみをきせる話）　一〇三頁・長い名の子　一三頁・猿と蟇《がま》の餅競争　六六頁・糠ぶく米ぶく　九九頁・かちかち山　五〇頁・だんご浄上　一四六頁・山寺の小僧（毒梨をくう話）　一七八頁・蟇の皮　一八六頁・姥捨山　七九頁・お杉お玉　一九二頁・お杉お玉　九五頁・狐と獺《かわうそ》　四九頁・難題婿　一六一頁・養子取の話　一四七頁・屁ひりの話　一五五頁・田の清　九頁・てんで持　二一〇頁・土龍《もぐら》の嫁さん　一四八頁・

三人泥棒　六六頁・尼さんの仲裁

『加無波良夜譚』は二五〇部の限定版でしたから、本場の新潟方面でもこの本を御所持の方は多くあるまいと思います故、その荒筋だけでも書いて見るといいのでありますが、とに角、全然同一かまたは類話にこれだけの数のある事は、我々をして不思議な感をいだかしめ、かつお互いが日本人であるとの安心をあたえてくれるものであります。

同じ文野さんが、本名で採集なさった『喜界島昔話』を見ますと、これまた大島との類話が、二三話ほどあります。この島と瀬戸内海の島とには何らの直接交渉は見出されません。その上昔話をしてくれる、老爺老婆たちは、決して旅人ではなかったのであります。いろり都をきめこんで、山一つ向こうの町を見物に出かけて

「とゝ《父》、とゝ、此の町は大きい。日本ほどあらうか」

「馬鹿、日本は之の二つがけ。」

と言ってたまげるような連中だったのであります。それを、どうしてお互いがこうまで、同じような話を、我が物として話していたのでしょうか。

馬鹿婿の失敗談など見ましても、私の貧しい見聞に入っただけで、全図約六〇ヶ所の例があります。そうして、その話がそれ〴〵の土地では実話として話されていて、人もそれを信じて見ようとしています。たとえば豊後のキッチョムなどは、現にこの人が、その話の主人公だと言われている位牌まで残っています。ところがキッチョム話と同じような話が越後にもあれば、みちのおくにもあります。面白いことは

岩手などでは、それがモンジャのキチとなっています。柳田先生のお話では文者の奇智だろうとの事でありますが、こういう普通名詞が、いつか固有名詞化されて、キチが吉を名乗る特殊人物になって来たのでありましょう。

いずれにしましても、南北に長い上に、デコボコが多くで、つい、隣まで行くにも

凩や隣といふもえちご山　〔小林一茶　八番日記〕

というような佗しい山坂を越えねばならぬ日本の国の中に、これほど多くの共通を持った昔話なるものが存在した事は愉快なことであり、それを祖先からの言い伝えとして今日まで持ちつづけて来た村人たちは、たしかにゆかしい人たちでありました。

（三）

しからば誰がこんな話を持って歩いたであろうか、ということについては、柳田国男先生の『桃太郎の誕生』がそれを色々暗示してくれています。

先生は平安朝の頃から、京都に昔話の宿というようなものがあって、そこを中心にして、多くの比丘尼や遊行者たちが、東から、あるいは西から集い、お互の話をおいて行き、また話をきいではそれを地方へ運んだのではあるまいかと言っておられます。そういう伝説や昔話の宿として、先生は京郡の誠心院などをあげておられます。

この事から思いあわされるのは『今昔物語』であります。このぼう大な説話集を見ますと、その話の出

所が殆ど全国的であります。この書は宇治大納言隆国が、宇治の別業で庶民から聞いたものを書きあつめたという事でありますが、一つの体系をもち、分類の上にも、ある計画が見られますから、ただ話を聞きあつめただけとは思えない節があります。

たとえば日本最初の説話集『日本霊異記』の目ぼしい話の殆どが今昔にも採用せられている所を見ますと、そういう書からの渉猟も多かろうと思われます。

しかし、それだけでこの説話集は成立したものではありますまい。恐らくは、天下を横行する興深き百千の話に耳をかたむけた隆国がその散佚を恐れて、手を下したとも言えます。そういうことになると、すでに彼の当時、これらの話は京都を中心にして、広く各地に分布していたものと思われます。

そうして東北からもたらされた話は、京都を中継所として、西南へ。西南の話は東北へと、持ちはこばれたに違いないと思います。

彼の一本の藁をもとにして長者になる、長谷観音の霊験記とも申すべき、「わらしべ長者」の話は、今昔に見ゆるを最古の文献とするようでありますが、その分布は日本的であります。これなど今昔の創作でない限り、それ以前から行なわれていたに違いないから、すいぶん古いものの一つと言う事が出来ます。東北地方で活躍された佐々木喜善氏の多くの昔話集を見ますと、多分に今昔物語的なところがありまして、昔話の分布が文献派の人々のいうように決して近世の事ではなさそうであります。少なくもさらに悠久の月日を持ち、多くの遊行者によって逐次全国に行きわたったものと思われます。もしかかる話の分布が近世の事であるとすれば、昔話の古い型と思われるものが、今少し京大阪の地に残っていてもいいのであります。

ところが京大阪ではそういうものが殆どない。いずれも小咄、落語系の笑話か、古い話の破片位が散在しているにすぎません。これに比して、東北でも越後でも、南島でも、洒落《しゃれ》た笑話がいたって少ない。いったい笑話の発達は、極く近世のようでありまして、私の目にとまったものでは『醒睡笑』や『昨日は今日の物語』などが最初のようであります。

これらの話は狂言の、太郎冠者の味などが判るようになって、俄に分布を見て来たものでありましょう。かくて昔話の分布は意外に古かったのであり、それを持ち伝えた人たちの心も尊いものでありました。

(四)

越後は昔から出稼の多い所ときいていますが、それでいて、なお多くの昔話をもちこたえたのは、あの雪の深さなどによるものであろうかと思います。昭和九年は雪が深くて、私も敦賀まで雪を見にまいりました。それから先は汽車が不通で、そこから引かえして来ましたが、あの七尺ばかりもつもった雪を見て、実におどろいたのであります。私のように南の国に育ったものには、どうしても想像出来ぬところがありました。私はあの雪の底で長い冬をとじこめられている人々の事を思いました。勢い炉辺を守るよりほかない長い生活が、炉辺の話をどんなにか豊かにした事でしょう。

この国の人たちにとって雪の深いということは非常な不幸でありましたが、一面日本文芸のためには幸福でありました。

また文野きんを引き出しますが、氏によって『旅と伝説』の八巻一号に発表せられた「八十里越」は一俚人の世間話の速記でありますが、これをよみました時、越後の農民が、いかにすぐれたる詩人であったかということに驚きました。あの中に盛られた香気は、土の臭のしみじみした落ちつきと、青空の清澄とをたたえて、まさに、日本最高の詩文であると言えると思います。同じ人によって書かれた『土の香』の「会津戦争」「ゆうみ流しの頃」など、いずれも必読の詩でありました。

「八十里越」などは、彼の一文によって是非とも、この峠を越えたいと言う念願を読者に起させたようであります。

考えて見ねばならぬのはこの中にふくまれる問題であります。農民の一つ一つの言葉が詩であったということであります。詩は決して職業詩人の独占物でもなければ、文字にして見なければならぬものでもないと思います。

私はこれらのものをよんではじめて万葉集が千余年以前に存在し得た所以《ゆえん》を知りました。しかも万葉詩人にしろ、越後詩人にしろ、深く現実に足をつけている事であります。いずれも、生活苦をその足もとに横たえたものであって、いたずらなる詠嘆ではないのであります。

私たちは中央の職業詩人の虚飾に目を向け、紛飾文学に目をむける前に、もう一度、足下によこたわる忘れられたる文学をとりあげて見たいのであります。

そういう点からすると、越後は実にめぐまれた土地であります。文野氏によれば、蒲原の地で、すでに六百の昔話が採集された由であります。昔話に限らず、越後は民間伝承の口頭文芸に、尊い役割をはたす地かと考えます。

この故切に諸氏の奮起を望むものであります。（一九三五・六・四）

（「高志路」一巻七号　高志社　昭和十年七月）

昔話と俗信

昔話の成長は、昔話自体の持つ興味と、これを外から助けた力が与《あずか》っていると思う。これを外から助けた力とは我々日常の生活であり、伝承した人々であり、その空気とも名づくべき話を受けとる人々の心持である。

昔話の分布の全国的であり、その話のきわめて共通性の大きいものである事は、我々をして驚嘆させたのであったが、実はこれを受け伝えようとする人の気持ちの共通が一つの原因ではなかったかと考える。

その一つの例として、私は猫に関する俗信とその昔話を考えて見たい。

今「旅と伝説」の葬礼号〔六巻七号、昭和八年七月〕をひらいて、その習俗を見ると、ほとんど全国にわたって、刃物を死体の上に置く風がある。これは魔物のつかぬためと言われているが、その魔物が猫である場合が甚だ多いのである。即ち刃物を置くのは猫を防ぐためであり、猫が死体をまたぐと、死人が動き出すというのが、最も普通の例である。そうして、ある地域では、もう細かな感覚や言い伝えは失せてしまっていても、死人の部屋へ猫を近付けてはならぬという心は、まだ何人の心の中にも仄かに残っているようである。

しかしてこの俗信は僻遠の地では生きた事実として語られている。葬礼号三七頁に

「函館の船着宿のお婆さんが死んで湯で洗つてゐると、死人が頭に手をあげる。之は猫の仕業に違ひないと思つて尋ねると猫が屋根の上で手をあげてゐた。」

という意味の記事がある。ここでは屋根の上に猫がいてさえ問題であった。この話のもっと完全な形と思われるものが『静岡県伝説昔話集』〔静岡県女子師範学校郷土研究会、昭和九年〕に採録せられている。そうして立派な何故話になっている。即ちその三三四頁を見ると、

大寺の方丈さんは非常に猫を可愛がつて居た。所がこの方丈さんは村人から排斥されかけてゐたので、報恩のため猫が黒雲になつて、大臣の老母の死体をぬすみ、誰が経をよんでも返さないのをこの方丈がよむと死体を下して、方丈は村人から「人は見かけによらぬものだ」と感心され、それから、死体を猫がぬすみに来るからと言つて刃物を死人の側におく様になつた。

という話が出ている。これは伝説として採集されているが明らかに昔話の範疇に入るべきものであろう。そうしてまた世間話としても最も信じ易い形態のものではなかったかと考える。『越後三條南郷談』〔外山暦郎、大正十五年〕には

三條在北潟村大面村地方では、猫又権現なるものを信仰する風があり、その信者は死ぬと死骸がなくなる。信者が死ぬと広間の戸を開いて神の生贄とし、葬式はしても棺中に死体はない。

信者の一人が死んだ時棺をかついだものが、風もないのに棺桶動揺し、火葬場につくと迅風と猛雨でどうにもならずそのまゝ引あげた。猫叉が死骸をとりに来たのだ。

という話が事実として載せてある。これに似た話は『静岡県伝説昔話集』にいくつも出ていて、この死体

をさらうものをクロシヤと言っている。そうして、この方で面白く感ぜられるのは、棺の中が空である事を見ぬく僧の出現であり、その読経によって死体が棺に戻るのである。

関東から東北の南方部にかけては刃物以外に箒もおくようであるが、その理由と思われるものに

猫が屍を跨ぐと、死人が蘇生し台所へ行つて水桶の水を柄杓で飲むと、千人力を得て「猫股」といふものになるが、死人が起き上つた時に、直ちに箒で叩くと倒れるからである。（葬礼号八二頁）

という神奈川県津久井地方の例がある。しかし滋賀県高島郡の例では

海津のエゲタ屋の婆さんを、其家の赤猫が喰つて婆さんに化けて居た。

とあって、その中に「狼と鍛治屋の姥」へのつなかりが見えて来る。もと犬梯子の話題を作ったのは狼であったようだが、里の家の姥に化けているのは狼だけではなく猫も多かった。『聴耳草紙』三四一頁に出ている怪猫の話は、

一人の男が旅の帰りに峠路で話声をきゝ、不思議に思つて木の上に上つてうかゞつてゐると猫が集つて話してゐる。その一匹が某殿のお頭が来ぬといふ。某といふのは自分の事で木の上の男は不思議に思つてゐると年寄猫が来た。さうして通りかゝつた侍を喰ひにかゝつたのであるが猫は負け老猫は眉間に傷を負うた。男は侍と家へかへつて見ると老母は氷で滑つて眉間を割つたと言つてゐる。そこで侍がこの老母を斬り殺すと猫になつた。猫が老母を喰つて化けてゐたのである。

とあって、狼の話のそれに似ている。ところが静岡県の方では踊りをおどるために山に集まることになっている。

富士町の浅間様（官幣大社）の一寸西の方に、字をどり場といふ処がある。又一名猫山とも言ひ、周囲が皆田圃で割合に今でも寂しい処である。

昔此処で猫が集つては踊をやつたといふ。或晩或人が此処を通ると、猫が三匹で踊つてゐる。暫くすると三匹の猫は踊やめて「金子《きんし》が来なけりや調子が合はない」と言つた。

というのがそれであるが、このほかにもう二話出ている。ここで考えて見たいのは猫の故里である。畜生に生れたものの故里を人里以外に考えた人の気持ちは非常に古いものである。しかして猫の故里を物語る説話もまた存在し得たのである。

我々の故郷（山口県大島）では、猫は年をとると九州の猫山へ行くものだと信じられており、阿蘇の根子岳は猫の集まった山であり、節分の夜には阿蘇郷内三里わたりの猫がみなこの山に集まるという。秋田の尾去澤から毛馬内に出る間にも猫の集まる山の話がある。（第二昔話号二一頁）〔七巻一二号、昭和九年十二月〕

こうして山へ行く猫は我々の村では赤猫であったが、ところによっては三毛であった。我々のところでは怪異なる力を持つに到ったものをコウをする、というが、赤猫がコウをすると、踊りをおどり、やがて猫山へ行くというのである。外祖父の家に一匹の赤猫がいて、永く飼っていたが、ある時障子の向うで踊っている姿が、障子に映ったとかで、それを見た外祖父は、あの猫もコウをしたからおらんようになるだろうと言っていた。そうしてそれから間もなく猫は見えなくなったのであった。

たんに猫だけでなく犬もまた我々の土地ではコウをするもので、コウをすれば山犬になり、山犬がさらに狼になるという。犬はだいたい忠実なる動物とされているのが、青森県八戸では湯灌の水を犬が甜めると幽霊が出るといわれており、話は猫から犬へかわって来る。が犬となると、座敷に上る動物でないから、この俗信も水を甜める程度にすぎず、その俗信の行なわれる範囲もせまいようである。

ただ死人の傍へ人以外を近づけまいとした心の名残と見らるべく、それが犬より猫の方がより人に近かった事が、この方のみを俗信の対象として残したものではなかっただろうか。そうして猫の跨ぐことによって人の這い出す話の背後には、猫の踊りの昔話があった事に由ると考えるのである。前記の猫の踊りは山中においてであったが、記録されたるものはむしろ家の中における猫の踊りであり、唄うたいであった。

これを北から見て行くと

青森（津軽口碑集）、岩手（聴耳草紙）、遠野物語（聴耳草紙と同話）、新潟（加無波良夜譚）、甲斐（第二昔話号）、壱岐（同島昔話集）・岡山（本誌・四一二頁）、肥後（本誌・一七二頁）

であって、ほとんど全国的と言ってよい。右の中『加無波良夜譚』のものは、猫が可愛がってもらった貧乏な爺と婆とのために女になって芸者に売られて行く話であるが、静岡県富士郡島田の例はこれに近く、猫が盲人に化けて金を儲け、主人に貢ぐ話になっている。つまり一つの報恩譚となっているのである。壱岐の例は猫が爺さんの帽子をかぶって行く話になっているが、これは山中に踊る猫と同一系の話であったと思われる。

これらをひとまずおいて他のものを見て行くと、甲斐のものは恩に預った爺婆のために、猫が忠臣蔵をして見せてどこかへ行ってしまう話になっているが、陸中の例も、肥後の例も、化猫を見た事を口外した女が猫に咬殺されるに事になっている。

岡山の話は終がクロシヤ系になっている事に興味がある。津軽のものは最も簡単になっているが、化猫に唄をならい、口外して殺されるというプロットだけは壊さずに持っている。そうしてこの話が世間話となりやすかった所以は、猫が家の中の存在であったことにあると思う。そのために特に実話風な色彩を持って来たものと思われる。

そこでいよいよ結びにするが、けだしこれらの話は全国的に行なわれたものであり、同時にこれを受け入れるだけの素地が我々の心にあったと考えるのである。それが色々の事情によって漸次稀薄になって来たことからまず話のプロットが壊れて断片となり、さらに壊れて、踊る猫と死体を奪う猫だけが観念として、我々の脳裡に残り、そうしてそれが、村の共同の営みである葬礼に結びついて残存したと考えるのである。けだし葬礼は結婚と違って一段と共同的であったため、結婚に個人の意志の流入の結果、著しい色彩の変化を見て来たに比し、葬礼が未だ個々の意志を挿入せしめる余地が少なく、その形式の全図的な共通を残し、かつ、全図共通な信仰をとどめている。

そうして猫の嫌われる心だけは仄かに残っている。従って私は俗信を昔話のいちだんと壊れて来た形のものと考えている。やがて俗信の―古い―消ゆる時、昔話もまた消滅すると思う。つまり昔話は古い俗信を受け入れる心の上に流れた文芸であって、この心がこの口頭文芸を全国的に流通せしめた因子のひとつであったとも考える。かくて、かつての日は昔話が俗信を派生し、俗信が昔話にとけ込んだ日もあるであろうが、今まったく、前者の形式のみとなっているようである。殊に何故話は俗信への顛落が多いのである。

（「昔話研究」一一号　昭和十一年四月五日）

きさらぎ山

――越佐の人々におたずねする――

私などは民俗学については未だ何も言う資格がない。やって見るとあまりに奥が広く、疑問ばかり多いからである。ここにも諸氏の賢明な御教示を仰ぐために書いて見たい。

『俚謡集』（文部省文芸委員会編纂、大正三年）一一七頁をあけて見ると、中蒲原郡の舟歌に

向ふお山の楠を　木挽頼んで板に割り、大工頼んで船つくり、万の宝積込んで、あや〻錦の帆をあげて、思ふ港へひきよせる。

というのがある。この歌は『俚謡集』の編まれた大正初期にはまだ多分に各地に行われていたと見えて、その例がいくつも出ている。

同じく九一頁に佐渡のものがある。言葉は多少違うが、同系のものである事はすぐ分る。

正月の一日二日の初夢に　きさらぎ山の楠を　船につくりて今卸す　白銀《しろがね》柱おし立て〻　黄金のせみをく〻ませて　綾や錦を帆にかけて　宝の島へのり込んで　数の宝を積込んで　追手の風にまかせつつ　思ふ港へはせこんで　これの御蔵に御納めおく。ヤンデヤル

しかしてこの方が完全な形をしているようである。この歌を部分的に見ると三つのものから成るようで

ある。その一は初夢、二は造船、三は宝である。更にこの歌の主題は宝を希求する一つに凝集されて来る。そういう点から見て行くと正月にうたわれた唄の形態を立派にそなえているのである。

春をことほいで来る訪れ人の持つ詞章は多くかかる形態をとるものであるが、後にはそれが色々の門付《かどづけ》にまで転用されるようになって来たものと思われる。例えば正月の大黒舞などはそのよい例で、もと大黒舞の詞章はかなり多く、同じく『俚謡集』に、山形、佐渡、徳島、香川、長崎と五ケ所の例が見えているが、詞章はいずれもかわっている。ただその中の代表的な一つである、数え唄系のもの即ち

大黒様の行状にゃ　一に俵をふんまえて　二にニッコリ笑うて　三に酒つくつて　四つ世の中よい様に　五ついつもの如くに　六つ無事息災に　七つ何事ない様に　八つ屋敷をひろめたて　九つこ

こらに倉をたて　十でとつくりおさめた〔周防大島の亥の子唄〕

は亥の子の唄として広く西日本に分布して残っており、もう正月の歌ではなくなって来ている。この歌の古い記録は、『梅津長者物語』に見えているが、大黒舞については更に古く『蔭凉軒日録』にも出ているから室町初期すでに職人芸能化されて来ていた事が分り、『言継卿記』によると正月に唱門師《しょうもんじ》が行なったようである。ただその詞章が前記の数え歌であったか否かは不明である。かくの如く大黒舞なるものは室町を中心にして非常に盛大であったものである。それがどうした世の風潮かずんずん衰亡して行って、数え唄系のものだけが、その拍子をかわれて、亥子搗に流用を見たのである。由来数え唄はかかる系統のものに流用しやすかったので、その意味などはあまり考えず、子供などはどんどん他に使ったようで、越後では手毬歌になって柿崎地方に残っており〔日本民謡大全〕宇治山田地方にも長い手毬歌の中の一部に混入

している。手毬歌などというものは、つく拍子に何か唱えねばならず、唱えるとなれば長くつけばつくほど唱える事をいくつもいくつもついで行って、果は意味の分らぬつぎあわせになるのが普通である。ここまで来ると、もとの意味はもうすっかり忘れられて来て、ただその語呂の持つ味だけが興味をひいているにすぎなくなる。

話がやや枝道になったが、前記の舟歌もその形態から見て、どうやら正月芸能の一つである事は分るし、詞章から見て室町頃から流行を見たものではないかと思う。これを持ち歩いた人は、どういう仲間であったか分っていないが、大体海岸に住む芸能仲間の仕事であったと思う。西宮から来るという夷《えびす》舞の連中などはその一つではなかったか。夷三郎の得意先は仲々広くて、信濃あたりに見るように田の神ばかりではなかった。信濃では田の植初の日の苗を供えるのが夷様へであり、中部地方の南海岸に多く見られる夷様は商買の神として、夷講の御本尊になっているが、西日本の海岸ではむしろ漁の神であり航海の神である。西宮に限らず、瀬戸内の浦々にいる漁師仲間にはかかる正月のことぶれをする者もあって、正月になくてはならぬ万歳はこういう仲間が舞うて来たのである。舟歌とせられている冒頭の歌もその一つではなかったかと考える。

正月の宝船なるものはこの歌にも関係が多分にあると思う。即ち、もと宝船は宝を積み込むものではなく、悪い夢を流す船であった。最も古い宝船には彼の七珍万宝は積んではないのである。しかして一年中の悪い夢を流して新しい年を迎えるための性質を持っていたようである。流された神は多い。夢の神もその一つだったのである。柳田先生のお説をよむと、初夢は室町時代の京都では節分の晩に見るものであった。それが今日の如くに変化したのは初期資本主義の発達及び、正月のことぶれの芸能の職業化も忘れられぬと思う。しかして夢の見方にまで変化を及ぼしたものであると思ふ。

次に問題になるのは造船の事であるが、その用いられる木が皆「きさらぎ山の楠」である。私にはこれの正体が分らない。きさらぎ山というのは固有名詞であるか、春を意味する言葉であるか。またこの歌の先蹤《せんしょう》はどんな歌であったかも大方にお伺いしたい。薪の方では春三月に採取せられる風があってハルキとよばれている例がちょいちょいある。

造船に用いる木に質の良否以外のものの求められた事実はある。例えばシャチ木などはその一つである。シャチ木とは色々の種類があるが、ここにいうものは弾丸のあたった木の事である。そういう木で船を造ると幸運を得ると言われている。由来海の人たちは山の神に対しても一種の信仰を持っていた。伊豆などでは、船下しの日船を一度くつがえらせねばすまなかったというが、その問題になるところは、こうする事によって船の用材にやどっている山の神をおとすという物の考え方である。船はくつがえらせぬにしても、和泉でも土佐でも船下しの日に船に多くの裸形が乗って乱暴し、時には人々を海中につき落したりする事のあったのは、船人の粗暴なる為ではなく信仰形式の残存によるものであろう。そうしてきさらぎ山の木にもそうした信仰の遺跡を見たいのである。更に面白く考えられる事はこの歌の海岸でうたわれているだけでなく大和上北山の山中ではヨイコノ節の歌詞の一つとして「正月二日の初夢に」という文句が落ちて残っているのはどうやら、この村が木挽の村であったかららしいので、木挽は山中にその生業をたてただけでなく、また海岸の船座にはなくてはならぬ重要な役目であって、きさらぎ山の儀も木挽の方から聞き出せば案外容易な問題かとも考える。いずれにしても海の民俗の解決には案外多くの山の参加を待たねばならぬ様である。

最後に宝の分析であるが

（1）宝の島に乗込んで……御蔵へ納める　安房　石見　周防　相模　筑前

（2）……江戸の品川へ　阿蘇　大和

（3）……やるぞ晒の河口　肥後玉名

（4）……柱は……ともの間にはいりて眺むれば……鶴と亀との舞遊びそこで御舟玉もお喜び　能本

の四つの形になる。そのうち面白いのは最後が江戸の品川へとなっているもので、前述の如く大和ではヨイコノ節として、阿蘇ではヨイヤナ節として残っているもので共に座敷歌として、すでに宝が問題でなく歌の持つ意義も変わっているのである。（4）の鶴と亀なども後の混入であろう。もとこの歌は別に座敷歌として

これの座敷は目出度い座敷、鶴と亀とが舞をまふ

というのがあり、広く全国に分布している。（3）は（2）と同系のものであろう。しからば第一のものの考察であるが、宝の島へ行くという文句は別に正月二日の船乗初の挨拶の中に出ているのである。今伊豫の例を見ると

表師「舳に申し〳〵、舳によう御座いますか」

船頭「よう御座います」
表師「今日は天気日和相目もよし。皆流船達も拵へて巻くさうに御座ります。我々も拵へて巻かうでは御座いませんか。」
船頭「よう御座いませう」
表師「由良の港を巻き出せば、取梶《とりかじ》に見えるが辨才天、面梶《おもかじ》に見えるが船越八幡宮、中の御前《ごぜん》を眞向うとして、舳の欄干に松植ゑて、松の嵐を帆に受けて、帆は法華経八の巻、水縄手縄は琴の糸、黄金のせみに採まして、千里が灘も一渡り、向うに見えるは蓬来の山、蓬来の山を少し取梶に見て、宝が島に乗りつけて、大判小判を積み込んで、舳に大黒おもてに蛭子、七福神を上乗として、早く上下を致さうでは御座いませんか。」
船頭「よう御座いませう。さらば錨にかゝりませう、ヤンダエー〳〵」
水夫一同「ヤンダエー〳〵」
表師「とーり梶」
船頭「面梶、もー梶」
表師「今の梶ようそろふ」
船頭「ようそろふ」
表師「のつた」
トン〳〵（舳へ宜しと知らせる合図）

とある。港の正月の朝はこの挨拶でまことに威勢のよいものであったという。そうして自分たちの船でこれをすますと近所の船へ言ってまわったものであった。この風は伊豫だけでなく、広く瀬戸内にあり、また隠岐にもあった。その言葉に多少の簡繁はあっても、宝を積みに行こうという言葉は一緒であった。しかして、きさらぎ山の歌は船乗初の歌であり、これは挨拶であったのである。

正月にかかる祝言の取りかわしのあった事は陸においてもその例を見る。「柳の下の御言葉、さてもその事お目出度う」と家族の者の取りかわしあったのはそれで、越後では大晦日のゴヤの宴の前に、主人は大黒柱により、妻は入口に立ち共に前を見せて

「穂垂れを見よ」

「貝が破れた」

という豊作をことほぐ祝言のある事をきいたが、祝言のそのひとつひとつにはやはり予想されたる対象物があって、これは農夫の行事だった事が分るのである。

さて海の上でのこの挨拶は、彼の初夢の歌とどんな関係があったのか。ここには想像にすぎないが、こういう風な豫祝法もあったのではないかとも思う事が一つある。それは港に入り来る船を待って、年の初にことほぐ仲間があり、その仲間によって一艘一艘がことほがかれたものであって、歌として佐渡の例のようなものであったのではないかと思う。それが、やがて船同士でも行なうようになり、この祝言への展開を見たのではないか、という事である。

こうして船へのことほぎが衰退したのに伴い、船主の家で行なわれる船祝の歌となり、さらには山中へ

も流行を見たのではあるまいか。

船での挨拶にはもうきさらぎ山はなくなっている。しかし歌の形をなした方ではほとんどきさらぎ山の語がある。たんなる語呂の関係とも思えず、しかもこの部分はかくかわってはいないのである。

甚だまとまらぬ事になってしまったが、北前船の集うた新潟の港の人たちの調査を請うてここに提出した疑問の解決の鍵を見つけていただきたいものである。(完)

(「高志路」三巻四号　高志社　昭和十二年四月)

口承文学論集　あとがき

田村善次郎

書を読むことの好きな少年宮本常一は、文を書くこともまた好きな少年であった。そして大阪に出て青年時代をすごすことになる宮本少年は、やがて民俗学の魅力にとりつかれ、これを生涯の仕事としていくことになるのだが、書を読み文を書くこと、これは青年になっても、壮年になっても、老年になっても変わることはなかった。

本書は、そんな宮本常一先生が、歌を詠み、創作の構想をメモする文学者たらんとする時から、芭蕉や万葉集などを主とする文学研究に、そして時間的にはある重なりを持ちながら、民間伝承、とりわけ口承文学研究にスタンスを移していく時期の論考を、発表誌中心に集め編んだものである。

◎**源実朝の和歌**　本書に収録したものの中で、最も執筆時期の早いのは「源実朝の和歌」である。原稿のまま残されていたものであるが、一枚目の表題下に「第二部　B／宮本常一」とあり、枠外上部に丸囲みで控とある。天王寺師範本科第二部のレポートの手控えであることがわかる。昭和十年、結婚前のアサ子夫人にあてて書いた「我が半生の記録」の大正十五年八月の条に「金塊集を読んで短歌創作の欲にもえはじめた。そうして〝源実朝の歌〟と題する研究論文を物した。研究論文の最初のもので五〇余枚を要した。

この要約は校友会誌にもかかげた。また、文才を金子先生にも認められ作家を志望するにいたった」とある。校友会誌は宮本文庫には見当たらない。原稿は四〇〇字詰の原稿用紙で三六枚である。「五〇余枚を要した」とあるから、レポートして提出したものには、これをかなり増補したものかと思われる。

金子先生とあるのは当時、天王寺師範で文学を講じていた金子又兵衛（実英）氏のことで、宮本先生は二部だけでなく、後で入学する専攻科でも教えを受けている。卒業後も親しくしており、金子先生の主宰する俳句の会「久米会」にも出席していた。

◇夜光珠　「和歌創作にもえはじめた」とあるが、和歌は高等小学校を卒業して大阪に出る前からつくっており、国民中学会の機関誌『新国民』に投稿していたし、逓信講習所から高麗橋郵便局時代にも折に触れては作っていたことが、日記などの書き込みから窺える程度である。二部の時代から和歌創作はふえるといっても、このころはまだ結社には所属していないし、短歌雑誌への投稿もみられない。短歌雑誌への投稿は『十字街』（十字街社、兵庫県三原郡市村）の昭和二年二月号に「和歌に入りし頃」と題して一七首が掲載されているのが、管見する限りでは最初のようである。

昭和三年四月、宮本先生は天王寺師範の専攻科地理専攻に入学する。そして、その年の五月に夜光珠短歌会に入って、『夜光珠』に短歌や小研究を載せるようになる。昭和三年の日記、六月一日の項に「二十三日の水曜日、新に短歌会が生れた。野仲君主催、森信三先生顧問と云ふのである。之で又森先生に接する機会が多くなった」とあり、『夜光珠』二巻三号（昭和三年六月一日発行）の巻末、新加盟者二〇名の中に宮本常一の名前もある。

夜光珠短歌会は堺市材木町にあり、『夜光珠』の編集発行人は植村武となっている。夜光珠短歌会には天師部会、大阪高等学校部会があって、野仲君主催の短歌会は夜光珠短歌会の天師部会に属するものであろう。二巻四号（昭和三年七月）の編集後記には「天師では野仲君によって、毎週同校会員の短歌会が開かれることになり、已に六月中旬までに五回の会合が行われた」とある。かなり熱心に集まっているが、翌四年の四月号までで、それ以後の号は宮本文庫には見当たらない。専攻科卒業と共に縁が切れたのであろう。宮本先生は二巻三号から三巻二号までほとんど毎号、詠草を出しており、研究も掲載している。本書には和歌を除く、三点を収録した。宮本先生の和歌は、昭和二十年代まで見ることが出来るが、昭和五年、六年の郷里での療養期間中のものが最も多い。

◇丹壺　『丹壺』は昭和五年五月十五日に創刊号が出されている。編集発行は重田堅一となっている。謄写印刷の文芸同人誌である。重田堅一氏は天王寺師範での同級生で、宮本先生の専攻科進学を援助を約してすすめた無二の親友である。『丹壺』ははじめ先生が編集発行することを計画し、金子先生から原稿をいただいたりして準備をすすめていた矢先、先生が病で倒れたことから重田さんが、代わって出すことになったもので、以下のように重田さんが全九冊を出して、昭和七年の第三号で終わっている。最後の号の奥付には年月日の記載はないが、昭和七年五月には同人が集まって廃刊の話し合いをしており、その頃に最後の号を出していたのではないかと推測する。

	発行年月日	宮本寄稿
『丹壺』創刊号	昭和五年五月十五日	村を見る
同　第二号	昭和五年七月二十五日	和歌病みて（一八首）
同　第三号	昭和五年十一月十日	和歌近詠（一二首）、万葉集雑観（一）
同　第四号	昭和五年十二月	万葉集雑観（二）
同　第五号	昭和六年（奥付なし）	万葉集雑観（三）
同　第六巻	昭和六年七月五日	島の春 和歌近詠（二七首）、和歌帰郷（三八首）
同〔第二巻〕第一号	昭和六年十月二十日	和歌本・財布・盆踊（一九首）、民謡と農民生活―万葉集民謡と諸国盆踊歌
同〔同〕第二号	昭和七年一月二十五日	人麿と芭蕉
同〔同〕第三号	昭和七年（月日なし）	短歌孤独（一八首）、昔話の分布〔昔話の分布の文末に一九三二、三、二一と記あり、発行は五月か？〕

『丹壺』の同人は天王寺師範の同級生を中心にした一〇数人で、金子先生も無絃のペンネームでほぼ毎号原稿を寄せている。宮本先生は万葉集関連の論考と随筆および和歌を寄稿している。〔第二巻〕第一号の「民謡と農民生活」および最終号の「昔話の分布」は民間伝承研究への道を歩き始めていたことを示している。

◇丹壺とろべり　重田さんの『丹壺』は終わったが、宮本先生の『丹壺』への想いは残った。自分の手でそれに続くものを出したいという思いが強く、同じ『丹壺』という誌名で昭和八年二月十一日に発行した。自ら謄写版にかけ、印刷製本、発送まで独力でやったものである。ご自身は「芭蕉覚え書（一）」を載せ、他に俳句、短歌、詩を四人、弟の市太郎氏も「ダヴァオだより」を寄せている。半紙二つ折り三四頁、こより綴じ冊子である。顔ぶれは重田版『丹壺』とは異なっている。宮本版『丹壺』の反応はあまり思わしいものではなかった。重田さんからはかなり厳しい評が来ているし、金子先生からは「あのために、君の健康に悪影響を及ぼす様だったら詰らないですぞ、それよりは民俗学の研究をドシドシ進めて、その方の機関雑誌へ発表された方がよいですぞ」という書簡が届いている。そういう評を承けてのことであろうか、第二号は『ろべり』と改題して、奥付がないので正確な発行年月日はわからないが、昭和八年の日誌、六月十六日の項に「ろべりの原紙をかきあげる」とあり、六月二十四日（二十五日？）の項に「浜寺で『ろべり』を同人に送る」とある。『ろべり』には先生の「芭蕉覚え書—旅—」の他、吉田久夫、森本重太郎、芳秋（檜垣月見）が短歌、詩を寄せている。なお巻末に「次号は出来れば九月に出したい」とあるが『ろべり』はこの一冊で終わっている。そして昭和八年九月には『口承文学』の第一号が刊行される。

◎**和泉民俗資料第一輯『足袋之起り』**「足袋の跡」という原稿がある。巻末の地図を含めて四〇〇字詰原稿用紙一三枚の短編である。これは柳田国男先生の「和泉式部の足袋」を読んで刺激を受けた宮本先生が、病が癒えて上阪し、復職してから和泉地方の足袋に関する伝説（光明皇后伝説）を北池田小学校の同僚藤原忠夫氏と三ヵ月にわたって採訪し、藤原氏の「採訪記」とあわせて、『足袋之起り』というタイトルで一本にしたもので、『和泉民俗資料』第一輯と銘打って、昭和七年十月、和泉里談会・宮本常一発行の謄写印刷の冊子である。『足袋之起り』は宮本文庫には現物が見当たらない。ここに記した書誌的なことの多くは小谷方明先生からご教示いただいた。なお「足袋の跡」は「近畿民俗叢書」2として刊行された『歌集 生命《いのち》のゆらめき』(宮本常一著、近畿民俗叢書刊行会編、現代創造社、昭和五十六年)に収録されている。ちなみに和泉民俗資料は第一輯だけで続輯はない。

◎**口承文学** 宮本先生の民間伝承研究は雑誌『旅と伝説』からはじまった。『旅と伝説』の創刊は昭和三年一月であるが、宮本先生が『旅と伝説』をはじめて手にするのは昭和三年五月である。日誌、昭和三年五月六日の項に「(大阪)北浜局に加島(仁三郎)氏を訪ふ。かへりに松屋町筋を歩き、『旅と伝説』なる雑誌を見。卒然として伝説研究に心動く。一生の仕事として最適なり。之より材料を集めん。六時かへる。夜は伝説研究の計画を作る。十二時ねむる」とある。かなり具体的に郷里大島の伝説類を書き上げたメモが残されているが、それはこの頃のものであろう。そして昭和五年一月から郷里大島の民間伝承を『旅と伝説』に投稿しはじめるし、昭和七年八月から『郷土研究』に「周防国大島雑事」の連載がはじまっている。また昭和六年十二月には郷里の昔話を整理して柳田先生に送り、はげましの手紙と共に、『旅と伝説』の昔話号、『北安曇郡郷土誌稿』「和泉式部の足袋」などを贈られ、刺激を受け、発憤して、病が癒えて上阪するや同僚の藤原氏と光明皇后所縁の地を歴訪して『足袋之起り』とし、『口承文学』へと発展することになる。『口承文学』は昭和八年九月に第一号を出すが、そのあとがきに「本誌は去年の今時分出した『和泉民俗資料』の続編のようなものである」といっている。「周防の大島」も「和泉民俗資料」も地方区であったけれども、全国区へと広がった訳である。執筆者も次第に広がり、全国各地の同好の士に注目されるようになる。謄写印刷では最初は宮本先生が一人でガリ版きりから製本までを行なう個人雑誌であったが、第八号は堺木曜会が編集発行の責任を持つようになり、第九号からは口承文学の会に変わっている。堺木曜会が口承文学の会に名称を変えたのである。口承文学の会は宮本先生の他に織戸健造、山口康雄、鈴木東一、杉浦瓢の五人であった。後に岩倉市郎さんも東京に出るまでの短期間であったが加わっていた。堺木曜会は昭和九年九月に前記五人によって結成され、毎週木曜日に集まって民俗学書の輪読や採集報告などを行なっていたのであるが、『口承文学』の編集発行にも責任を持つようになったのである。『口承文学』は昭和十一年三月発行の第一二号で休刊する。「休刊の辞」には口承文学の会は存続するとあるけれども、実質的には、大阪民俗談話会に合流し、口承文学の会としての活動は行なわなかったようである。後に近畿民俗学会になる大阪民俗談話会は宮本先生や小谷方明先生の働きかけによって、昭和九年十一月十一日に第一回の会合を持ち、以後毎月一回の談話会開催を恒例としていた。宮本先生は、その会の書記役として、謄写印刷の談話会通知や談話会報告を昭和十四年十月、アチックミューゼアム入所のために上京するまで続けていた。和歌や文学研究、民間伝承の研究と並行し交錯しながら展開していた何本かの道が、次第に口承文学に収斂してくる。本書はその足取りを、いささか倒叙法的な形態ではあるが、示そうと考えて編んだつもりである。

◇その他

その他として最後に付けた九本は、年代順に並べたので不規則な感は否めないが、ほぼ同じ時期のもので、関連があり、相補的な内容の論考を掲げたつもりである。なお『旅と伝説』『郷土研究』連載の周防大島関係のものは、宮本常一著作集四〇巻『周防大島民俗誌』(未来社、一九九七年)に収録している。ご覧いただきたい。

なお、謄写印刷時代の原典の趣をいささかなりと知っていただければと、謄写刷りの影印を宮本先生の手によるものを中心に載せた。楽しくご覧いただければ幸いである。

『宮本常一　口承文学論集』収録論考　初出一覧

夕暮れのひととき　（「口承文学」第一号　宮本常一編集発行　昭和八年九月）
第二号　編輯余事　（「口承文学」第二号　宮本常一編集発行　昭和八年十二月）
筑紫見聞録　（「口承文学」第三号　宮本常一編集発行　昭和九年三月）
第三号　編輯余事　（「口承文学」第三号　宮本常一編集発行　昭和九年三月）
黄金塚伝説に就て　―思いつくままに―　（「口承文学」第四号　宮本常一編集発行　昭和九年五月）
昔話百合若大臣　（「口承文学」第四号　宮本常一編集発行　昭和九年五月）
第四号　編輯余事　（「口承文学」第四号　宮本常一編集発行　昭和九年五月）
和泉北部の謎　（「口承文学」第五号　宮本常一編集発行　昭和九年八月）
謎についての覚書　（「口承文学」第五号　宮本常一編集発行　昭和九年八月）
暑中御伺申上候　彼此録　（「口承文学」第五号　宮本常一編集発行　昭和九年八月）
旅する文芸　（「口承文学」第六号　宮本常一編集発行　昭和九年十一月）
契沖和泉隠棲と西山宗因　（「口承文学」第六号　宮本常一編集発行　昭和九年十一月）
第六号　彼此録　（「口承文学」第六号　宮本常一編集発行　昭和九年十一月）
昔話採集提唱　（「口承文学」第七号　宮本常一編集発行　昭和九年十二月）
旅のうた　（「口承文学」第七号　宮本常一編集発行　昭和九年十二月）

第七号　後記（「口承文学」第七号　宮本常一編集発行　昭和九年十二月）
周防大島昔話四題（「口承文学」第八号　堺木曜会　昭和十年三月）
民俗時事（「口承文学」第八号　堺木曜会　昭和十年三月）
第八号　編輯後記（「口承文学」第八号　堺木曜会　昭和十年三月）
民話　愚白の話（「口承文学」第九号　口承文学の会　昭和十年五月）
第九号　後記（「口承文学」第九号　口承文学の会　昭和十年五月）
説話の持つ問題性――分類索引作業について――（「口承文学」第十号　口承文学の会　昭和十年七月）
菖蒲打　その他（「口承文学」第十号　口承文学の会　昭和十年七月）
口承文芸隻語（「口承文学」第十号　口承文学の会　昭和十年七月）
第十号　後記（「口承文学」第十号　口承文学の会　昭和十年七月）
周防大島昔話（二）（「口承文学」第十一号　口承文学の会　昭和十年十月）
亥の子行事短見――小林大人に答えて――（「口承文学」第十一号　口承文学の会　昭和十年十月）
民俗採集の実際問題について（一）（「口承文学」第十一号　口承文学の会　昭和十年十月）
第十一号　後記（「口承文学」第十一号　口承文学の会　昭和十年十月）
民俗採集の実際問題（二）（「口承文学」第十二号　口承文学の会　昭和十一年三月）
休刊の辞（「口承文学」第十二号　口承文学の会　昭和十一年三月）
足袋の跡（「和泉民俗資料」第一輯　宮本常一編集発行　昭和七年十月）
村を見る（「丹壺」創刊号　重田堅一編集発行　昭和五年五月）

万葉集雑観　一　（「丹壺」第一巻三号　重田堅一編集発行　昭和五年十一月）
万葉集雑観　二　（「丹壺」第一巻四号　重田堅一編集発行　昭和五年十二月）
万葉集雑観　三　（「丹壺」第一巻五号　重田堅一編集発行　昭和六年）
島の春　（「丹壺」第一巻六号　重田堅一編集発行　昭和六年七月）
民謡と農民生活　―万葉集民謡と諸国盆踊歌　（「丹壺」第二巻一号　重田堅一編集発行　昭和六年十月）
人麿と芭蕉　（「丹壺」第二巻二号　重田堅一編集発行　昭和七年一月）
昔話の分布　（「丹壺」第二巻三号　重田堅一編集発行　昭和七年四月）
芭蕉覚え書　（「丹壺」第三巻一号　宮本常一編集発行　昭和八年一月）
芭蕉覚え書　―旅―　（「ろべり」丹壺改題第三巻二号　宮本常一編集発行　昭和八年六月）
定家卿小論　（「夜行珠」第二巻四号　夜光珠短歌会　昭和三年七月）
朝の窓　（「夜行珠」第二巻五号　夜光珠短歌会　昭和三年八月）
偶　言　（「夜行珠」第三巻一号　夜光珠短歌会　昭和四年一月）
源実朝の和歌　（天王寺師範リポートの原稿　大正十五年八月）
月の童謡覚書　（掲載誌・執筆年月不明）
なき仏　―和泉における　（「ドルメン」昭和八年八月号　岡書院　昭和八年八月）
葛の葉伝説の発展　（「旅と伝説」第七巻六号　三元社　昭和九年六月）
芭蕉の鳥　（「野鳥」第二巻六号　日本野鳥の会編　梓書房　昭和十年六月）
昔話の型　（「昔話研究」第三号　三元社　昭和十年七月）

口承文芸に於ける越後の位置　　（「高志路」第一巻七号　高志社　昭和十年七月）
昔話と俗信　　（「昔話研究」第十二号　三元社　昭和十一年四月）
きさらぎ山　―越佐の人々におたずねする―　（「高志路」第三巻四号　高志社　昭和十二年四月）

著者
宮本常一（みやもと・つねいち）
1907年、山口県周防大島生まれ。
大阪府立天王寺師範学校専攻科地理学専攻卒業。
民俗学者。
日本観光文化研究所所長、武蔵野美術大学教授、
日本常民文化研究所理事などを務める。
1981年没。同年勲三等瑞宝章。

著書：「日本人を考える」「忘れられた日本人」

「日本の年中行事」「日本の宿」

「山の道」「川の道」「伊勢参宮」

「庶民の旅」「和泉の国の青春」

「忘れえぬ歳月〈東日本編〉〈西日本編〉」

「歳時習俗事典」「山と日本人」

「見聞巷談」「宮本常一の本棚」など。

口承文学論集

2014年 11月10日　初版第1刷発行

著　者　宮本常一
編　者　田村善次郎
発行者　八坂立人
印刷・製本　モリモト印刷(株)

発行所　(株)八坂書房
〒101-0064　東京都千代田区猿楽町1-4-11
TEL.03-3293-7975　FAX.03-3293-7977
URL.: http://www.yasakashobo.co.jp

ISBN 978-4-89694-180-7